大潮

改革开放的亲历者
激情澎湃的大时代

口述：城市的故事

韩淑芳 主编

Koushu
Chengshi De Gushi

中国文史出版社

图书在版编目（CIP）数据

口述．城市的故事 / 韩淑芳主编．—北京：中国文史出版社，2018.6
（大潮）
ISBN 978-7-5205-0326-6

Ⅰ．①口…　Ⅱ．①韩…　Ⅲ．①改革开放—成就—中国　Ⅳ．① D619

中国版本图书馆 CIP 数据核字（2018）第 122684 号

责任编辑：高　贝

出版发行：**中国文史出版社**
社　　址：北京市西城区太平桥大街 23 号　邮编：100811
电　　话：010-66173572　66168268　66192736（发行部）
传　　真：010-66192703
印　　装：北京地大彩印有限公司
经　　销：全国新华书店
开　　本：787 × 1092　　1/16
印　　张：19.75
字　　数：290 千字
版　　次：2018 年 7 月北京第 1 版
印　　次：2018 年 7 月第 1 次印刷
定　　价：59.80 元

《大潮》丛书

主　　编：韩淑芳

副 主 编：王文运　张春霞

策划编辑：（以姓氏笔画为序）

卜伟欣　牛梦岳　李晓薇　赵姣娇

高　贝　徐玉霞　梁玉梅　梁　洁

前言
PREFACE

改革开放，是中国人民在中国共产党领导下进行的一场天翻地覆的伟大革命，堪称中国乃至世界当代史上具有划时代意义的伟大事业。正如习近平主席所言："改革开放这场中国的第二次革命，不仅深刻改变了中国，也深刻影响了世界。"

13亿多中国人民，在中国共产党的带领下，从农村到城市，从经济领域到政治、文化、社会、生态等方方面面，万众一心，锐意进取，艰苦创业，砥砺奋进，铸就了国家和民族发展史上史诗般的辉煌。古老的中国，从世界上最贫穷落后的国家之一，发展成为世界第二大经济体、第一大工业国、综合实力大国，中国人民的生活实现了从贫穷到温饱、再到总体小康的根本性转变。

这场历史上前所未有的大改革大开放，极大地激发了中国经济社会的生机与活力，调动了亿万人民群众的积极性。冲破人民公社旧体制、创造"大包干"的农民，抓住时代机遇、不惧风险、突破固有思维的个体经营者，艰苦创业、矢志不渝、勇于实践的企业家，为民族复兴与腾飞砥砺前行的科学工作者，奋斗在生产一线的大国工匠，心系祖国、积极投身改革开放事业的港澳台同胞和海外侨胞，为城市发展与崛起身先士卒、殚精竭虑的书记与市长，以及勇敢面对变革、迎接命运挑战的普通百姓……千军万马汇聚成波澜壮阔、激情澎湃的改革开放大潮。

我们有幸生活在这个大时代，我们有幸见证了中华民族走上复兴之路，我们有幸成为改革开放亲历者，我们有幸融为改革开放大潮中激情涌动的一滴水甚至一朵浪花。当一个个亲历者的经历、体悟与情感化作一篇篇生动、鲜活的文字，当我们阅读这些饱含激情与时代精神的文字，改革开放的大潮不禁砰然澎湃而来，激动着我们，感染着我们。

几十年来，人民政协各级机构征集编辑了大量反映改革开放的“三亲”（亲历、亲见、亲闻）文史资料，我们择其精华编辑了《大潮》丛书，通过亲历者讲述的一个个生动鲜活的故事，记录历史，见证岁月，讴歌时代。

韩淑芳

2018 年 6 月

目 录
CONTENTS

第三章 百花争艳，打造城市新名片

第 一 章

亲历变革，回首峥嵘岁月

蒋大卫　从边陲小镇到国际化大都市

十一届三中全会后，中共中央做出了改革开放的重大决策。到底如何具体实施对外开放，从哪里起步？小平同志倡议创办经济特区，从而迈出了突破性的一步。

为了适应对外开放的需要，1979 年 3 月，中央和广东省决定把宝安县改为深圳市，受广东省和惠阳地区双重领导；同年 11 月，又决定将深圳市改为地区级的省辖市。1980 年 5 月 16 日，中共中央和国务院正式确定建立“深圳经济特区”。同年 8 月 26 日，第五届全国人大常委会第十五次会议通过了《广东省经济特区条例》，深圳经济特区正式成立。

特区规划提上日程

深圳经济特区成立后，深圳市政府组织各方面专家，对特区的发展做了诸多探索和研究，也形成了一些设想，但没有编制总体规划。

到 1984 年，特区已经有了一定程度的发展，很多外商进来了，国内的机构也纷纷进驻，形成了一股发展的热潮。不过随之也带来了不少问题：很多单位进来，需要建工厂、建宾馆、建学校……这些项目怎么安排、怎么布局？在这样的情况下，编制特区总体规划、用总体规划来指导当前和长远的建设就提上了日程。中央当时把这项任务交给了城乡建设环境保护部（住建部的前身），部里又把任务交给了中国城市规划设计研究院。

中国城市规划设计研究院是在原建工部城市设计院和建筑科学研究院城乡规划室基础上发展起来的，“文革”期间，两院解散，研究人员被下放。我当时在建筑科学研究院工作，被下放到湖南长沙。“文革”后，中国城市规划设计研究院恢复建制，部分人员陆续回京。到 1984 年，虽然很多人已经回来，但技术力量依然不是很强，承担这项任务有困难。院里向上级打报告，要求再调回一些技术骨干来承担这项工作，中央同意并进行了特批，我就是被调回来的人员之一。

经院里研究决定，由我和宋启林负责深圳规划这个项目。当时考虑到工作的长远性，有很多工作要长期延续下去，就在深圳成立了“中国城市规划设计研究院深圳咨询中心”，专门负责与规划相关的各项工作。宋是经理，我是副经理。宋主要搞管理，我主要负责总体规划的编制工作。

“经济特区”该如何定位

深圳市总面积 2020 平方公里，其中特区部分 327.5 平方公里。当时建设了一条全长 80 多公里的铁丝网（也叫“二线”，即特区管理线）把特区与非特区分隔开来，两侧设有巡逻道，以防特区外的人随意进入。我们负责编制总体规划的范围，就是“二线”以内的这 327.5 平方公里，而不是整个的深圳市。

编制特区总体规划，首先碰到的是对“特区”的定位问题。什么是“经济特区”，当时还没有明确的说法。十一届三中全会后，全国出现了不少的“区”，如经济技术开发区、出口加工区、工业区、高新技术区……经济特区还是头一次。到底应该怎么搞，大家比较迷茫。深圳市政府专门请来专家研究，有人认为特区就是搞出口加工，有人认为是搞来料加工，有人说就是搞工业，众说纷纭。

我们经过研究认为，这样大的一块地盘不可能仅仅是建一个工业开发区或者

经济技术开发区那么简单，而应该是一个多功能的、综合性的、以工业为主的城市型经济特区。但当时并不是所有人都认可这种观点。

后经综合考虑，这个定位还是被确定下来，并写进了经济特区总体规划文件里，即："是一个以工业为主导、多功能、产业结构合理、科学技术先进、高度文明的综合性的经济特区。"

定位中写到"以工业为主导"，那么这300多平方公里是搞重工业还是轻工业，搞中小工业还是搞大工业，当时也有各种意见。有人认为应该是钢铁、水泥、石化、汽车这样的大工业（因为当时我国正集中力量发展重工业、制造业）；有人认为受土地和水资源所限，特区不具备搞重工业或大工业的条件（虽然特区有300多平方公里土地，但可使用的只有一半左右，并且深圳是个缺水的城市）。

后来有位著名专家提出，深圳的工业应该以"轻、小、精、新"为主——轻就是轻工业，小就是不搞大型工业，精就是精密的工业，新就是高新技术的工业。这个意见比较符合特区未来的发展，我们遂进行采纳并写进了特区总体规划的文件里。现在看来，当时这个定位是正确的，后来深圳工业的发展也一直是沿着这个路子走的。

建大城市还是中小城市？

规划遇到的第二个问题是规模问题，既包括城市人口规模，也包括城市用地规模。

城市人口规模是编制总体规划最基础的数据，是用地、基础设施、公共设施等配置的依据。对于这样一个快速发展的新城市，如何预测规划期末（2000年）人口规模，既有难度，又有风险。所谓难度，是指传统的预测技术方法不太适用；所谓风险，是指根据国家当时的城市发展方针，我们的规划要冒政策的风险，还要顶住舆论的压力。

20世纪80年代，我国城市发展的方针确定为：严格控制大城市（50万—

100万人）规模，合理发展中等城市（20万—50万人），积极发展小城市（20万人以下）。1984年深圳经济特区的户籍人口已经有20多万，再加上流动人口20多万，已经超出了小城市范畴，快达到中等城市水平了。我们做了各种预测，到期末都接近大城市规模了。但国家要求严格控制大城市发展，我们怎么办？

最后经我院周干峙院长和咨询中心诸多专家共同研究，本着求实的精神，规划确定：深圳经济特区2000年的人口规模为户籍人口80万人、流动人口30万人。这实际是一个100万人口以上的大城市了。

之所以做这样的预测和规划，主要考虑以下几个方面的因素：

首先，创立经济特区是国家的重大决策，它将是国家对内对外改革开放的两个窗口，发展思路上要有所突破，特事特办。

其次，经济特区本身有良好的自然条件，又紧临香港、广州两大重要城市，具有突出的区位优势，发展潜力巨大，而且还处在起步阶段，并不是像某些日本传媒所说的“中国要压缩特区投资”“中国已经开始修正经济特区政策”。

再次，深圳经济特区成立以来，年均人口递增率都在10%以上，即使以后按3%—4%的年均人口递增率计算，到2000年也是大城市，甚至是特大城市（大于100万人）了。十几年后的实践证明，我们的预测是基本符合实际的。

另外还有用地规模。特区可用地150—160平方公里，编制规划不能把这些地一次性都用光，要为今后的发展留有余地。当时分析了国内外城市的综合发展状况，发现差别很大：美国、加拿大、澳大利亚、英国及北欧国家的城市居民住宅以低层为主，单位面积大；城市生态环境好，绿地多；出行以小汽车为主，道路密，停车场多，占地大；加上人少地多，人均用地大多在200平方米左右。

而在我国，像香港这样的发达城市则人多地少，高层住宅多或低层住宅高密度，绿地少，公交优先，人均用地在30—40平方米；不同城市的差别也很大：如新疆、内蒙古、西藏等地的城市人均用地约200平方米，而上海、四川和东北等地的一些城市就比较低。当时上海600多万人口，城市建设用地不到200平方公里，人均用地只有30平方米左右。从全国来讲，当时人均用地大多在80—

100 平方米。

综合特区用地条件，我们最后确定规划建设用地 123 平方公里——如果按期末总人口 110 万计算，人均面积在 110 平方米左右，超过了当时国内平均水平。除此之外，规划还注重城市各类用地的合理结构，保证居住、绿化、道路交通、工业等主要用地的需求。规划还预留了沿深圳湾及前海湾的发展用地。2000 年以后，这些预留用地陆续开发利用，验证了规划的前瞻性。

如何合理布局

第三个是布局问题。城市规划，就是把一个城市的主要组成要素包括居住、工业、仓库、道路、绿化、公共设施（政府机关、学校、医院、公安、商店）等用地进行合理布局，使彼此之间有一种协调的、科学合理的相对位置。如：工厂不能在上风方向，以免烟囱冒出来的烟吹到下风方向的住宅区里；公园要跟居住区相结合，以便于居民休闲；工厂不能和居住区离得太远，以免带来交通问题……不仅如此，城市规划还要落到 1∶10000 或者 1∶5000 的图纸上，这也是城市规划跟其他规划不一样的地方。比如发改委或土地部门的规划，基本上是战略性、宏观性、指标性的，并不落实到土地空间上，而城市规划是要明确落地的，要定性、定位、定量，有的甚至还要有标高。这是一项技术性很强的工作，有很多工程技术上的问题需要解决。虽然在编制规划过程中会涉及很多社会经济问题，但最终目的是要落实到土地利用上，城市总体规划说到底就是城市范围内的土地利用规划。

城市在发展，人口在增加，所以每个规划都是有期限的。城市规划法规定，一个规划通常是管 20 年。深圳经济特区城市总体规划的期限是从 1986 年到 2000 年。1996 年的时候，这个规划重新修编了一次，做到了 2010 年。一般来讲，每个城市规划都需要十年左右修编一次。发达国家的城市规划跟我们不太一样，规划期通常较长，主要是它们的城镇化程度已经很高，城市人口增长缓慢，规划只要在原有基础上进行调整完善就行了。但我们不然，中国的城市在不断发展，不确定因素很多，所以城市总体规划的编制工作难度也较大。

那么，规划布局中哪些是需要优先考虑的呢？

城市建在公园里

第一是环境优先。深圳经济特区是带状地形，东西长 49 公里，南北平均宽 7 公里，东起大鹏湾，西至珠江口，东有梧桐山，北有笔架山，南邻香港，以深圳河为界。不管从周边环境还是自身地形来看，深圳经济特区生态环境良好，编制总体规划应该充分利用并保护好它的自然条件。

在这一点上，深圳市委市政府领导很高瞻远瞩，他们要求“把城市建在公园里，而不是把公园建在城市里”。这种想法不是凭空产生的，而是在参观了国外的很多城市后受到的启发，特别是澳大利亚的堪培拉，整个城市像建在一个大公园里，堪称“花园城市”的典范。

深圳经济特区三面环水，大鹏湾非常漂亮，碧蓝的海水一望无际，没有一点污染；大小梅沙的沙滩也非常好；珠江口的伶仃洋景观特殊；深圳湾虽然是淤积形成的，没有沙滩，但视野开阔，为优化城市景观创造了很好的条件。另外，在福田区有一大片红树林，具有保护海滩、修复生态的功效；南头有一大片荔枝林，树木大都有百年树龄，树冠盛大，景观奇特。

当时还没有“生态城市”“园林城市”“海绵城市”这样的概念，但要充分利用自然条件、建设一个环境优美城市的设想是明确的。咨询中心几位绿化专家踏遍了特区的每一个山头，每一片林地、草地、滩涂，每一个有发展潜力的景区景点，做出了一个合理的、充分尊重生态环境的绿色规划：在保留五处大面积荔枝林及沿海红树林，建设和恢复了 20 余个风景点的基础上，还规划了一个近郊风景区（5440 公顷），22 个市、区级公园，以及总长 140 公里、宽度在 15—30 米的沿街绿地（后两项总面积达 453 公顷），构成了城市完整的绿地系统。

这样的规划，使特区的人均公共绿地面积达到了 17.8 平方米（当时上海人均公共绿地面积不足 1 平方米，北京也不到 6 平方米）。

经过 30 多年的发展，这个绿地系统规划大部分实现了。今天，深圳的生态环境之所以得到社会公众的认可，离不开此规划打下的基础。

宜居很重要

第二是居住优先。特区要想吸引人才，就要有良好的居住环境和居住条件。为了保证居住优先，我们规划了 179 片大小不等、可以容纳 80 万以上户籍人口的居住区（流动人口大部分是租住农民的房子或由雇佣单位提供单身宿舍，变动性很大，规划难以做周全的考虑。这个问题直至今天似乎都没有找到妥善解决的办法）。小区住宅以多层为主，适当配置高层和低层。

1985 年，深圳市政府请同济大学建筑系老师设计了内地第一个全高层居住小区——白沙岭居住小区。小区各项技术指标都可以接受，但造价较高，用地并不节省，推广有困难，所以总体规划中高层住宅占比不大。规划中的居住小区容积率大多定在 0.8—1.2，为以后人口容量的增加留有了余地。

由于总体规划提供了足够的居住用地，且这些用地有序地在全市合理配置，为特区 20 世纪八九十年代的住房建设提供了保证。良好的居住条件有利于工作的稳定，有利于城市的发展。

全方位的交通体系

第三是交通优先。我们为特区规划了一个全方位的交通体系。

1984 年，特区只有一条广深铁路和一条广深公路与外部相连。广深铁路在罗湖跟香港的铁路连接起来，如果到深圳，就在深圳站下；如果到香港，要在罗湖口岸过关；如果想坐飞机到深圳，不能直达，需要在广州白云机场下机再坐大巴，深圳的对外交通不是很方便。

当时有外商提出要帮助深圳修一条到广州的高速公路（国内当时还没有高速公路）。对方愿意提供资金，政府当然欢迎，但在路线设计上双方发生了争议。投资方希望以最短的路线走，以减少拆迁、节省投资，但这样要穿越福田区的红树林。深圳市政府不同意这个技术方案，因为这跟保护生态的原则有矛盾。

后来深圳市副市长周鼎主持会议，把投资商和我院周干峙院长、陈占祥总工程师都请来，还有我和其他一些人员，共同讨论研究。由于市政府之前已经做过调查研究，坚持生态保护的原则，我们也介绍了福田的规划方案，要求对高速公路的走向做出修改。会上，陈占祥总工程师用标准的伦敦英语进行了一番说理，最终牛气的外商接受了我们的要求。

再说城市的市内交通。道路系统对一个城市来讲非常重要，如果把城市比作人体，那么道路系统就相当于骨骼。特区的特点是东西长、南北窄，铁路、高速公路自北向南穿越城市，工业区分散布置，所以特区东西向的人流、车流是主要的，南北向是次要的。

根据这种特点，该如何规划城市的道路系统呢？这就要求先预测车流量。当时内地还没有私家车，小汽车大都是单位的，数量很少。咨询中心参照香港的情况做了交通模拟。那时香港大概平均 17 人拥有一辆小汽车，相当于四个家庭一辆。但香港由于地方小，是限制小汽车发展的，城市交通主要靠地铁、公交巴士，小汽车大都是有钱人节假日出去玩才开。像纽约和东京等人口密度大的城市也是这样，华尔街的白领大都是坐地铁上下班的。深圳怎么办？模拟后的结论是：东西向应该有三条主干道，南北向要有十几条或者更多。

最终我们规划了三横十二纵的路网，即三条东西向的主干道，十二条南北向的主干道，以及多条次干道和支路，形成“两个梳子”叠加的路网模式。相应地，又规划了 20 多个立交桥，这在国内是比较先进的，那时北京、上海都还没有。这 20 多个立交桥，几乎每个都做了一个初步的设计方案，这对以后的城市管理、控制立交桥用地起了较大的作用。

20 世纪 80 年代，内地的港口是很缺乏的。相比之下，与深圳毗邻的香港，港口已经快饱和了。尤其是经济发展以后，东南亚很多货物要进入深圳，所以港口对特区来讲意义重大。

当时我们规划了两个港区：西面是妈湾港、赤湾港，东面是盐田港。妈湾港具有建港的先天优势，它有三公里多的深水岸线和广阔的腹地，道路交通也非常方便，并且还有适合兴建仓储和临港工业的广阔后方陆域，但是开发的工程技术难度较大。盐田港条件也非常好，属深水港，可建几十个万吨级的泊位，缺点是腹地较小，后面就是丘陵。因为盐田港主要是考虑作为集装箱的港口，所以我们规划的重点是研究解决它的疏港条件。

这两个港口都需要很大的投资，当时就有人提出，能不能只建设其中一个。经过反复讨论，最终认为从长远看还是两个都建设较有利，即“两面开弓”。如今盐田港发展起来了，规模很大，妈湾港发展相对缓慢。

除此之外，我们还做了几个跟香港联系的口岸规划，如文锦渡、罗湖、落马洲。这三个口岸对促进香港与深圳的联系起了很大的作用。

工业布局也重要

城市规划布局除了充分考虑了环境、居住、交通外，工业也是重点考虑的问题。由于将特区工业定位为轻、小、精、新，所以我们没有规划大的工业区，而是把无污染的工业区进行分散布置。

这样的好处，一是不占用大片土地，二是可以跟居民区靠近，上下班不需要太多的路程。如果一个城市把工业集中在一头，而居住集中在另一头，每天上下班来回跑，交通会是一个很大的问题。另外，把工业区适当分散布置在铁路、公路线附近，运输货物、原材料也方便。

总的来讲，我们的规划是结合了深圳的自然条件、地理条件，结合了深圳的原貌，把城市的主要组成要素合理布局。看起来只是一张规划蓝图，实际上有很多内涵，我们为此付出了巨大的努力。

在规划之前我们做了认真的调查研究，对每块地原来做什么、将来做什么都有明确的了解和设想，因为一旦确定了一块地的用途，以后再更改是非常困难的。当然，随着市场经济的发展，后来有些用地也做了一些调整。比如上埗工业区，我们规划时它已经粗具规模，以电子产品加工为主，但是随着时代的变迁，电子元件组装慢慢被淘汰了，经济效益不那么好了。而这块地处于城市中很重要的一个位置，相对于地价来说，原有的厂房不那么值钱了，所以上埗工业区后来全部拆掉，盖成了高层建筑。这是市场经济条件下必然会发生的一些变化，属于良性的产业结构调整或者说是用地性质的调整。

除了调查研究，我们还广开言路，听取多方面意见。深圳咨询中心成立后，很多人来了解情况，有的是准备到深圳发展，想了解一下我们大致的规划设想，有的是想了解某一块地的具体用途，有的是希望我们帮助解决一些工程技术问题。我们每天接待各种各样的人，对于他们的到来是欢迎的，因为我们能借此了解很多信息，对于做规划是有帮助的。

从开始调查研究，到形成一个完整的规划成果，大概花了一年半多的时间。可以说，这是我工作生涯中最艰苦也是最有意义的一段时间。

今日之反观

今天，我们国家发生了很大变化，深圳经济特区也经历了前所未有的飞速发展。但同时也出现了不少问题，这是我们做规划时未曾预见到的。

首先是经济特区外的深圳其他地区发展不尽如人意。当时政府委托我们做的是“二线”以内的规划，“二线”以外 1600 多平方公里（原属深圳市宝安县）的土地只做一般的了解，未要求编制规划，所以并没有充分考虑也未估计到未来的可能变化。这导致部分区域后来的发展情况不容乐观。

在“二线”内按总体规划有序发展的同时，“二线”外的土地其实也在红红

火火地“发展”着，国内外投资商、房地产开发商及各类企业纷纷入驻。他们之所以选择这里，有的是因未获批准进入经济特区暂时来“过渡”一下，更多的是看中这片土地上的种种“优惠”条件，如地域大、权力下放、可获得更多更便宜的土地和劳动力、有更多的政策优惠，并且这里管理随意、无规划约束，搞“开发”、搞“加工生产”可获得更多的利益。

盲目无序的“发展”带来了难以弥补的后果：土地浪费与荒芜、植被破坏、水系污染、生态环境恶化、基础设施建设低水平化且不成体系、社会管理和治安管理松弛。整体面貌既不像城又不像乡，与“二线”以内城市现代化风貌差距甚远。

在相当长一段时间里，“二线”以外地区引进了不少低效益的项目，导致低效益发展。有人在新千年初做过统计，特区外每平方公里建设用地的使用效率只有特区的 1/7 左右，也就是说，如果特区内每平方公里能产出 7 万块钱，特区外每平方公里只能产出 1 万块钱。这种缺乏规划的发展以及低水平的管理所造成的后果是很严重的。不仅在深圳，附近的不少城市也存在这种问题。本来国家设立经济特区是试图通过这个窗口来带动周边高水平地发展，但规划与管理跟不上，就会导致发展失控，以后需做长期调整才能改善。

让人欣慰的是，特区内的发展还是比较稳定有序进行的。当年规划的特区人口是 110 万（2000 年），但到 2014 年，同范围人口已经发展到了 300 多万，谁都没想到会发展得如此之快。尽管如此，特区发展还是欣欣向荣、充满活力的。

其次是高强度开发带来的弊端。我们规划的特区，开发强度为中等密度，但后来由于房地产及其他因素的影响，深圳建了很多高层建筑。特别是在一些城中村改造中，建高层更是普遍现象，而且是高层高密度。城中村土地是农村集体所有，拆迁的代价非常高。为了满足农民的要求，开发商往往进行高密度开发，建二三十层的建筑司空见惯，出现了很多所谓的“握手楼”“接吻楼”。由此也带来了很多问题，如治安、消防、交通、基础设施配套、上学问题等。城中村原来住的大都是外来务工人员，租金便宜，为了继续招徕这些租客，农民的房子拆了以后还按低标准建。这样的结果是城中村居住水平很低，人口密度很高。曾经做过调查：深圳某区城中村改造后，在约 4 平方公里的范围内住了近 80 万人，听起来骇人听闻。

高密度开发不仅是规划问题，其深层是社会问题和城市管理问题。行业内有句话叫“三分规划、七分管理”，一个城市发展得好坏与否，规划只起三分作用，七分是管理。不只深圳，这种现象也存在于其他城市，已成为城市发展中一个非常突出的问题。

再次是深圳户籍人口与外来人口的比例问题，这是深圳非常特殊的一个问题。我们做规划时，预测期末特区户籍人口为 80 万，外来人口为 30 万，实际上现在户籍人口只占约 40%，外来人口占约 60%。这些外来人口中有一部分是科技人员和管理人员，但大部分是打工者，流动性很大。一些外来妹十七八岁就来深圳打工，打到二十七八岁，体力、精力已经开始走下坡路，就被雇主淘汰掉，再换一批。如果一个城市的流动人口占比太大，这个城市就不会是一个稳定的、可持续发展的城市。这是我国城镇化过程中必须面对的问题，应该引起高度重视。

最后是房地产问题。我们做规划的时候，住房还是分配的。住房改革以后，房地产问题出来了。深圳的现状是，有人没有房子，有人有一套房子，有人有多套房子，并且很多是投资、投机买多套房子。这就造成一个现象：房子与人口是脱节的，弄不清城市的房子到底是多还是少，政府和市场因此也就难以根据供需进行调控。现在有些城市依赖土地经济，靠土地来养活一个城市（有种说法叫“城市发工资靠财政，搞建设靠土地”），一旦土地经济来源少了，问题就出来了。

城市规划只能按照科学预测的人口规模来安排居住用地，适当留有余地，不能也不应按土地经济及房地产投资投机的需求来安排居住用地。前段时间，一些城市在编制总体规划过程中有追求扩大城市规模、追求更多的城市发展用地、依托房地产来发展经济的状况，由此也带来了意想不到的后果——房地产泡沫。现在看来，房地产问题是经济转型中的难题，也是今后编制城市总体规划需要深入研究的问题。

尾　声

现在，深圳已成为我国四大“一线”城市之一，国际上知名度很高，各种城市排名中均居前列。社会各界对我们做的这版规划给予较高的评价，认为它为深圳城市建设与社会经济发展提供了一个良好的平台。但我觉得，深圳几十年来的快速发展主要还是得益于国家的重大决策，得益于广东及深圳市多年来推出的各种重大的改革举措，得益于政府对规划的重视、理解、认可、执行和创新。

如今，深圳市人民排除了各种困难，建设了一个生态环境、居住环境、文化环境、工作环境俱佳的城市，吸引了大批优秀人才以及技术、资金、项目，从而创造了深圳速度、深圳奇迹。相信未来的深圳会越来越好！

（作者时为中国城市规划设计研究院教授级高级规划师　杨玉珍／采访整理）

周汉民　**上海浦东——中国改革开放的样板**

浦东开发开放的前期准备工作在 20 世纪 80 年代已经开始，我是参与浦东开发开放前期研究的亲历者，并从事相关的立法工作和浦东新区的开放度的探索，不仅留下了难忘的“浦东情结”，而且亲身体验了浦东建设中的深切感悟。

1987 年，是非常关键的一年，党中央毅然决然开始推进的一项重要工作，就是中国提出恢复在世界关贸总协定的席位。其实，1986 年这项重要工作就开始了。

在复关这一重要时刻，上海的一些学者主动建立了一个关税贸易总协定研究中心，全国唯一的一家，设在上海，跨学科、跨专业、跨校际。

复关入世之路 15 年零 4 个月，这个研究中心做出了独特的贡献，我当时任常务副主任。全国第一本《关贸总协定总论》，是由当时研究中心主任汪尧田教授和我本人在 1992 年主持撰写的。第一本《世界贸易组织总论》也由我们两人在 1994 年主持撰写，在国内率先出版。大家的共识是，国家要毅然决然地以更大的开放来促进更大的改革。

上海从 1992 年就开始提出建设“三个中心”，即经济、金融和贸易中心，到了 1998 年加上航运中心，计划到 2020 年初步建成。与此同时，以胡锦涛同志为总书记的党中央在过去 10 年要求上海实现“四个率先”，涉及了市场经济、科学发展和依法治国等一些总体方略。现在，习近平总书记更要求上海继续成为改革

开放的先行者和科学发展的排头兵。最近，市委书记韩正视察浦东，希望浦东能够成为改革开放先行者中的先行者，科学发展排头兵中的排头兵，这是非常重要的定位。

浦东开发开放，以什么为标杆？

上海的发展，是沿河、沿江发展起来的。19 世纪、20 世纪前半段，上海沿苏州河两岸起步、发展，黄浦江的发展始于 20 世纪 30 年代，具有相当的规模和影响，被称为“远东的巴黎”。但是，黄浦江东岸由于历史、政策、地域、交通和人们习俗的原因，发展始终受到制约。

1987 年 7 月，美国旧金山一位非常爱国的美籍华人教授，预应力专家林同炎先生，向时任中央政治局委员、上海市委书记江泽民写了万言书，提出浦东的开发问题，建议要立足浦东、放眼世界。江泽民同志对此十分重视，请汪道涵同志全力推进，由此，浦东联合咨询研究小组应时而生。

这个小组很特别，其成员囊括了相关开发开放最要紧的几个领域的专家。小组由汪道涵任顾问，副市长倪天增任组长，建交委主任张绍梁任副组长。

组员有市委研究室副主任俞健，他对政策的把握非常独到；有市政府经济研究中心综合处处长于品浩，他是我们小组最重要的笔杆子；有市规划设计院总工程师李佳能；有土地管理局的一位老处长俞汉卿；中国银行金融研究所教授陈泽浩；还有我本人，当时我是上海对外贸易学院国际经济法系刚刚毕业的硕士研究生，留校出任老师。

我之所以被选入小组，可能有几个原因：第一，我有一定的英语基础；第二，我的专业是研究国际经济法的；第三，1985 年夏天，我在美国一个律师事务所进修期间，结识到访的汪道涵市长，在这一段时间内有机会汇报对国际问题的观感和心得，汪市长对我有了更多的了解。

我们这个小组成员没有报酬，职级悬殊，有正部级领导汪道涵、副部级领导倪天增、正局级张绍梁、副局级俞健、正处级于品浩、副处级俞汉卿，还有陈泽浩研究员、李佳能总工程师，我作为研究法学的年轻学者刚刚获得硕士学位。

我们主要的任务就是研究浦东开发开放的定位问题，国内没有什么可以学习和照搬照抄的，我们就依靠林同炎教授和他们的几位朋友给我们提供一些国际经验。他们是真正的志士仁人，立志推动国内开发开放，对国家的发展充满感情。

对这个小组来讲，就是平地起高楼。摆在这个小组面前要研究的问题很多。比如，到底是用浦东的小小一角作为试验，还是整个浦东作为开发开放的试验田；到底是取几个点作为开发开放的重点，还是全面开花等。研究全部是业余的，我们没有全职工作人员。

当时，办公的条件很差，在中山东一路 12 号上海市人民政府底层，搭了一排铁皮房，借了一间给我们办公。我还记得，当时因为市政府大楼电话号码都排满了，我们的电话是“0”号分机。由于大家都公务在身、特别繁忙，我也有教学任务，从古北路 620 号上海对外贸易学院乘 71 路车坐到底去外滩办公，两头都要走很远的路。

研究小组主要的想法就是，浦东开发开放，一定是立足上海，面向世界。当时就提出现代化、市场化、信息化和法制化的目标，提出了“小政府、大社会、多企业”的趋向，提出了浦东开发开放应该以点带面。

我们当初的设想是“三点一线”，今天陆家嘴、外高桥这两点完全是按照当年的设想建设的，金桥这一点稍微有一些移动，当时设想的是黄楼，就是今天迪士尼乐园那一带。说实在的，我们这批同志都有强烈的历史使命感、责任感，工作充满了激情。

当时没有世纪大道，浦东最重要的路就是杨高路，我们就规划要沿着杨高路来开发。“三点一线”的开发，必须要立足于土地批租，滚动出租的方式来筹集资金，特别强调要对外开放，先行先试。

汪道涵市长当时给我的任务就是要研究两个“度”，一个是开放度，一个是法制程度。浦东的开发开放，以什么为标杆？当时全国已经形成了四个特区，已有

许多改革开放的举措。海南虽然当时还不是特区，但有 30 条开放政策正在制定。我们就到海南调研，决心争取到海南的相关政策。所以，从国内来说，我们是比照经济特区；从国际而言，希望把上海“远东的巴黎”声誉恢复起来。

我们这个小组的成立是市政府发的文，由于工作很有成效，汪道涵同志将我们的成果不断向江泽民书记报告，他对我们的工作相当支持。我们的工作在不到半年的时间里有了相当的积累。

1988 年 5 月 2 日，市委、市政府在西郊宾馆召开了第一个国际研讨会，定名为“上海市浦东新区开发国际研讨会”。江泽民书记、朱镕基市长都到会，有 150 多人参加，我们小组在这次会上提出了浦东开发开放的基本构想：就是整个浦东的大开放，是带动上海发展的大开放，是“小政府、大社会”的大开放，是坚持“市场化、信息化、法制化、国际化”的大开放。以“四化”推动浦东开发开放，令世界瞩目，让大家突然发现，如此沉寂，发展缓慢的上海将会有一个大动作！

这次国际研讨会，主要就是全面介绍浦东开发开放方方面面的设想，比如土地政策如何？怎么吸引外资？如此等等。如果要说在哪些方面达成共识的话，那就是浦东开发开放条件基本具备，方向基本明确，时机必须抓住。国际研讨会本身不会解决任何问题，但是昭示世界：浦东开发开放在即。今天看来，会议的作用是巨大的。

浦东开放，立法先行

1990 年 7 月初，为了打破美国对中国的所谓制裁，中央决定要派出不是担任部长，但是由部长级干部领衔的中国市长代表团出访美国，这个重要任务就交给朱镕基市长。

记得当时同行的好几个市长是他的校友，都是清华毕业的，如：重庆市市长孙同川、武汉市市长赵宝江、合肥市市长钟咏三等。朱镕基说，我们这个代表团责任重大，任务艰巨，要有懂行的人一起随行。由此，市长代表团由汪道涵任顾问，又配了一个由五位学者组成的上海市学者代表团。

这五位学者是：国际问题研究院美国问题研究所主任丁幸豪，复旦大学政治经济学教授洪远朋，复旦大学美国研究中心副主任周敦仁，上海社会科学院世经所所长姚廷纲，还有我，时任上海对外贸易学院法律系主任。我们五位各有分工，就如同当时在研究小组中一样，我的分工是关于开放度和法制的研究。

那时浦东开发开放已经在 4 月 18 日由李鹏总理在上海正式对外宣布。我们于 7 月 7 日出发，第一站到纽约，开了一个座谈会，美国记者提出，浦东开发开放的十项优惠政策如登在报纸上，就巴掌大的篇幅，就凭这个何以推进浦东开发开放？外国的企业不敢来，因为没有法制保障。

朱镕基斩钉截铁地回答：我们一定会立法，用法律框架来保障浦东开发和开放以及外国投资者的利益。7 月下旬回到上海，他就在市政府常务会议上决定浦东开发开放必须立法。为了让海外的投资者第一时间掌握法律的要义和精髓，要求立法正式颁布时，用中文、英文和日文三种文字。这是在中国前无古人的事情，到今天为止也后无来者。

我被任命为立法小组的成员，后来又专门任命我为英文版的总审定。我记得很清楚，那年夏天，我们就在沈大成楼上春申江宾馆的客房里埋头苦干，我的主要任务除参与立法起草外，就是对法律英文译稿予以审校。但法律的英文翻译稿与审校太难，我不得不寻找在上海联谊大厦内工作的美国律师葛范德先生帮忙，我们是在律师业务交往当中认识的。

我向他说明自己现在身负重任，因为立法讲究严谨，请他帮我对英文译稿“抛抛光”，我吃不准的地方就和他切磋。立法强调的是如何保护、如何促进。我从事立法起草工作，始终记住两个词：保护和促进，我认为，这是法律重要的功能。法律的英文版同样要让人一目了然，这一任务的挑战性很大。

法制是浦东开发开放的基础，特别重要。今天，上海自由贸易试验区的工作，首先应当做的同样是立法。先要把线条想清楚，把相关的法立起来，不要在乎有几项优惠政策。尤其对像浦东开发开放以及自由贸易试验区这样的大手笔，更是

这样。浦东开发的作用，简而言之，就是化解以美国为首的西方世界对我们的压力，树立中国人民改革开放的信心，把我们的工作做得更好，这就是浦东的贡献。

参加 WTO 复关谈判

中国是世界关贸总协定（GATT）的创始缔约国之一，GATT 创始于 1948 年，当时代表中国的是民国政府。由此，我国与世界关贸总协定没有建立过官方关系。

1978 年，我在外贸学院读经济学本科，1985 年读法学研究生，主要研究国际贸易法。我的硕士论文，就是写美国法与关贸总协定有关反倾销、反补贴相关规则的比较研究。所以，我较早就接触了关贸总协定。

1986 年 7 月 9 日，中央政府提出要恢复我国在世界关贸总协定中的席位，上海就在 9 月成立了研究中心。汪道涵市长和当时国务院经济研究中心副总干事季崇威同志，外贸部副部长沈觉人同志（中国当时第一任复关谈判的首席代表），一起推动成立了这个中心。

起初，我们对关贸总协定进行研究。WTO（世界贸易组织）在 1995 年正式成立，取代了关贸总协定。中国当时要恢复在关贸总协定的席位，和今天要建设首个自由贸易试验区初衷是一样的，都是以开放促改革。

我的感悟就是，中国改革开放的历史其实从来就是以对外开放来促进改革的进程。从 1978 年开始到 1988 年之间，设立 5 个经济特区和 14 个沿海开放城市，然后 1990 年浦东新区开发开放，2001 年 12 月 11 日中国加入 WTO，直到 2013 年在上海建立自由贸易试验区，就是这样发展过来的。我们的改革必须比照国际经验，按照国际规则来进行，这就叫以开放促改革。

我在 1995 年到 2000 年担任上海外贸学院副院长期间，主要研究的领域就是为中国复关和入世做理论和政策准备，不仅写了几本书，更重要的是做了另外两桩事情：一是对外，二是对内。对外是诠释中国复关和入世的一些问题和挑战，进行了上百次的演讲，遍及大江南北；对内就是我们上海研究中心完全跟随前方入世谈判的节奏，不断提供必要的咨询意见，有些咨询意见被以江泽民为首的党中央采纳。我本人曾分别给江总书记和朱镕基总理写过长信，全面阐述入世的意义、途径和利弊得失分析。

我们当时也研究过复关与浦东开发开放的内在联系，就是以开放促改革，不能毫无准备，既要有思想准备，也要有物质准备。浦东开发和开放其实就是中国入世的物质准备，就是实实在在地拿出这样一个区域，做出样板来。

当年浦东新区开发开放的研究前期，国务院常务副总理余秋里在上海西郊宾馆开会，我在现场听到他说：浦东开发和开放不是江西，江西如果搞开发和开放，几座大山就可以挡住它的影响，而上海的改革开放承担着中国半壁江山的重任。所以，我们从来没有懈怠自己的责任，既要积极，又要稳妥，既要勇猛，又要坚实，这是整个开发和开放必须做到的。

1990 年中国宣布浦东开发开放之后，我们这个研究小组在无形中解散，因为使命已经完成。我们感到历史走到这一步应该有这样的转折。小组解散以后，就有别的机构和部门来实实在在地推进浦东的开发和开放。

浦东新区的领导从沙麟开始，杨昌基、赵启正等同志一路走下来，到了 2000 年，终于明白，在先行先试中体制、机制和法制要并行，以一个开发区的模式继续推进不会长久，以管理委员会的做法可以经历一个历史阶段，但也不能长久，所以，浦东要进入建政的过程。

担任浦东副区长期间的实践探索

2000 年 8 月，浦东建政。当时，我在外贸学院任副院长。某一个早晨，市委分管组织的副书记孟建柱找我到康办谈话，他说：你从现在开始要放下外贸学院的工作，到浦东新区任职。为了让你免了后顾之忧，先免了你外贸学院副院长。

这让我感到非常突然和忐忑。我在外贸学院干得很好，学术上也很有自己的

感悟，要我到这样大的浦东做一个副区长，谈何容易？当时，区长候选人是胡炜，他对我的任职十分关心。

他告诉我，五位副区长候选人就是你这位是外来的，别人都已在浦东干了多年。所以，你要想办法，跟我一起下基层，让大家更多地熟悉你。

周禹鹏书记和胡炜区长给了我最大的信任，这是我最大的宽慰。

我当时是无党派人士，是区政府班子中唯一非党人士。我第一个分管就是管陆家嘴，这个地区被誉为中国改革开放的象征和现代化的标志；第二分管外高桥保税区，就是今天的自由贸易区最重要的组成部分；第三分管社发局，社发局一个局包括教育、卫生、民政、体育等其他很多条线，我的秘书按照我的分工整理了 27 个工作条线的文件夹。

今天，我特别感悟社发局的模式，这才叫“小政府、大社会”。对浦东而言，主要工作可用四个关键词来概括：立法、规划、人才、资金。

第一，立法，当年汪道涵市长坚决支持我把这个词挪到最前面，我为此写过很多文章，论述浦东开发立法先行的重要性。浦东开发开放 10 周年时，我又写了一篇两万字的文章《再论浦东开发，立法先行》。

第二，规划，浦东开发究竟分几步走，不能毕其功于一役，必须分步推进。

第三，人才，浦东的发展需要大批人才，既要将才，也要帅才。

第四，资金，要最大可能地吸引内资外资。

我刚任副区长时，从幼儿园开始算起，浦东有 508 所学校，但大学寥寥无几，只有上海海运学院，现在改名叫上海海事大学，后来搬到了临港，当时就在陆家嘴。那时我的决心很大，并且得到禹鹏书记和胡炜区长的坚决支持，一口气把三所大学——杉达学院、国际金融学院、第二工业大学合在金海校区。这三所大学在新校区落成以后，同一天升格为本科院校。在张江引进了华师大二附中，我做新校建设总指挥。

在离开浦东之前，又引进了中医大，建了曙光医院东院。为什么要这么做？因为我们深知人才要急速引进，构成人才高地才行。当时，我还提出，要办浦东大学，到今天这仍然是我的夙愿。纵观中国所有改革开放的前沿城市，都有自己名字命名的大学。比如，深圳大学、汕头大学、厦门大学、烟台大学、青岛大学，只要有改革开放的地方，大学都极为重要，这是你的金字招牌，上海没有浦东大学还是一个遗憾。

当年全国有 14 个保税区，我们大都去学习过。我还带领浦东陆家嘴、金桥、张江、外高桥四个集团的一把手，北上去中关村学习。当时全国已有 15 个保税区，上海外高桥保税区的经济成就等于另外 14 个总和。陆家嘴最强的是它的金融高端机构迅速集聚的功能，我分管这一区域，学到了许多东西。

我是 2001 年年底离开浦东的，当年 11 月底受命去巴黎申博了。今天看来，时间虽短，但印象深刻。

我的体会是，事业的成功绝不在于你一个人有多大能耐，但是，绝不能或缺任何一个人的能耐；不取决于某人的努力，但绝不能或缺所有人的共同奉献。这是我们改革开放必须要坚持的大原则。

要做好工作，就是要有激情、远见和决心。我们在浦东工作的同事都有“浦东情结”，浦东开发开放最大的情结就是以人心向背作为我们思考问题的出发点。

浦东开发开放的所有经验表明：我们首先要有激情，不能因为开发开放 20 多年了，我们就激情衰退。其次，要有远见，要把浦东开发开放一直抓下去，这是邓小平同志的嘱托。最后，要有决心，不怕困难，勇于开拓。

“把世博带回家，就是把世界带回家！”

2001 年 11 月，上海市委决定派我去巴黎申博。就如同 2000 年 8 月让我去浦东，当时毫无思想准备。我给上海市委领导写了一封信，讲了我的顾虑。我是一个非中共干部，能否承担起申博这样的重任？我还有繁重的家庭责任等，但我最后还是愉快地接受了组织的重托，上任中国驻国际展览局的代表，一做就是 10 余年。

世博会的意义在哪里？为什么办世博？我们当年办世博会的口号就说明了问题——“把世博带回家，就是把世界带回家！”世博会是上海建设国际化大都市的重要契机。世博会不仅仅是上海的、不仅仅是中国的，它更是整个世界的。这句话长期指导我在世博第一线奋斗。

我负责招展工作和法律事务，2006 年 3 月，我们从零开始，最后有 190 个国家、56 个国际组织、18 个企业馆、50 个城市最佳实践区参展，全国包括港澳台都积极参展，办成真正意义的世界盛会。世博会极大地提升了上海的国际化程度。

什么叫国际化？国际化程度其实就是三个度：第一，知晓度，当来自全世界的人们齐聚上海，世博会迎来 101 个国家的元首和首脑，那才叫世界舞台。第二，喜爱度，世界公认上海是一个令人向往的地方。整个世博会从筹办到举办完成历时 10 年，世界上几乎没有什么实质性的负面评论，这很了不起。世博结束后，我写了《世博十年路》，出版了中英文版，记录下自己的所思所想。第三，参与度，就是人们愿意和你在一起努力，我们叫同舟共济、共襄盛举，这是世博会成功的又一个标志。

从 2000 年到现在 13 年，浦东从我们这届班子以后调整六届了。浦东的作用，不仅仅是 1200 平方公里土地，不是五六百万人的作为，它为中国改革开放树立了样板。

我用几句话来总结：第一，改革要凸显。中国的古语讲得很好，叫“周虽旧邦，其命维新”，我们的使命是维新，维新就是改革，改革从来没有完成时。第二，政策要突破，改革不仅仅是数百个行政审批权的下放，改革就是做前人没有做又必须做的事。总之，没有一个伟大的实践是唾手可得的，要有勇气、激情和决心才行。凭着我们对这块土地特别的热爱，大家努力朝一个目标前进！

（作者时任浦东新区人民政府副区长　崔桂林　严亚南/整理）

林　沙　厦门经济特区建设实录

初创及“五八八”

从厦门经济特区创办之时，我就参与特区建设的报道，并参与《厦门日报》（特区版）和《厦门特区报》的策划和筹办。印象最深的有两件事：第一件事，厦门高崎国际机场开工典礼；第二件事，《厦门日报》（特区版）第一期的头条新闻。

1982 年 1 月 10 日，厦门高崎国际机场破土动工兴建。进行如此工程浩大的建设，且要求在一年内完成机场建设（指地面土建部分），令厦门人兴奋不已。30 多年来由于受到“海防前线，不宜建设”的影响，厦门市容改变太少。

改革开放后，厦门由“海防前线”变成“开放前哨”的经济特区，建设气魄非同凡响，机场开工典礼那一天，天阴带有腊月的寒意，工地的气氛却热气腾腾。典礼台设在一块新平整的土地上，由 5 部 8 吨载重车拼搭而成，两台长臂的起重机各托起 4 面红旗，以表示我国“四化”建设。起重机拉挂开工典礼的横标和对联，形成一个富有创意的机场开工典礼台。

1982 年 2 月 25 日，《厦门日报》（特区版）第一期出版，头条新闻《厦门特区加紧基础建设　海陆空工程已全面铺开》：中外人士瞩目的厦门经济特区，经一

年多来的积极筹建，各项基础设施陆续动工，海、陆、空配套工程已全面铺开。

这一批由国家投资几亿元的宏大工程计有：湖里出口加工区的“六通一平”；东渡新港前期工程建设；厦门机场修建工程；自来水扩建工程；架设 11 万伏过海高压线路；增建微波通信、程控自动电话等电信设施；建造旅游专用码头；修建新的城市干道等。

特区版第一期还刊登了市委第一书记陆自奋谈《厦门特区发展方向》，要建设 5 个基地是：轻工基地、外贸基地、经济作物基地、科教基地和祖国统一基地。同时，刊发了厦门经济特区湖里加工区示意图。

视察厦门

1984 年 2 月 7 日上午，欢度春节后，邓小平同志来到厦门，视察特区各项基础设施。当专列驶进厦门火车站时，项南等省、市领导人迎上前去：“欢迎您：小平同志！”在从火车站到宾馆的路上，邓小平同志边浏览沿途的新貌，边听项南等同志的介绍，心情兴奋不已。

游览鼓浪屿时，在“鹭江”号上，邓小平同志和省、市领导同志就如何对外开放等问题交谈起来。

项南同志对邓小平说：“小平同志，厦门特区现在实际上只有 2.5 平方公里，实在太小了，太束缚手脚了，即使很快全部建成，也没有多大的实际意义。”

“你们的意思是——”邓小平注视着项南和省、市负责人。

“把特区扩大到全岛。”项南语气坚定地回答，“使整个厦门岛开放，这对引进外资和先进技术，对改造全岛的老企业，都可以起到更好的作用。”

邓小平一边听着，一边察看地图，然后平静地说：“我看可以，这没得啥子问题嘛。”

项南接着说：“现在台湾人来大陆，要从香港或者日本绕道，这太麻烦了。如果把离台湾、金门最近的厦门变成自由港，实行进出自由，这对海峡两岸中国人的交往，会起到很大的促进作用。”

“应该考虑这个问题。”王震插话说。

“可以考虑。”邓小平深深吸了一口烟，接着问：“自由港，实行哪些政策呢？”

在场的几位省、市领导同志议论了一下，项南作了回答：“人员自由来往，货币自由兑换，货物自由出入。”

2月9日，邓小平视察了厦门湖里工业区，在新盖的综合楼里，欣然挥笔题词：“把经济特区办得更快些更好些。”

邓小平同志视察广东、福建、上海等地回到北京后，于2月24日同几位中央负责同志谈话，说：“我们建立经济特区，实行开放政策，有个指导思想要明确，就是不是收，而是放。”① 他又说：“特区是个窗口，是技术的窗口、管理的窗口、知识的窗口，也是对外政策的窗口。”②

对厦门经济特区，邓小平说：“厦门特区地方划得太小，要把整个厦门岛搞成特区。这样就能吸收大批华侨资金，许多外国人也会来投资，而且可以把周围地区带动起来，使整个福建省的经济活跃起来。厦门特区不叫自由港，但可以实行自由港的某些政策，这在国际上是有先例的。只要资金可以自由出入，外商就会来投资。我看这不会失败，肯定益处很大。”③

邓小平同志回北京50天后，中央领导同志在京宣布：国务院决定，把厦门经济特区的范围从2.5平方公里扩大到整个厦门岛131平方公里（含鼓浪屿）。

5个月后，国务院《关于厦门经济特区实施方案》批复指出：“逐步实行自由港的某些政策，是为了发展我国东南地区的经济，加强对台工作，完成祖国统一大业作出重大部署。”

厦门市人民高举邓小平理论伟大旗帜，勤奋而努力地工作，力争上游，厦

① 陈夕主编：《中国共产党与经济特区》，中共党史出版社2014年版，第83页。
② 陈夕主编：《中国共产党与经济特区》，中共党史出版社2014年版，第83页。
③ 陈夕主编：《中国共产党与经济特区》，中共党史出版社2014年版，第84页。

门国民经济迅速发展，年均增长20%以上，“八五”期间增长速度居全国大中城市第二位。1992年，厦门已进入全国大中城市综合实力十强。利用外资从无到有，日益增大。外贸出口连续多年居全国第4位。城市建成面积扩大了4倍。与此同时，精神文明建设也硕果累累。先后获得了“全国双拥模范城”“国家卫生城市”“国家园林城市”“全国共建社会主义精神文明口岸”“国家环保模范城”等称号。

如今的厦门，已由昔日一个封闭落后的海防城市，成为今天一个全面开放、经济建设迅速发展、综合经济实力明显增强、社会各项事业协调发展、人民生活比较富裕、社会精神面貌良好的社会主义经济特区。

空中桥梁引来航空城

厦门架起一座“空中友谊桥梁”。

厦门从此走向世界，世界从此认识厦门。

第一，高崎国际机场从1982年伊始兴建，至1983年10月22日正式通航，只用了22个月，被誉称为“厦门速度”。这个速度，在我国机场兴建史上是史无前例的，在世界上也是罕见的。第二，它是我国由地方筹资兴建的第一个机场，也是我国第一个利用外资（科威特贷款）兴建的机场。第三，它是个“花园机场”，绿化程度高，栽植了100万平方米草皮。第四，1985年1月5日经国家民航局批准，厦门航空有限公司正式营业，这是国内首家区域性航空企业。

1986年7月18日，厦门机场被列为中国国际航班机场之一。

1989年11月16日，民航厦门飞行管制区成立并对外开放。

1990年4月1日，厦门机场成为世界民航图上的一员。

1992年7月20日，厦门高崎国际机场二期扩建工程开工；跑道进行柔性加盖工程；新的候机楼由华东设计院和加拿大B+H建筑师事务所设计，外形呈线形布局，采用中国闽南传统坡顶屋脊和现代大跨度钢筋混凝土空腹桁架结构相结合，气势恢宏，轻巧通透，既融合了地方建筑特色，又展现了现代风格。楼内洁白亮丽、视野开阔。同时，进口了一批具有国际先进水平的设备，配备了15座登机桥，地下汽车库等，候机楼内服务设施相当完善。候机楼前方建有一个面积5.5万平方米的园林广场，为“花园机场”增姿添色。

扩建后的机场飞行区达到4E级标准，可满足波音747、空客A340等大型飞机的起降。机场吞吐能力为1000万人次/年。

目前，已有国内外27家航空公司在厦门国际机场营运，开辟了50条国内航线和7条国际、地区航线，每周进出港航班达700多次。1997年机场旅客吞吐量为349万人次，在全国民用机场中列第6位，其中出入境旅客人数已连续7年居全国第4位。

厦门经济特区发展的历史表明，特区离不开机场，机场的发展又依附于特区经济的繁荣，世界航空企业纷纷落户厦门。

1988年，厦门丰盛贸易集团和香港华榕财务有限公司、南京航空航天大学合作，创办了厦门艾迪轻型制造公司，生产AD-100型超轻型飞机。1993年12月31日，艾迪飞机首次飞出国门，应邀去关岛进行飞行表演，得到海外航空界的高度评价。

1996年1月18日，厦门太古飞机工程有限公司隆重开业。它是由香港飞机工程公司、厦门航空工业公司、国泰航空公司、日本航空公司、新加坡航空公司和北京凯兰技术发展及咨询公司合资兴办的。这年3月21日接纳第一个维修顾客——香港国泰航空公司的一架波音747-200型客机。

1997年2月1日，厦门卢卡斯太古宇航有限公司开业。这是太古与英国卢卡斯合建的飞机附件维修厂，有飞行控制系统、燃油系统和液压系统三个维修车间。

1997年8月16日，美国波音加盟厦门太古。

1998年4月22日，中国陕西秦岭航空电气公司与美国胜特兰宇航公司在厦门合资组建厦门胜特兰秦岭宇航有限公司。

随着厦门飞机维修基地二期开工，厦门航空城的建设已进入实质性阶段。据

有关人士称，目前厦门已成为亚洲最大的飞机维修基地。

据介绍，目前，厦门已具备了飞机航线维修和基地维修两个方面的能力。飞机维修范围包括：老龄飞机改装、发动机吊架及结构、从客机转为货机的结构改装、大型检修、航空电子更新及改装、空中交通警告及防撞系统和风切变防御系统的安装、改装全面内部翻修、全部除漆和喷漆、大型行李架的安装等。

1996 年 1 月，厦门太古飞机工程有限公司开业，至 1998 年 4 月底，进入厦门从事飞机维修业务的各国飞机已达 60 架，其中已放飞 58 架，维修的绝大部分飞机为境外飞机。二期工程建成后，可同时对 4 架波音 747 和 2 架波音 737 进行维修。

港口建设方兴未艾

厦门港原是一个岛港型的海港。自 20 世纪 50 年代厦门海堤建成后，厦门岛才同大陆相连，与西面杏林、嵩屿和南面的屿仔尾等大陆沿岸地区共同构成为一个近似于通常建港条件较好的内湾型港湾，海湾水域辽阔，达 50 平方公里，岸线曲折，可供建港使用的岸线相当长，仅其中深水岸线就有 28 公里。

新中国成立前，厦门只有一个可停泊 5000 吨的太古码头（即今和平港区），其他得依靠驳运，港口吞吐量最高一年仅 500 万登记吨。

自从兴办经济特区后，福建省政府把厦门港确定为全省港口龙头和重点建设港口；交通部把厦门港定为海峡两岸直航首选试点口岸后，又把厦门港列为主枢纽港、国家 20 个基本港之一。

厦门一直贯彻“以港立市”的战略方针，加速港口建设步伐。1997 年，厦门港建成 7 个港区，即和平港区、东渡一期港区、东渡二期（海天）港区、石湖山港区、海沧港区、嵩屿港区及同安刘五店港区，拥有生产性码头 81 个，其中万吨级以上泊位 16 个（含海沧 2 号、3 号泊位，东渡 12 号泊位、象屿码头及博坦 10 万吨、1 万吨级码头各 1 个）。港口拥有各类机械设备数百台套，其中有 50 吨汽车起重机，30.5 吨集装箱轮胎式龙门起重机，16 吨、10 吨门式起重机，200 吨起重船，90 吨、60 吨驳吊以及自动化散粮、散化肥灌包设备，并拥有计算机信息管理网络等现代化管理手段。1997 年全港货物吞吐量完成 1753.7 万吨，比上年增长 12.91%；集装箱吞吐量首次突破 50 万标箱，达 54.6 万标箱，比上年增长 36.44%；全年接待国际旅游船 116 航次，接待国际游客 37184 人次，居全国第一；跻身我国沿海十大港口行列，排名第 10 位；在世界 100 个集装箱大港中，厦门港排名第 78 位，在我国内地排名第 6 位。

厦门港建设方兴未艾，东渡港区三期工程作为国家大中型建设项目和福建省重中之重建设工程，包括 5 号、10 号、11 号 3 个两万吨级多用途泊位，1 个 5000 吨级杂货泊位和 3 个 1000 吨小船泊位，设计年吞吐量为 210 万吨。国务院和国家计委已正式批准为 1998 年新开工项目。东渡港区 9 号泊位码头已完成主体工程。

路桥绘就大厦门构架

福建人自古擅长建桥，皆因福建山岭重叠、溪河纵横、港渡交错，加以地处亚热带，雨量充沛，山洪暴发，海水猛袭，时有发生。闽人深感“行路难”之痛苦，遂形成一种修桥铺路的风尚。

据《福建通志·津梁志》记载，到 1937 年底止，全省 9 府、61 州县尚存唐、宋、元、明、清历代古桥 2600 多座，闽东南占其一半多。中国古代十大名桥，福建就占有 4 座：泉州洛阳桥、晋江安平桥、漳州江东桥和福清龙江桥。故古代有“闽中桥梁甲天下”之说，如今则是“厦门桥梁甲闽中”了。

厦门原是海岛，20 世纪 50 年代修海堤，“岛今成半岛，宏伟见人工”（郭沫若诗句）。这条海堤靠高崎一侧留有航道，因之人们称其为“堤中桥”。不要小看“堤中桥”不长，却用上了现代建桥的沉箱技术。堤中桥的沉箱，是我国自行设计和施工的破天荒第一个。

随着特区建设的发展，单靠厦门海堤这条出岛通道，已远远不能适应了，只

有修建出岛的第二条通道——厦门大桥。这座桥长 6569 米，设有 4 车道，日夜流量为 25000 辆。大桥主桥由 47 对桥墩组成，立交桥由 146 个墩柱、6 道匝道桥组成。由于泉厦高速公路的兴建和通车，又增加了 1 道匝道，共 7 道匝道，是我国首座跨海公路桥。

望那大桥飞架高（崎）集（美），古寨学村相辉映；堤中桥连岛陆，万顷波涛变通途。使人想起一个比喻：“厦门有如香港本岛，杏林便是九龙半岛，海沧是新界。”这个比喻，非常确切，香港是由香港本岛、九龙和新界三部分组成，一条海底隧道把它们连成一片；厦门经济特区则由厦门岛、杏林、海沧、集灵四部分组成，十里长堤也把它们连成一气，而今又增加一座现代化大桥，更加气派，厦门特区的经济也会像香港一样，飞速发展。厦门海堤和厦门大桥，犹如大陆巨人伸出两只手，把“海上花园”高高托起。采集百花酿美酒；斟满杯，举过头。祝贺祖国从今走向繁荣富强。

祖国走向繁荣富强，厦门在飞速发展：海沧台商投资区的开发建设，岛内汽车拥有量猛增，单靠厦门海堤和厦门大桥已满足不了厦门特区发展的需要，于是又修建出岛的西通道——海沧大桥。

海沧大桥位于厦门西港中部，西起海沧开发区马青公路，穿过西海域中的火烧屿，东接本岛仙岳路，是厦门岛的第三条对外通道，全长 5926.527 米。由西引道、西引桥、西航道桥、东航道桥、东引桥、东渡互通立交、东引道及附属工程等组成。悬索主桥长 1108 米，主跨 648 米。

大桥为双向 6 车道加紧急停车带的高等公路特大桥梁，是我国第一座特大型三跨吊钢箱梁悬索桥。悬吊结构在国内首次采用不设竖向塔支座的全漂浮连续结构，为世界上第二座采用此种结构的大型悬索桥。它将是厦门市一座标志性的景观工程，优美流畅的桥梁造型，轻巧独特的锚、塔结构，与周围环境协调一致的桥梁色彩，轻柔的夜景效果等，都将与厦门这座现代化国际性港口风景旅游城市相媲美。

堤中桥、厦门大桥和海沧大堤连着岛陆，共同绘就大厦门构架。从福州方向来，路过大同镇，进入集同路，眼界立即开阔，那宽 60 米的 6 车道的平坦路，两旁的人行慢车道，行道树排队，迎风点头迎送；中间预留两车道的隔离带，绿茵如茸，花叶点缀；雕刻石狮的里程碑，格外引人注目，多好的舒适的道路呀！它是福建省级文明样板路。

集同路两旁有同安城东开发区、城南开发区、周吉（台湾）工业区，村办的潘涂工业区，以科技为主的洪塘头工业园，凯歌高尔夫乡村俱乐部，以轻工为主的后溪镇工业小区，以及集美北部工业区、商住区、综合区、学校区，等等。工厂企业排队站，楼房住宅展新姿，形成“同（安）集（美）工业走廊”的雏形，也是“大厦门”城市路网的主骨架。

集同路与 324 国道、205 省道相连，从集美西折经海堤、集灌路，又与 324 国道相接。从集灌路南折杏林城区，经杏滨路和新建的新阳大桥与海沧台商投资区连成一气。海沧有自己新建的道路网，四通八达。海沧大桥建成后，由西面可直接从陆路进入厦门老城区。

据厦门路桥公司统计，自 1993 年公司成立至 1997 年底，累计投资 27 亿元，新建、改建福厦路、集灌路、集同路、杏滨路、海沧公路网以及环岛路等高级公路 100 公里，投资金额是特区道路建设前 10 年的 8 倍。

老厦门人都知道，厦门最宽敞的路是中山路，最早的第一条马路是条蚯蚓路（开元路）。它从 20 世纪 30 年代至 1980 年，因厦门沦陷，地处“海防前线，不宜建设”和“文化大革命”的影响，老城区道路总长才 110.06 公里，面积 100.50 万平方米。改革开放后，在邓小平同志“把经济特区办得更快些更好些”题词的鼓舞下，厦门市政建设一日千里，如扩建福厦路和厦禾路，新建湖里道路网、莲前路、全尚路、湖滨东西北中路等，1981—1995 年，城市道路总长已达 410 公里，面积 618 万平方米，分别比新中国成立后 30 年的道路建设总长增加 4 倍和 6 倍；城市桥梁实现零的突破，达到 87 座。

“小城春秋”的厦门，50 年代前的确没有“车马之喧”，城市交通主要靠步行和自行车、黄包车、三轮车，汽车是凤毛麟角稀罕的事儿。厦门海堤连岛陆，鹰

厦铁路通车后，汽车才慢慢多起来，厦门才开始有了新的交通工具——公交车，至 1980 年公交营运车辆才 88 部，1995 年增至 389 部，增幅为 3.4 倍，营运线路由 22 条增至 35 条，客运量由 2898 万人次增至 16596 万人次。

其他公共设施发展情况，截至 1995 年，路灯 15517 盏（2188 盏，为 1980 年数字，下同），排水管总长度 505 公里（172 公里），排水管总密度 8.69 公里 / 平方公里，污水厂 1 座，年处理污水 2739 万吨（现有污水厂 2 座，处理能力大大增强）；自来水生产能力 59.7 万吨 / 日，供水管道总长度 917 公里（163.33 公里），全年供水总量 16507 万吨（3002.3 万吨），日均供水量 45.22 万吨。这些数字表明，厦门在发展、在前进，投资环境在日益改善，已走出一条加强基础设施建设的康庄大道。

环岛路的建设，是厦门发展标志性建筑物之一。一条休闲旅游观光道路，临海（路段）见海，把最美的沙滩留给老百姓。环岛路位于厦门岛东部地区，从厦门大学起经胡里山、白石炮台至溪头下，沿黄厝海岸行进，从广播山经石胄头入海，在前埔与莲前路延伸段交叉（国际会展中心），穿越海滩后至香山，再沿海岸展开，过何厝、五通后，直插墩上，与环岛一期机场段相接。

根据不同地形地势，环岛路设计路宽为 44—60 米，4 车道、沥青路面。环岛路为港口风景城市的厦门增添一景，乘车兜海观光，金门、厦门海岸景色尽收眼底，沿途还可游览厦门八大景之一的“五老凌峰”的南普陀寺和厦门大学，现存世界最大的伯克虏大炮的胡里山炮石及奇石馆，我国对外直接引资基地的国际会展中心，以及两岸对峙时炮战遗址何厝等，给人以遐思。

新中国成立前，厦门岛东部地区只有乡村小道，新中国成立后，因海防需要，对东部地区道路进行扩建，命名为“国防路”；改革开放后，改名为“滨海路”，而今又扩建为“环岛路”——休闲旅游观光路。路名的更改，记述了历史发展的脚步。

（作者时为厦门日报记者）

郭锡龄　关于广州市实行计划单列情况的回忆

20 世纪 70 年代末，是当代中国改革开放大时代之发端。本人适逢于 1978 年 5 月从公交系统调到广州市计划委员会（现发改委前身）担任主任秘书，有幸从政府工作的层面上亲身经历那段热火亢奋、波澜起伏而又让人备受锻炼的日子，目睹了一系列足令日后广州发生巨变的重大事件。岁月留痕，往事并不如烟。

那年 12 月召开的中共十一届三中全会，做出全面改革开放的决策，宣告彻底抛弃政治挂帅、以阶级斗争为纲的路线。转年 7 月，党中央、国务院以中发〔1979〕50 号文件批转广东省委和福建省委的报告，决定对两省的对外经济活动实行特殊政策、灵活措施，允许两省的改革开放先行一步。喜讯传来，春风习人，一片莺歌燕舞。作为政府最主要的综合经济部门，市计委闻风而动，旋即着手制订贯彻方案。

正是此时，有“内部消息”透露：中央打算设立经济特区。经打听，果然。但说实在话，究竟何为经济特区，这在长期处于极端封闭的计划经济时代，即便从事经济工作有年的老同志也绝对是个陌生概念。

不过凭直觉，谁都能悟到肯定是件好事情。没有半点犹豫，市里当即决定：广州要力争。于是，在时任市计委主任曹云屏、副主任麦扬主持下，我们迅速成立了专门小组展开工作：首先分头到省、市图书馆，中大、暨大图书馆，省委政

策研究室查找相关资料，不果。然后又借助麦扬同志的旧关系联系新华社香港分社和香港经济导报社，再通过他们向海外机构咨询（那时别说没有今天的互联网，在内地就连境外报刊资料也属罕见之物）。

很快，我们就整理出了一份集世界上各种类型的经济区、经济特区、科技园区、自由贸易区、免关税加工区、临港工业区有关情况之大成的资料。紧接着，我们又连轴转、漏夜干，翻阅了一摞摞历史档案资料，厘清弄准了几段历史脉络：新中国成立之初广州市即由中央直辖，及至 1954 年 6 月之后，连同另外 9 个直辖市转为省辖市，改为实行计划单列（即将所有经济、社会发展的计划指标，从所在省的总数当中，单独列出来。如：广东省社会总产值 ××× 亿元，其中广州市 ××× 亿元），直至 1959 年结束；之后中央在 1963 年 6 月对广州市再次实行计划单列，至“文化大革命”期间的 1969 年末被中断。再据此整理出了一批资料。

最后由麦扬同志主笔，以市委、市政府名义写出了一份请求中央批准在广州市设立经济特区的报告。报告建议，将广州辖内珠江河段水面上两个四周环水的小岛——小谷围和合利围供作选址（其中 18.5 平方公里面积的小谷围岛即今天广州大学城所在）。报告经市委、市政府主要领导梁灵光同意后打印一式两份：一份循办文程序逐级上报到省委、省政府，由省再报中央；同时为了争取时间，也为了“走捷径”到当时国务院分管对外经济工作并负责联系粤、闽两省工作的谷牧副总理处，由我将另一份报告送交正出差途经广州的江泽民同志，请他代为转呈。

我是骑自行车到省委小岛宾馆 1 号楼二楼房间，亲手交到时任国务院进出口委主任江泽民之手的。数月之后的 1980 年 8 月，全国人大常委会发表公报，批准国务院提出的深圳、珠海、汕头、厦门设置经济特区的建议，我们的请求报告落空了。

随着改革的深入，全国城市经济体制改革终于展开。1984 年 5 月，中共中央、国务院以国发〔1984〕13 号文，将广州列为进一步对外开放的 14 个沿海城市之一。对其中先行开放的 5 个城市，时称广、大、上、青、天，在扩大地方政府权力和给予外商投资者若干优惠方面，实行一系列放宽的政策措施，其中包括允许划出一定面积范围设立经济技术开发区。这个利好消息给广州的发展注入了一次兴奋剂。

所谓好风借力，广州在抓紧选择黄埔港附近区域建设经济技术开发区的同时，审时度势，于同年的7月，以穗字〔1984〕38号文报告，向省和中央申请："在不改变广州的省辖市行政关系下，由国家从1985年起实行全面计划单列。"由于之前调研资料充足，报告理据极有分量，加上时任市计委主任麦扬、副主任尹佩云做了大量外围工作，时任市委书记许士杰起到重要作用，时任省长梁灵光在任仲夷书记支持下给了广州很大的帮助，都对其后事成起了关键性的作用，是他们使广州从一开始就及早起步，从而夺得改革和发展的先机。一步领先，步步领先。

直到今天广州都应该记住他们，感谢他们。我作为市计委国民经济计划综合处副处长，参加了文件调研、起草至报送全过程的一些具体工作，有机会领受老一辈领导同志的耳提面命，领略了老领导们的风采，至今记忆犹新。实事求是地说，这期间各级机关的工作紧凑、高效、有激情，尤其是通过频繁地前往省和国务院机关部门做工作，他们作风之严谨、态度之率直和思维之大局观，的确令我眼界大开。

功夫不负有心人，这年10月，我们终于获得国务院以国发〔1984〕137号文件批准广州市实行计划单列，并赋予相当于省一级经济管理权限。广州由此成为当时第一批8个计划单列城市之一（这是广州历史上的第三次也是最长一次的计划单列）。国家计委在《关于恢复广州等城市计划单列的通知（计综〔1984〕2039号）》中规定："广州市的各项计划指标基数的划分和核定工作，由广东省主持，省、市协商确定。广州市的计划单列，除条件具备的可以考虑在1985年计划中单列外，一般从'七五'计划和1986年年度计划开始全面实施。鉴于广东省的特殊情况，广州市实行计划单列时，财政和外汇分成可不单列……"

事实上由于省、市之间的"讨价还价"，主要就是"广州市如何多做贡献"的问题，在开始计划单列之初的几年里，省、市每年都需要就部分重要计划指标的

具体安排进行协商。

一直到 1990 年，广州市计划单列的内容才基本上得以落实：在计划管理方面，国家下达到各省的国民经济和社会发展计划共 16 大项，其中除财政计划未单列外，其余 15 大项广州已在国家计划中单独列出并直接下达给广州市，分别为综合计划、基建投资计划、资源节约和综合利用计划、农村经济计划、工业生产计划、交通运输（含邮电）计划、人口计划、利用外资计划、主要商品收购计划、重点项目接待攻关计划、劳动工资和招工学校招生计划、教育事业计划、土地利用计划、主要物资平衡计划、对外贸易计划。

回想起来，正是从争取设立经济特区到争取实行计划单列这段时间开始，广州市委、市政府已形成非常强烈的率先改革、加速发展的意识，下决心将 20 世纪五六十年代广东作为“反帝前线”而无法放开手脚发展所耽误的时间和“文革”十年所造成的损失夺回来。

从梁灵光到后来的叶选平、许士杰几代主要市领导同志及整个领导层的精力，都明显集中在经济建设上，目标极为明确，作风极为扎实。也是在这段时间内，市机关的一批中青年干部，主要由市委的政研室、宣传部，市政府的计委、体改委、外经委、统计局，还有社科所、经济研究所的一些同志，主动围绕广州作为华南地区经济中心的历史地位、作用，以及毗邻港澳、得风气之先的有利条件如何促进发展；围绕改革传统体制，实行有计划的市场经济、扩大开放步伐；围绕三次产业的比例及内部结构的课题，反复组织调研和理论探讨。不少大专院校和研究机构的学者也纷纷加入其中。一时间形成一股前所未有的浓厚的、活跃的理论空气。所有的理论研究，都紧紧地扣着当时改革与发展的实践，充满改革探索精神。

许多今天不言自明的道理，甚至基本提法，在彼时往往却是辩论的焦点，比如叫商品经济还是市场经济，比如外资投入的占比应不应该限制问题等，不过一切都是为了工作。而这时期的广州市由于改革开放头几年先行先试所迸发出的活力，已立竿见影、顿见成效。

值得一提的是，在20世纪80年代中后期的几年里，我们每个季度召开研讨会的《会议纪要》，对呼吁中央关注广州市改革起到积极的推进作用。这期间的理论与实践，客观上为广州以后的深层次的改革和经济健康发展铺就了很好的基础。

实践证明一经计划单列，广州市的经济从此每年以两位数大幅度增长，广州的城市建设从此日新月异。只可惜实施时间不够长。

1993年，中央出于形势大局的权衡，以中发〔1993〕7号文件决定：广州市等8个省会城市不再实行计划单列，但继续实行沿海开放城市的优惠政策（主要惠及内地的有关省会城市）。作为过渡，国务院办公厅以国办发〔1994〕103号文件补充明确：广州等8个原计划单列城市原则上继续享受省级经济管理权限；中央机构编制委员会于1994年发文明确：经中共中央、国务院同意，广州市的行政级别为副省级。至此，广州市历史上第三次计划单列结束。

行笔至此，需要作三点说明：

一是在全国实行计划经济的特定体制背景下，争取计划单列无疑已是当时的最佳选择。事实上，本轮计划单列实实在在地使广州市释放出空前的发展能量：广州市的经济总量在内地大城市当中排名由改革开放前的第6、7位上升到1991年开始仅居上海、北京两个直辖市之后的第3位，成为全国省会城市的排头兵，并从此驶上了发展的快车道。而在同一时期内，广州市对全省、全国做出的贡献，尤其是财政方面的贡献每年都有着大幅度的增加。

二是由于实行计划单列，使广州市不仅在经济发展和城市建设方面拥有了更多、更大的自主权，可以通过改革，取得先发优势，而且使广州市得以作为省级经济体的资格，直接参加到全国最高级别的经济会议，有机会第一时间了解到全国大局的经济部署、政策取向，并在全国会议层面上汇报情况、反映意见、提出建议，凸显了广州市在国民经济中的作用和分量。另外，借助计划单列，广州市的文化、教育、科技、卫生医疗等社会事业方面也得以参加到全国会议，有利于加快发展。

三是虽然1993年之后取消了计划单列，但由于市场改革的进程已使传统的

计划体系在整个社会经济格局之中的作用大为改变，广州市有条件发展主要是通过改革，更多地倚重市场的力量来实现。

事实表明，1993 年之后至今，广州市经济持续快速增长的态势和在全国城市中的位次一直得到保持，而城市建设则更是屡有大手笔。

（作者时任广州市政协副主席）

王述祖　我参与了天津开发区的建设

展望和预测未来，离不开回顾总结历史。我有幸参与了开发区的创业，那艰苦卓绝的历程，永驻我的心中。至今，我把回忆这段历史当作一种无比的幸福。常忆当年创业时，才能不断地激励斗志，清醒头脑，永葆开拓进取、励精图治的精神，谱写新的辉煌。

天津开发区建在哪儿？

我参与了天津开发区的选址和论证。当年，我从引滦入津前线下来，到西青道一条街改造指挥部当董事长，组织西青道改造工程。工程刚要完工，就接到市委电话通知，调我到市委“方案组”报到。这个“方案组”是个什么机构，搞什么方案，让我担任什么职务，负责什么工作，当时都是未知数。后来才知道，那个方案组是为搞开发区做选址工作的一个机构。当时在哪儿搞开发区，大家心里都没有准谱儿。

再说，我一个搞建筑工程的怎么能搞开发呢？但不管百般疑惑，千般寻思，还是按照共产党员的党性要求去做。既然组织叫去，就要一步一步从头学起，再困难也要把党交给的任务完成好。工作了几个月时间，经过反复推敲和论证，初

步确定开发区选址在目前这个位置。这个过程是复杂曲折的。当时李瑞环市长非常重视，听了几次汇报，又经过若干专家论证才最后确定下来。

开发区选址确定后，1984 年 5 月，市委、市政府派几个领导，还有我，到深圳参加近一个月的培训学习。当时，14 个沿海开放城市的主要领导人都到了深圳，住在西丽湖度假村的松林别墅。国务院副总理谷牧同志到会给我们讲话，让我们体验一下什么叫开放。因为深圳市特区开放比较早，在这里，可以了解什么叫开放，怎么搞开放；了解它的法规和规划。深圳特区真是一部教科书。通过培训，我们对有关对外开放的许多东西有了进一步的认识。

天津开发区规划选址在塘沽盐场三分场。当初的盐场三分场“汪洋”一片，都是盐汪子，卤池，耙盐的结晶池。在盐汪子上怎么搞开发区呢？当时，一些外国人看了，说什么也不敢相信。在这种恶劣的环境下，要搞开发区，要让外商来投资办企业，你必须要改善硬环境，基础设施得过硬。这就给我们提出一个很难回答的问题：在没有人来投资之前，你要把路修好，把雨水管线和污水管线修好，电得进区，通信得有。这是投资办企业最基本的条件。没有这个，人家上盐汪子里来投资吗？不可能的！

“开路先锋”带头搞基础设施建设

我当时认为，从吸引投资的角度来说，我垫投，先把盐汪子的水放净，垫好土，修好路。可是修路以前要下管子。下管子最主要的是两个，一个是雨水的，一个是污水的。雨水的好办，按天津市降雨量的平均数以及一个阶段集中的降雨量计算出来，据此下管子，这个有依据。关键是污水。当时，谁也不知道企业污水有多大量，这是一个难题。量估算大了，对国家是个浪费；估算小了又不够用。而这个难题，找谁也回答不了。

以前都是先走基础设施，后走项目，没有先走项目后走基础设施的。为了准确回答这个难题，我调查了全国一些大城市工业区每平方公里的污水排放量，调查了天津市工业区的污水排放量，特别是陈塘庄这个工业比较集中的地方，多少家工厂，多大面积，每家工厂的排放量有多大，综合加一块儿平均多少。同时还了解了新加坡的裕廊、韩国的马山和我国台湾的高雄等一些主要工业区的数据。当然台湾去不了，我们委托外国人到那边儿调查。然后把各种因素加在一起，才确定了我们下多大的管子。因为做了大量的调查研究，征求了很多专家的意见，心中总算有了底。

实践证明，效果非常好，既不浪费，又够用。在当时的情况下，既没有现成的经验，又找不到内行人充分商讨，我下那么大的决心，做出这样的决策，是承担了很大责任，冒了一定风险的。但是，我心里有谱儿。因为那不是拍脑袋想出来的，不是拍胸脯决定的，是调查研究了很多资料才得出来的。现在总结出经验了，全国许多开发区都按这个数走，都没有出现问题。

解决了下管子的问题，接下来就是修路。当时，我们进来的时候，到处都是稀泥，很深，必须穿胶鞋，整天和泥巴打交道。要修正式的路，当务之急是修一条进场的临时路。没有临时路，哪能修正式路？临时路就是现在的建材路。这条路长 4.5 公里。

1984 年 11 月 15 日，谷牧副总理到天津来，审查开发区的方案。当时，我作的汇报。谷老听了很高兴，说国务院批准了，可以干了。11 月 15 日放完水，到 12 月份，天气特别冷。现在全球变暖了，那时真冷，零下十几摄氏度。在这种情况下修一条路，真难啊。当时定了指标，到 1984 年年底第一条路要通车。我算了一下，4.5 公里长、6 米宽的话，每天必须有一列砟石或石屑运进来垫上。当时车皮很紧张。我找到转运办的老席主任。他是“老铁路”，非常支持，亲自调车皮，保证每天一列。所以我心里总想，天津开发区可不能忘了席主任。奋战一个多月，终于修成了一条汽车可以开进来的临时路。当时的开发区负责人张昭若给我发了个奖状，叫“开路先锋”。路通了，具备了施工队伍进现场的条件。这是很不容易的，开头难啊！

转年开工，修正式路。当时有个计划：第一年，即到 1985 年 12 月 6 日，第

一条柏油公路要进开发区，就是现在的洞庭路。要以第一条公路通车剪彩作为庆贺建区一周年的礼物。第二年，也就是 1986 年，确保 20 个外商投资企业投产。在这个目标激励下，第一代开发区人拼命苦干，节假日都不休息，日夜兼程。

那时，大家都住在开发区，除了吃饭睡觉，把所有时间都用在工作上。开发区的工作效率是很高的。第一条公路洞庭路通车是 12 月 6 日，建区一周年。那天晚上下雪，早晨剪彩，时任副市长郝田役同志来剪彩。

这里还有一个故事。当时不像现在的剪彩仪式那么隆重。仪式安排在一个小的载重车上。司机同志因故没来，找人家又不在，到剪彩的时候没有车子，没有剪子，临时把医务室的剪子拿来。可是剪子又没开口，老领导剪了半天也剪不动。

搞项目，就要搞得又快又好

第一代开发区人来的时候，开发区什么也没有，租了现在中建八局三公司招待所三楼的四间屋办公。只有两辆公用自行车。后来为了方便，就在开发区盖小平房。两个月的工期，正赶上冬天施工。

1985 年春节前建好了，春节后进去办公。冬天盖的房子，屋里沁着水，非常潮湿。晚上盖被子睡觉，一觉醒来，棉被上面一层白霜。屋里热时，水从屋顶往下滴。这就是当时的工作环境。

最难的就是第二年确保 20 个企业投产。当时成立了现场指挥部，十几位同志，我是指挥长或叫总指挥，易志宽同志是副总指挥。我们一个项目一个项目地盯着，最快的项目是中日合资的哈娜好医材公司，7 个月完成。还有中德合资的威娜化妆品公司，原来在市区已经买地了，因为那个地块有些争议，市里办事效率太低，我们借机说别在市区建了，到我们这儿来吧，就拉到开发区来了，结果只用了不到 8 个月的时间建好了。

工作量最大的嘉泰陶瓷项目，从平地开始，一直到 832 台套的设备安装，最后烧出砖来，也只用了区区 8 个月。这是超人的速度，世所罕见。一位日本朋友不敢想象 8 个月能烧出砖来，抱着刚烧出来的瓷砖感动得痛哭流涕。

当时我们要求 20 个企业建成投产，到年底一定要兑现。我记得光这一个工程，施工队伍就十几家，天天“打官司”，天天搞协调。你还不能逼急了。有一段时间，哈娜好工程进度慢了。为了促进它的工程进度，以免拖全局的后腿，夜间 12 点开会。别人干得热火朝天，为什么你的工地耽误了？那个项目经理已经睡觉了，我们跑到他家里从被窝里把他“掏”出来。

我在现场开会，让他看看人家怎么干的，用这样的办法激励大家，把工程质量搞得好一点，按期高速完成。大家按期把企业建成投产，这就是一个无形的广告：开发区可以搞项目，而且可以搞得很快很好，从而增强外商到开发区来投资的信心。我们天津开发区的第一批创业者，都有这样一种韧劲和闯劲。

所谓“韧劲”和“闯劲”，前提是大家得吃苦。当时各方面的条件艰苦得很，没什么福利待遇，没有补助，没有津贴。车也没有，办公室空调、暖气都没有，现代办公设备更谈不上。我们照样住在这儿“滚”。凭着一种艰苦奋斗精神来创业。事实上，只有这种艰苦奋斗精神最能感动投资者。让他们看到开发区的希望，感到来开发区投资可以更快地实现他们的夙愿和理想，从而像追逐梧桐树的凤凰一样，心甘情愿地把大笔资金投向这块“大有希望”的土地。

既“不给钱”，也“不管你”

这一代开发区人的创业精神中，还有一个非常重要的特点，就是按照市场经济的规则办事。

当时市长李瑞环在概括开发区成功的经验时，曾指出两条秘诀。第一，不给钱；第二，不管你。

不给钱，就是用贷款。贷款不同于财政拨款，那是要付息和还账的。这就给

了开发者一种激励，钱不能乱花，要用在刀刃上。还账靠什么呢？靠投资者来买地呀！都不来买，你拿什么还账？从而逼着你把投资者当上帝，尽心竭力地为投资者服务，以吸引更多的投资者。当然买地的钱很少。更重要的是投产以后有税收，用税收来还本付息。所以，政府不给钱，反倒有力地激励了第一代开发区人按市场经济规则搞开发。我们十分珍惜这点来之不易的银行贷款，斤斤计较，一个铜板掰成两半花，既考虑它的使用效率，又要考虑如何加快回报。

第二条最关键，就是“不管你”。开发区创业之初，计划经济的束缚还非常厉害，上级政府的哪个部门都能管你。针对这种大环境，李瑞环市长说了，“市里各委办不要掺和，让开发区这帮人直接按市场经济规则放手去干，该怎么干就怎么干”。当时，我们就提出来，要创建一个“仿真的国际投资环境”。因为你只有跟国际接轨，才能吸引外资来，你这套体制不跟国际接轨，人家就感到很不理解，很不适应，很不方便。如果干什么事都像在计划经济环境里，要跑几十家才能办成，那谁还上你这里来投资呀？

许多年来，我一直在想，在促进对外开放方面，天津市至少有两大高明之处：一个是 1987 年，天津市成立了全国第一家外商投资服务中心；一个是开发区自成立那天起就按市场经济规则运作。不给钱，也不管你。不给钱目的是激励你；不管你目的是让你摆脱一切束缚，直接跟国际接轨。这是按市场经济规则运作的基本条件。

我国成功入世时，我就和一些同志讲，我们天津开发区 18 年前就入世了，就和国际惯例接轨了，所以没有什么可怕。天津开发区在国家级经济技术开发区评比中一直第一。要说“第一”，首先是创业精神，这是非常重要的精神支柱。而且在体制上并不像有的开发区，一上来就几千万几千万地往里投。对天津开发区，天津市委、市政府是一分钱不给的。当时我最清楚，开发区从财政拿几十万，开始你得给工资嘛，也就这几十万元，剩下的都是靠贷款来运作。

实践证明，这条路子走对了，成功了。不给钱，不管你，这六个字非常重要。

作为第一代开发区人，我深感那时的开发精神，那种锐意进取、艰苦奋斗、不怕困难、敢冒风险、勇于按市场经济规则闯新路的精神应该继续发扬。这种精神，到什么时候也不会过时。如果这种精神没有了，或者淡化了，钱再多也搞不出大的名堂。

艰苦创业，有时候确实要冒风险，担责任；谨小慎微，树叶子掉下来怕砸了头，不敢冒风险，永远也干不成大事。讲一个故事。开发区嘉泰陶瓷公司，当时定的是 1986 年年底投产。它是开发区最早的 20 个企业之一。烧制陶瓷需要煤气窑炉，燃料是煤气。当时没有煤气，没有液化气。因为开发区的液化气站当时还没有建好。这怎么开炉、烧砖呢？为了兑现承诺，我决定把 50 公斤的大罐串起来，排在厂房边上。当时冷啊，12 月份，液化气不好出。烧煤气罐的都知道，来点热水浇浇罐，温度高点，气就出得快。但这是明显的违章操作。当时我急得头上冒“火”。为了不失信誉，非冒点风险不行了。

我考虑了一番：这个事儿，既要胆大，又要心细；既要敢冒风险，又要确保不出事故。于是，我出了个主意，搞个池子，通点热水，控制好温度。我跟煤气站站长在那儿指挥，虽然违章，也有很多措施，但不能蛮干，既要保证液化气源源不断地送到窑炉里边，又不能使水温过高，以免引起罐体爆炸。

现在想起来，都有些后怕。50 公斤的大罐，一旦爆炸，那就是颗大炸弹哪！我王述祖非蹲大牢不可。但是，你不冒风险，光想干太平活儿，当保险官儿，你创得了大业吗？百分之百有把握的事情谁都能干，要你共产党员干什么？我拍了板，作了决定，又提出了许多保护措施。也不是简单地放热水，要考虑到水温如何控制，气如何进行调整，等等。

当然，不干就没有这个风险，我宁可担这个风险。因为开发区人说到做到，说什么时候出砖就得准时出。我们承担了风险，干成了事儿，按预定计划烧出了第一块瓷砖。为什么感动得日本人哭？就是因为这个速度，世界罕见；这样的精神让外商感到开发区办事效率高，速度快，服务一流，这才纷纷来投资。有了 20

个企业投产，后边才有 200 个企业接踵而来。

现在开发区有几千家外资企业了，怎么来的？归根结底就是一条，用投资者的满意度来吸引更多的外商。外商现身说法很重要。现在仍然应该注意这一点，只有这样，开发区才大有希望。要说跟国际接轨，首先就得凭精神，凭吃苦精神、创业精神、服务精神。没有这些精神，开发区再想有大的发展是不可能的。只要发扬光大这些精神，开发区就一定能够续写新的辉煌篇章。

（作者时任天津经济技术开发区管委会副主任）

朱秉衡 **广州开发区初创时期的若干个第一**

第一次筹备领导小组会议

参加第一次开发区筹备领导小组会议之前，我在广州立德粉厂、龙门县去蹲点。这两个地方是朱森林同志的挂钩联系单位，我的主要工作是定期撰写情况报告给森林同志参阅。当我结束蹲点工作返回市委办公厅报到时，恰好朱森林办公室来电话，通知我前往其办公室，做开发区筹备领导小组的第一次会议记录，从此，我成了领导小组的常任秘书，负责小组的日常工作。

这次会议的时间是 1984 年的 4 月 26 日，当天出席会议的是 9 个人（领导小组 7 个成员加上杨献庭和我）。朱森林在会上表示，按照中央有关文件精神要建设开发区，开发区筹备领导小组成员要离开原工作单位，到筹备领导小组上班，开展开发区的筹备工作。当时就决定了几件事情：一是要确定筹备组办公的地方，赶快亮出招牌；二是起草一批文件，例如规划等，需要呈请中央正式批准；三是要进行开发区区址的选点。

当时经济特区举办已经有几年，深圳、珠海、蛇口工业区等都已经粗具规模，1984 年 3 月 26 日至 4 月 6 日中央召开了部分沿海城市的座谈会，形成了一个会

议纪要，提出要参照经济特区的经验，继续对外开放 14 个沿海港口城市，在这些沿海港口城市，选择一块地方，按照经济特区的政策兴办经济技术开发区。这个《会议纪要》也就成了开发区的“出生纸”。会议之后，14 个沿海开放城市就根据会议精神，组织班子进行研究，应当怎样设立经济技术开发区。

第一个办公地点

当时东方宾馆副楼的一个会议室 1262 房作为筹备领导小组的第一处办公地点，面积 100 平方米左右。选择在东方宾馆设立办公室是因为领导小组办公室主任杨献庭原来是东方宾馆的总经理，通过他的关系对支持领导小组工作有利。

办公室的招牌是由我用仿宋体手书：“广州经济技术开发区筹备领导小组办公室”——两尺宽四方的白纸，底下用蓝色墨水写了一行英文：“Guangzhou Economic & Technologic Development District”。当时对“区”的英文单词用的是“District”，广州经济技术开发区的简称就是“GETDD”，后来也根据这一缩写设计了开发区的第一个标志。在挂这一招牌的时候，我还是有档案意识的，特意让人给我照了一张挂招牌的照片。

一年以后，有一个学英语专业的人士告诉我，用“District”翻译广州开发区的“区”是错的，准确的用词应该是“Zone”，“District”是一个很大的行政区的意思，是一个大的区域，比如哥伦比亚特区、香港特别行政区等，像广州开发区这种经济功能区域，应当翻译为“Zone”，即园区的意思。

但那时候，“GETDD”已经在全世界范围使用了，于是我说，不改了，将错就错吧，况且也错不到哪里去，将来说不定开发区真的发展成为足够大的“District”。至今，全国的开发区中，仍只有广州开发区是用“District”，其他都用“Zone”。这是我的过错，因为我在翻汉英字典查“区域”一词的时候，“District”比“Zone”早出现，没有详细看两者的区别，想当然用了这个词。

第一笔开办费

广州开发区的初始开办费是2万元人民币。当时为解决筹备小组的办公经费问题，筹备小组组长朱森林以市委副书记的名义向市财局写一张条子，要求给筹备领导小组划拨办公经费1万元。20世纪80年代万元户已经算是很富裕了，但是1万元对于开发区的筹备工作而言，显然太寒酸。

后来，在我的请求下，朱森林在“一万元”的“一”字上添了一横，便成了“二万元”。我就凭着这张条子到市财局要了两万元，作为筹备小组的运作经费。经费取回来之后，求市委办公厅行政处代管，凭我批的条子报销。开发区的第一笔经费就是这两万元。至于向银行借贷和省里、国家的开发贷款，那是以后的事情。

创办20年后的开发区财政可支配财力一年40多亿元，20年间，从2万元到40多亿元，无论从哪个角度看，都是一个奇迹。

第一批财产和第一笔开支

开发区购置的第一批财产，是10张办公桌，每张单价是37元，劣质木头做的、俗称“一头沉”的办公桌。开发区的第一笔开支是370元。当时小组只有9个人，预多一张桌子是准备给后来者用。我们租了几辆三轮车，将这些桌子拉到东方宾馆，但是东方宾馆门卫死活不让我搬进去。当时东方宾馆是广州市最高级的宾馆，也是唯一的一家星级宾馆，是接待外宾的涉外酒店。门卫说，这样的桌子竟然敢拉进东方宾馆？不让进。后来只好又找杨献庭，才顺利地将10张桌子拉进东方宾馆，搬到1262房，顺着窗户边就摆开了。

除了朱森林只是挂领导小组组长一职，他主要的职务是市委副书记，他没有到这边办公，杨献庭在东方宾馆本来有独立的办公室，也没有要我们的办公桌，

其他 7 人就集中在一个房间办公了。开发区就是这么开张的。

第一张名片和第 10 个人

开发区是广州市第一个印制并使用名片的单位。当时国内大多数人都不知道名片是什么，开发区既然是要面对外商的，是涉外的，与外商、港商见面给一张名片，觉得挺好的。广州公务员第一个用名片的，开发区筹备小组是第一个。当时我依样画葫芦，按照见过的名片的形式、大小，写上广州经济技术开发区筹备领导小组办公室，某某某，加上标志“GETDD”，就这样设计了开发区历史上第一张名片。

名片画好之后，要找地方印刷。当时广州没有印名片的地方，印刷厂还是铅字排版油印。印刷厂全归广州市轻工局管，我找到轻工局的黎局长，表明需要印刷名片。局长也看不懂这是什么东西，让生产业务处负责人帮我办。我马上找了生产业务处负责人余琪春。刚好他在，如果当时是其他人在，可能在开发区的历史上就不会有余琪春的名字了。他后来成了开发区第一任的行政处处长、管委会办公室副主任。

余琪春要我和他一起骑单车到位于西关的印刷厂，厂长表示，这个东西可以印，不过就是麻烦一点，既然是市委要的，可以给你印。印 9 个人的名片，每人一盒，200 张，需要单独排字模才能印，一个星期才能交货。一个星期后，是余琪春骑着单车，用一个小布袋装着 9 盒名片，到东方宾馆找我交货。名片印刷效果不错，可惜现在已经找不到当时那些名片了。

交货之后，余琪春留下来聊天，他问我：这个筹备小组规格这么高，市委副书记是组长，一大帮局长只能当成员，你这个机构到底是一个什么机构？我向他吹牛：市里要划一块地方，建设开发区，实际是广州的经济特区，这个区将来都是跟外国人打交道的。我把开发区的前景描绘了一番。

他突然冒出一句：你这里收不收人？我也来干，怎么样？

我当时一口就回答：当然收啦。现在正是用人之际，我天天都忙得不得了。你愿意来，当然好啦！

他说：我是认真的，什么时候能来上班？

我说：你明天就来！

这样，除了筹备小组的 9 个同志外，第 10 个工作人员是余琪春。第 10 张办公桌刚好给他用。他来了以后，就当我的助手，帮我处理一些日常的工作。他年纪比我大，比较稳重，什么行政、财务、后勤事务就交给他负责。到 12 月份成立管理委员会的时候，他成了管理委员会办公室副主任，管行政一直管到退休。说老实话，是印名片这件事“成全”了他。

第一个招商会

开发区还没有正式奠基，就已开始着手招商。1984 年 9 月，广州市组成空前阵容的经贸代表团，率 14 个沿海开放城市之先，前往香港开招商会，主题是“洽谈、交友、调查、做生意”，团长是朱森林，开发区第一次组团出访，唯一的一个参团代表就是我。

由于开发区是新鲜事物，引起了港商极大的兴趣，众多的客商前来洽谈，招商会场广播叫人喊的几乎都是广州开发区朱秉衡先生，开发区第一次赴港招商签订的第一批项目有 7 个，全部是港资项目，都是我草签的项目协议。

开发区历史上第一个签约的“外资”公司是香港唐石毅先生的南海洋行，是一个综合项目，包括石油生产、加工、销售等。作为外资第一个动工的南海洋行投资项目，是位于开发大道与志城大道交界处的云海加油站。

第一个房东

自从吹沙填土吹响了建设的号角以后，开发区的办公地点从东方宾馆搬到开

发区来了。东方宾馆 1262 室变为开发区驻市区办事处。当时这里是一片荒滩，只有新港码头有点建筑物，新港旁边有一个海员俱乐部，作为码头的配套设施，供那些外国海员娱乐活动，建成后一直空置在那里。我去找这栋物业的业主——广州市总工会海员俱乐部，租用了这幢大楼。空置的海员俱乐部成了广州开发区第一个房东。当时租金是 30 万元一年，简单装修了一下，成为开发区管委会早期建设的指挥部。

1984 年 7 月始，几十个工作人员每天要从市区到“指挥部”上班，交通成了一大难题。开发区购买的第一台“通勤车”是一辆国产东风客车，30 座，价格是 8 万元。加上黄瑞源从冶金局带来的“陪嫁”——一辆“小面包”车，东方宾馆借来的杨献庭的座驾雪铁龙轿车，开发区筹建期间的全部交通工具就是这 3 台车，陈伟杰开面包车负责接领导，沿路遇到开发区的工作人员，扬手即停，谁都可以坐。领导与大家同挤“东风”车，司空见惯。那时可没有领导专车的概念，人的心态平实、自然得多。

第一次自助餐与礼仪教育

广州开发区奠基典礼那天的午餐招待会，是开发区的第一次大型聚餐，也是广州地区第一次举办的自助餐会。之前，国内没有多少人知道什么是自助餐。第一次的自助餐地点在当时的东江宾馆，由当时最著名的爱群大厦厨师做，他们做得很认真，连碗筷、餐具等都是他们提供的。

食品头天晚上在广州做好，租了几辆解放牌汽车，上午 10 点运到东江宾馆，摆开一溜长桌子，食品也一溜的摆在桌面上，旁边放置一大堆的餐具。当时好在我还有一个念头，就是“内外有别”，二楼安排领导和境外来的嘉宾，食品是一样的，唯一的区别就是二楼铺了一块好的台布，一楼连台布都没有。

吃饭的时候，可热闹了，谁也没有吃过自助餐，也不知道该怎么吃，我也只从电视上看到过自助餐，也没有吃过。二楼那里还有一点规矩，因为都是香港、国外来的嘉宾，做领导的也比较斯文，还晓得拿了食品按秩序找一个地方坐下吃。一楼实在是乱得没法看，一个个拿着碗筷站在桌子边上吃，就不走了，后面的人只好把筷子从人缝里伸进去夹，有的干脆拿个大盘，把菜倒进盘拿走，搞得惊叫连声。

我那帮工作人员，辛辛苦苦工作了大半宿，连早饭还没吃，一看这阵势，都傻了，不知所措。秘书科的老大姐王杏英很乐于照顾别人，拿着几个大塑料袋，管你这么多，一袋一袋连倒几盘，回办公室请大家吃围餐去了。

那天的场景确实乌烟瘴气，但很热闹。正是因为自助餐的这个场面，引发了后来开发区一度成为常规培训的涉外礼仪教育。后来管委会做出一个决定，所有新进入开发区工作的人员，不管你从哪里来，是什么职务，一律要经过3个月的岗前培训，进行一套新的思维方式和行为方式的培训，从最简单的行为开始，包括怎样穿衣戴帽、打电话、待人接物、吃西餐等礼仪。后来要求大家学跳交谊舞，男学穿西装、打领带，女的学穿套装。还有一本《广州经济技术开发区干部必读手册》，是我主编的，里面没有什么大道理，全都是很具体的行为方式：怎么打电话，怎么穿衣戴帽，怎么吃自助餐，怎么吃西餐，怎么迎来送往，等等。

经过培训，面貌大为改观。开发区的人一出场面，那真是别开生面，大不一样。以前打电话是“喂，找谁？”后来改为：“你好，我是开发区。”举行签约仪式时，开发区的人特别醒目，男的是白衬衫、黑西裤、打领带，精神十足，女的大多是淡妆、套裙，风姿绰约，在广州当时成为一道亮丽的风景线。

黄埔“一期”与志愿军

建区初期，开发区面向全社会招聘人才，在广州也是首开先河。1985年2月14日在《羊城晚报》上刊登了招聘人才启事，面向社会公开招揽人才。这一批招了大概有100人，这一批人后来被称为“黄埔一期”，这100人基本上都成了开发区的业务和行政骨干。半年后，又公开招了第二批，史称“黄埔二期”，70

多人。

开发区建区初期调人进来很难，只能靠“志愿军”，你愿来我才收，不能靠组织的调配，所以才引发了向全社会公开招聘的做法。当时人才招聘工作小组组长由人事处长欧阳惠娟担任，我当了一年多的副组长。

后来还从其他渠道调进了一批干部，这些干部主要是原籍广东，在外省、外市工作，想回广州安居，落叶归根或解决两地分居。开发区初期从外省、外市调进一批技术干部、专业干部大多数已人到中年，学有所长，他们成为建区初期在建设、管理和专业技术方面的骨干团队，为开发区的铺开局面立下过汗马功劳。这批人大多已退休。

1994 年，开发区建区 10 周年的时候，搞过一次“开发区创业者”奖项，凡 1984 年到开发区工作的人都可获颁一枚纯金的金牌，当年 86 名“创业金牌”获得者，目前还在职务岗位的，只剩下 17 名。换句话说，参与了广州开发区 20 年创业全过程的有 17 位同志。他们是李潮迅、夏藩高、麦文英、陈伟杰、刘树开、汤启明、麦绮杭、訾保同、刘芳、毕炉生、黄国友、李高秧、陈伟强、李敏、陈爱国、周智雄等。他们为开发区贡献了 20 年的辛劳，虽然现今已不再有金牌的荣耀，但开发区的创业史应该记录他们的名字。

广州第一路与区徽

1985 年修建夏港大道（现在的开发大道），设计的路面宽度是 60 米。当时是全广州最宽的道路，建好后，号称“广州第一路”。无论是外商，还是开发区人、市民们都对这条路赞叹不已。从广州一进入开发区，让人耳目一新，对开发区增添不少信心。但有的上级领导来开发区视察的时候，却批评说，马路搞这么宽干什么？浪费土地，增大建设成本。但是不到 10 年，夏港大道已不堪交通繁忙的重负了。可见，20 年前对基础设施、交通设施建设的意识和理念与现在相差多远，现在建马路动不动就宽 100 米、120 米，豪气十足。

1994 年前一直用了十几年的开发区区徽是我组织人设计的。一分钱设计费没花，设计理念有两个：一是对外开放，要跨过海洋同西方文明国家建立联系，倡导海洋文化，一条巨轮，乘风出海，走向世界；二是开发区最初的地图像一个三角形，有些记者叫作“黄埔金三角”，三角形抽象成一面风帆，还是想扬帆出海，走向世界。可是时过境迁，桑田沧海，区徽只剩下建总还在用，路口的区标也因为建立交桥砸掉了。

第一顿年饭

1985 年 2 月，开发区过第一个春节，全体干部员工吃第一次团年饭。当时开发区全部工作人员，包括管委会机关和 3 个总公司，总共 97 个人。只有一个小厨房，由于没有桌子和地方，团年饭只能吃火锅，在海员俱乐部的会议室举行。97 个人，在地上摆了 10 个火锅，大家从办公室搬了些椅子，矮的、方的、长的、短的都有，10 个人一“围”，煤油炉全部是借来的，方的、圆的，铁的、铝的，各式各样。我吩咐厨房，一早去买了菜和肉，把它切好，分成十大盘，每“围”摆一盘。

缪恩禄发表了一个新年祝词后，大家就开始吃饭，吃的过程中，有的煤油炉子灭了，有的不小心把煤油炉打翻了，热闹非凡。

缪思禄主任说大家辛苦了一年，为了让大家回去过个好年，吩咐我们准备点年货。年货由商业进出口公司经理罗明组织，进口了一些稀罕的东西给大家。其中每人一箱“红牛”饮料、一小袋的金莎巧克力。金莎巧克力当时在国内很罕见，很多人拿回家后，当作非常珍贵的礼物，送给亲戚品尝。

还没吃完饭，缪恩禄主任就说，跳舞！那时候录音机刚刚兴起，管委会有一台双卡录音机已经很不错了，随着舞曲音响，缪恩禄带头跳起了交谊舞，干群同乐，大家把艰难困苦忘得一干二净，而这顿春节团年饭，我一辈子都记忆犹新！

（作者时任广州开发区管委会副主任）

徐匡迪　我亲历上海经济体制改革的几件大事

1978 年是新中国历史上具有重大转折意义的一年。年底召开的党的十一届三中全会拨乱反正，重新树立了实事求是的思想路线，邓小平同志旗帜鲜明地提出了改革开放的战略方针，带领亿万中国人民开始了建设中国特色社会主义的伟大实践。这 30 年是中华民族历史上最值得大书特书的年代，也是我人生经历中最难忘的岁月。

教授从政

1981 年，教育部派我到英国帝国理工学院做访问学者。当时，中国实行改革开放不久，到国外学习和工作的人还不多，我十分珍惜这一宝贵的机会，努力参与钢铁冶金新技术的开拓，并旁听了宏观经济学等课程。

1983 年在瑞典兰塞尔钢铁公司做了两年多技术副总经理，在实践中积累了现代企业管理的经验。这些国外的经历是我职业生涯中的第一个重大转折，它大大地开拓了我的眼界，为后来在经济转型中从事宏观经济管理工作打下了一定的基础。

回国后，钱伟长校长提名我出任上海大学常务副校长，三年后又被朱镕基市长任命为上海市教卫办副主任兼高教局局长。这是我职业生涯中的第二个重大转折，即从教学、科研工作转向政府部门工作。我十分珍惜已有相当基础的科研工作，经钱伟长校长与朱市长商定，我一周四天在高教局工作，其余三天回校带博士生及做科研。

1991 年初，我随朱市长率领的上海市代表团访问欧洲。有一次在法国证券交易所，翻译的同志对可转换债券不了解，翻成了转型的债券。朱市长问这是什么意思？我解释说，企业可先发债券，如果经营三年效果好的话，债券可以变成股票，成为它的资本金。

朱市长听后不大确信，便用英文问证券交易所的总经理，结果法国人连声说对。事后朱市长问我，你是学工搞钢铁的，怎么会知道金融？我说，我在瑞典兰塞尔公司工作的时候，公司发行过可转换债券，通常我们要承包一个钢厂投资项目，制造设备的时候需要融资，常通过这一途径，成本最低。

在回国的飞机上，朱市长叫我过去，他说："回上海后你不要到教卫办了，我现在缺少懂经济、特别是懂国际经济的人，你就到计委去工作。"

我说："不行，我可是不喜欢计划经济的。"

他听后哈哈大笑，说："好啊，我终于找到了一个不喜欢计划经济的人到计委去工作了。"

他当时已经酝酿改革，要把上海由计划经济向市场经济转变。我职业生涯中的第三个重大转折就是从这个时候开始的。我当计委主任以后没多久，朱市长就调到北京做常务副总理了，但他已为上海经济的转型奠定了方向。

1992 年春节，邓小平同志来到上海，接见上海市委常委，我也出席了会见。

吴邦国书记向小平同志介绍我："这是一位国外回来的教授，现在从政了。"

小平同志说："教授从政好啊！搞四化需要有很多的教授从政。"

我听后受到极大的鼓舞，下定决心，一定要把自己的科技知识和对国外市场经济的了解，应用到实际工作中去，为祖国实现四个现代化做出贡献。

迈向市场经济

上海是中国人口最多和最大的工业城市，也是计划经济最周密、最彻底的城市。1992 年小平同志到上海考察工作时指出“上海的改革开放搞晚了，今后要加快步伐”，并提出了加快浦东大开发的任务，为上海加快改革开放吹响了冲锋号。

邦国同志、黄菊同志召开市委扩大会，传达小平同志讲话，号召大家思想更解放一点、步子更大一点。我作为上海市副市长兼计委主任，深感肩负的重任。从计划经济转向市场经济，应当从哪里开始着手呢?

我们计委一班子人经过讨论，向市委提出从三个方面推进计委自身的改革，得到邦国、黄菊同志的支持。

第一个方面，计委转变职能，就要对计划管理体制进行改革。过去，计委是最大的经济综合部门和审批机构，有着大量的审批权，劳动工资和物价调整的权也在计委。它还是最高层的决策咨询部门，市委、市府制订的经济社会发展大计往往先要计委提出一个初步意见，供领导决策。

我们的改革建议是：今后计委只研究总盘子，比如说 35%用于工业技术改造，40%用于城市基础建设，还有 25%用于社会事业，等等。如果市委批准了这一切块方案，那么计委就把相应的投资规模下达相关部委，具体项目则由各个部委审批后报计委备案，计委从过去的审批单位变成了一个督促落实的机关，使计委很快从大量审批的矛盾中解脱出来，效率大大提高，调动了各方面的积极性，工作都活跃了起来。我们也有时间积极地跑中央有关部门，筹划建立起一批大市场，包括建立期货市场、外汇市场、黄金市场等。

第二个方面，承担起筹措上海发展所需资金的任务。为支持上海市大发展和浦东大开发的步伐，资金需求十分巨大，而上海市政府当时仅有 37 亿元可用财力，远远不能满足发展的需要，筹措资金也十分困难。

朱镕基同志当上海市市长时，曾向世界银行和亚洲开发银行借了两笔钱，建起了南浦大桥和杨浦大桥。再要建桥怎么办？当时搞浦东开发，每天有 10 万辆汽车要过黄浦江，摆渡坐船从浦西到浦东需要 40 分钟，只有两个桥，一个隧道，显然是不够的。我们想到了借鉴国外 BOT 的办法，请香港的一家公司对两座桥的市值进行评估，然后向市委建议把这两座桥 49% 的经营权卖给香港的一个上市公司，即可筹到 24 亿元用来建第三座和第四座桥。同样，隧道也卖 49%，可建造第二条和第三条隧道。之后，我们对沪宁高速公路和沪杭高速公路也采用了相似的办法。这样，我们就把现有资产盘活、投资规模放大了。

土地批租

土地批租同样是旧城改造、筹集资金的大事。当时上海有 350 万居民住在市中心的棚户区，那是在抗日战争和解放战争时期炸毁的废墟上居民自己搭建的。要重新建设城市、改善那里人民的生活，必须解决棚户区拆迁问题。

计委就提出土地批租的建议。先在城郊接合部盖起一大批经济适用房，供搬迁的居民居住。搬迁以后，居住面积可扩大一倍。当时还没有产权的概念，提出一个口号，就是“舍小家为大家，共同建设新上海”。有差不多 100 万居民从市中心搬出去。

因为市中心的土地每平方米大约可以批租 8000 美元，而城郊接合部建居民小区的土地每平方米只有 50 到 60 美元。我们就利用这个差值筹到的款大搞市政基础设施建设。同时，市中心的工厂也都退二进三批租给外商去开发。很快，一批大商场、大办公楼就在市中心建起来了。市容及道路交通、市区绿化情况也迅速改观。

对于这一做法，当时有关部门，包括有的领导也提出了质疑，说这么搞是不是上海市中心又变成租界了，都是外商的楼宇、酒店、商场了。我们说，这不一样，旧上海的租界有治外法权，有行政管理体系，税收财政也不归中国，连警察都不一样。

现在的行政管理、税务财政、公安巡警是中国的，外商只是在中国的土地上投资经营，就像合资企业一样，而且一定年限后，批租期满时，土地和地上建筑都归还中国。

最后，领导拍板决定，说可以试，先看三年，然后再做结论。在这以后的两年中，上海连年高速发展，上缴中央财政每年递增30%以上，最后领导也充分肯定了上海在率先改革方面取得的成就。

放开价格

第二个方面，是放开价格。1992年前，上海市场上的商品价格和全国一样，都是由计划、物价部门规定的。经过一段时间酝酿，我们向市委建议，物价的市场化改革可先从水果入手，因为水果是温饱有余的人才吃的。

当时上海有一个果品蔬菜公司，它组织了一个大的批发市场，有一批人搞采购运输，但效益不好，还要政府补贴。我们试点的办法是果蔬公司只搞交易市场，只管挂牌价，而不管采购，而且挂牌价一定比长江三角洲的其他大中城市每斤高5分钱，货源则放开由个体户来经营。

由于在市场经济中，商品总是向价格高的地方流的。仅半个月，全国的水果产品都来了，从新疆的哈密瓜，河南的西瓜，到山东的苹果，海南岛的椰子、香蕉，广东的荔枝。过去国家公司的采购员在产地采购后不随货回来，新疆的哈密瓜运到上海沿途损失25%到30%；而个体户从新疆到上海是睡在哈密瓜上的，基本上没有损失。

这一改革初战获胜后，接着进行了粮油价格放开的改革。在1995年时，全国粮食和食用油的价格还是固定、统一的。当时有两个选择：一个是继续维持现状，由于购销价格倒挂，每年由财政补贴6000多万元。另一个是价格放开，粮、油价格随行就市，但低收入群体的生活将受影响。

我们算了一笔账：上海当时共有三十几万低收入的群体，其中包括孤寡老人、下岗职工和支边支疆回来后没有合适工作的青年。如果每个月白送他们 20 斤粮食和半斤油，算下来还不到 4000 万元。所以我们建议，在实物帮助困难群体之后，粮油价格可放开，顺价销售，上海人民就能吃到最好的米、最好的油。

后来随着发展，老百姓的要求不断提高，我们也不断调整政策，先是发食品券，自己到粮店选择领取籼米或粳米，后来为了制止倒卖食品券，干脆直接发补贴，自己愿意买什么就买什么。这样，上海的基本生活用品价格就整个放开了。

价格放开以后又出现了一个新问题：上海的物价比周边地区高了。引起了干部、群众的议论。物价高到底是好现象，还是不好的现象？在计划经济体制下、工资划一时，什么地方物价低，那个地方的人民肯定是安居乐业的，但在市场经济条件下，什么地方物价高，而且工资也高，那个地方肯定是大家觉得比较好的地方。比如东京、纽约、伦敦和巴黎的物价都高。

什么地方物价低呢？非洲那些贫穷国家的物价低，中国的老少边穷地方物价低。黄菊同志总结大家的讨论后，形象地提出要做到“三个一点”：即物价比周边地区高一点，工资也比周围地区高一点，工资的增幅比物价的增幅再高一点。有了这“三个一点”，上海人在物价较高、物资丰富的条件下也可以安居乐业。

现在回顾起来，从 1992 年小平同志到上海点燃了改革开放和浦东大开发的火炬，到我们在市委领导下解放思想，努力工作，用三年时间实现了三项重大改革，推动了经济社会快速发展，大幅提高了人民生活水平，使上海市的面貌发生了巨大的变化，为上海市的长远发展打下了坚实的基础。

（作者时任上海市教卫办副主任兼高教局局长）

夏克活　在“马上就办”中诞生的福州保税区

保税区是中国深化改革、扩大开放的产物，是中国政府借鉴国外自由贸易区、自由港基本做法，结合国内创办经济特区、经济技术开发区成功经验，于20世纪90年代辟建的对外开放区域。它是一个新生事物，不仅是中国特色社会主义市场经济的重要组成部分，而且是中国特色社会主义市场经济的先行区和试验区。

1992年7月，我从闽北山区调到福州经济技术开发区工作。真是“来得早不如来得巧”，此时开发区正在积极申请创办保税区，成立了一个临时机构，名字叫“福州保税区筹建处”，组织部门分配我到福州保税区筹备处工作。从此，我便与福州保税区结下了不解之缘，在这里度过了21个春夏秋冬，见证了福州保税区在“马上就办”中诞生、改革、创新、发展的点点滴滴。

“在马尾吹沙造地！”

1992年7月15日。

那一天，是个阳光灿烂的日子。我和筹备处的同人刘荣官、王宜平以及开发区建设局的刘宗炬工程师、开发区建设总公司（上市公司三木集团的前身）陈坚等，挤在一辆十分破旧的吉普车里，摇摇晃晃地来到了一片郁郁葱葱的沙地上。

刘工程师告诉我们：这一片是吹沙造地造出来的，脚下全是闽江吸上来的沙，上面的树木是用来防风固沙的。我们现在的任务，就是把这些树木全部砍掉，把地平整出来，铺设地下管网，建好区间道路，架设海关监管隔离网。用管委会领导的话来说，叫“以干促批”。何谓“吹沙造地”？这引起了我的极大兴趣。

没过几天，我就打听到了“吹沙造地”的来龙去脉。1984 年 3 月 26 日至 4 月 6 日，中共中央书记处和国务院联合召开“沿海部分城市座谈会”。会上决定全面开放沿海 14 个城市，并在这些城市中有条件的地区设立经济技术开发区。这一消息刚刚播发，中共福州市委主要领导就立刻行动起来，咨询专家，实地踏勘，决定选址马尾建开发区。报告送到省里，对投巨资在一个小地方建开发区，有赞成的，有反对的，两种意见针锋相对。

“在马尾吹沙造地！”省委书记项南这样建议。

听说要在马尾吹沙造地搞开发区，福建省闽江流域规划办就给胡平省长打报告，称在马尾吹沙造地会影响福州市区防洪堤坝的安全。人命关天，胡平省长马上组织 20 多位水利、规划等方面专家进行论证，得到“不会影响”结论后，胡平省长由担心变成了放心。福州经济技术开发区，就这样落户于马尾。

据开拓者介绍：站在马尾卧龙山岗向东眺望，展现在眼前的是一片茫茫的荒滩，烂泥巴上长着一丛丛杂草，在那近两平方公里的沼泽地上，最有生气的便是江中鸭子们，或洗澡，或唱歌，或摇晃脑袋四处张望……

从 7 月开始，决策者拉开了吹沙造地的序幕。通过前后三期的吹沙造地，一是造出了 1.98 平方公里金灿灿的沙地，二是形成了 2000 多米长的深水岸线，三是还为闽江船运疏通了航道，收到一石三鸟的效果。

1985 年 1 月 22 日，经国务院批准，规划面积 4.4 平方公里的福州经济技术开发区诞生了！

国务院自 1990 年 9 月 8 日批准设立上海外高桥保税区以来，到 1992 年 5 月 13 日，全国共批了 6 个保税区。听说中央已经向各地打过招呼，不再新批保税区了。

1992 年，邓小平南方谈话发表后，中国又一次掀起了改革开放浪潮。敏感的福州经济技术开发区人，感到机会又一次来临了。抓住历史机遇推动更快发展，是福州开发区人追求和奋斗的目标。

“在开发区里建保税区”，开发区领导班子迅速做出决定：从吹沙造地中划出 0.8 平方公里，加其他 1 平方公里申办保税区。想好了的事，必须“马上就办”。一边规划，一边行动，一边报告。在市委、市政府，特别是在市委书记习近平的鼎力支持下，6 月，开发区就紧锣密鼓地拉开了筹建保税区的序幕。

7 月，一年一度的省委、省政府经济形势分析会在马尾卧龙山庄召开，省委书记陈光毅、省长贾庆林表态：保税区可以定在马尾。

在省委、市委及有关部门大力支持下，福州保税区的筹建工作在“特事特办，特事快办”的口号声中快速推进。仅仅用了 3 个月时间，保税区的建设者们，就拉起了 3900 米的隔离网，建好了区间大道，建起了海关监管楼。

9 月，福建省人民政府《关于设立福州保税区的请示》（闽政综〔1992〕256 号）上报国务院。

11 月 19 日，《国务院关于设立福州保税区的批复》（国函〔1992〕181 号）正式下发。《批复》指出：“同意设立福州保税区。保税区要充分发挥马尾港的优势，努力拓展转口贸易、过境贸易，开展为贸易服务的加工整理、包装、存储、运输、商品展示，积极为扩大对外贸易服务，促进外向型经济的发展。”“福州保税区设在福州经济技术开发区的北部。保税区东边界为红山油库，两边界为青洲路，北边界为中湖山脚，南边界为罗星路至闽江边。”

就这样，在中国改革开放这片热土上，中国第十个保税区——福州保税区，在海峡西岸的闽江口“金三角”经济圈诞生了！马尾这个历史名港，迎来了焕发神采、再铸辉煌的春天！

用速度争来的福州保税区

1992 年福橘挂满枝头的一天，领导叫我上市委机关办事。这是我第一次踏进福州市委、市政府大院。走到大门口，最先映入眼帘的是两幅标语。一幅是大门口左侧墙壁上毛泽东手书的“为人民服务”，一幅是大门正对面墙壁上的“马上就办”。当时，我心里一怔，“为人民服务”跟“马上就办”，如此巧妙地结合在一起，真棒！就这样，这两条标语就像福州鼓山涌泉寺摩崖石刻群里的“忘归石”一样，任凭岁月和风雨洗刷，始终深深地刻在我的心坎里。

12 月底的一天，我就切身感受到了“马上就办”的甜头。

那天下午，我把《关于请求验收福州保税区隔离设施的函》转报件送到市政府，办公厅同志告诉我，市委常委、副市长龚雄正在参加市委常委会议。我就到市委那边找，跟办公厅同志说了下，没过几分钟，龚副市长就来了，很快签发了文件。拿着文件，我马上到市政府办公厅外经处，处长马上安排打字。没一会儿，我拿着油迹未干的文件赶到省政府。第二天，也就是 12 月 30 日，福建省人民政府办公厅《关于请求验收福州保税区隔离设施的函》（闽政办函〔1992〕175 号）就转报海关总署了。

1993 年 1 月 17 日，海关总署和国家有关部委验收组前来马尾，对福州保税区进行验收。省委协记陈光毅、省人大常委会主任程序来了，副市长翁福琳来了，省、市有关部门领导来了。通过检查验收，省委常委、副省长张家坤代表福建省人民政府、海关总署监管司司长代表海关验收小组分别在《海关总署验收福州保税区隔离设施纪要》上签字，并召开新闻发布会宣布：福州保税区首期开发的 0.8 平方公里隔离设施合格，18 日正式挂牌营运。

验收时，海关总署监管司刘司长听说眼前这座小巧玲珑、造型别致的海关监管楼，仅用了 3 个月就建成了。也禁不住跷起大拇指称赞道：这样的速度，在中国保税区建设史上值得大书特书一笔。没过多久，我向管委会领导建议：把“与

国际市场接轨，按国际惯例办事”这条标语，写在海关监管楼两边的柱子上，领导马上就采纳了，我敢说，福州保税区的一切都是用速度争来的，都是践行“马上就办”精神的结果。

1993 年 3 月 6 日，福州保税区海关筹备处入驻福州保税区，正式开始对进出福州保税区的货物实施特殊监管。

1993 年 3 月 20 日，福州市人民政府批复同意设立福州保税区管理委员会。5 月 20 日，福州保税区管理委员会正式成立，与福州经济技术开发区管理委员会合署办公，实行一套班子，两块牌子，代表福州市人民政府行使行政管理职能。

1994 年 5 月 23 日，国务院对《福建省人民政府〈关于设置福州保税区海关机构的请示〉》（闽政〔1992〕综 412 号）做出批复：同意设立福州保税区海关（为处级），人员编制。120 名，首期配备 75 名（国函〔1994〕42 号）。

率先步入依法治区的轨道

1993 年 3 月 19 日，正好是保税区运作两个月的时间。

这一天，市人大财经委、法制委领导到开发区、保税区调研。

4 月 7 日，市人大财经委、法制委领导又来到马尾，专题召开“福州保税区条例立法座谈会”。通过座谈讨论，形成“有法比没法好，粗比细好，快比慢好”的意见。于是，福州保税区的立法工作步入快车道。我作为执笔人，与保税区、开发区同人在 3 个月时间里，在《福州保税区管理办法》的基础上，拿出《福州保税区条例草案》初稿，经过上上下下、反反复复的座谈、征求意见和修改定稿后送交市政府。

1993 年 7 月 17 日，《福州保税区条例（草案）》经市十届政府第十次常务会议研究同意，提请市人大常委会审议（榕政综〔1993〕137 号）。

1993 年 9 月 25 日，福州市第十届人民代表大会常务委员会第四次会议通过《福州保税区条例》，随之报请省人大常委会。

1993年11月12日，福建省第八届人民代表大会常务委员会第六次会议批准了《福州保税区条例》。在审议该条例时，省人大常委会在《关于“福州保税区条例”的初审报告》中指出：“1.保税区是我国主权范围内不可分割的一部分，是对外开放的特殊区域，我国现有对外开放的优惠政策，保税区原则上均可享用；2.突出了保税区是比经济特区更高层次的对外开放区域，强调了立法要为保税区的建设与发展创造宽松、效能的运作环境，促使保税区用好用活用足国家赋予的特殊政策，促进保税区的建设、搞活与发展；3.借鉴和吸收境外自由贸易区、出口加工区和境内其他保税区的建设经验，结合福州保税区的实际，探索按照国际惯例运作的保税区体制，改善投资环境，有效吸引外资，发挥保税区的开放窗口作用，促进保税区的繁荣发展。”

“因为保税区是个新事物，保税区的立法在我国也史无前例。《福州保税区条例》的制定，有利于福州保税区在软环境建设上先行一步，从而促进保税区的建设与繁荣，带动福建的对外开放和外向型经济的发展，推动全国保税区的法制建设。因此，建议本次会议予以审议批准。”

《福州保税区条例》共8章39条，把保税区的各种优惠政策、管理办法、投资者权益等内容以法规的形式加以规定，创造一个规范化、法制化的投资环境。在全国13个保税区中，福州保税区率先步入了依法治区的轨道。

“马尾的事，特事特办，马上就办”

“马上就办”，逐渐成了福州保税区的办事规矩和习惯，自然而然也就跟我结下了不解之缘。

1993年7月3日下午，保税区管委会领导召集会议，专题研究保税区推行企业登记制问题。会议结束前，副市长、保税区管委会主任黄玉立特地说了一件事，他说外商邱先生给市委习书记写信，信里面讲了八条，反映外商在福州投资创业耗时受气的事，希望福州市改进。

领导要我针对这个问题，写个材料给他，准备在下次中层干部会上说一说。此时，我想起了市委大院里的“马上就办”那句口号，想起了福州保税区倡导推广的“特事特办、特事快办”，通过一番思考，我首先写下了“马尾的事，马尾办；马尾的事，特事特办；马尾的事，马上就办”这三句话，然后再稍稍展开。

“马尾的事，马尾办”，强调的是主人翁精神，要增强责任感和使命感，马尾自己能解决的事情，自己积极主动解决，自己不能解决的要积极争取上面支持解决；

“马尾的事，特事特办”，强调的是马尾地处改革开放前沿，是福州对外开放的窗口，保税区又是特殊区域，这里的每一件事，不论大事小事，都是特别重要的事，都要特别用心去办，不能挑挑拣拣，有的办有的不办；

“马尾的事，马上就办”，强调的是工作效率，是雷厉风行的工作作风，要求做到：9 点钟能办的事，不能等到 10 点钟去办；上午能办的事，不能推到下午去办；今天能办的事，不能拖到明天去办。我写的东西很短，就写在福州保税区管委会的便笺上，32 开，三张纸没写满。

不久，宣传部和管委会办公室在马尾隧道口的山坡上立了一个广告牌，上面写着：“马尾的事，特事特办，马上就办。”这个口号，伴随着改革开放的春风，翻山越岭，传到了祖国的大江南北；伴随着马江浪潮，漂洋过海，传到了好远好远的地方。

后来，我听福州保税区企业的一些人讲，他们的企业都是被马尾隧道口上的那条标语吸引过来的。

“要干就要干好，在全国争上游”

“要干就要干好，在全国争上游。”为把市委领导对保税区的要求落到实处，福州保税区的同志们认识到，最有效的办法就是四个字：“改革创新。”现在外商创办一个企业，首先必须经过立项、可行性研究报告审批，然后再一个一个地向发改、建设、土地、规划、环保等部门审批，好比女人“十月怀胎”，太难了。这种“审批制”，是计划经济的产物，已经不适应市场经济的需要，必须改革。

1993年6月28日上午，“深化改革会议”在管委会“528”会议室召开。会上正式提出“福州保税区率先实行企业登记制改革”的构想，把过去的“项目审批制”直接改为“企业登记制”。

7月3日下午，副市长、管委会主任黄玉立主持召开“福州保税区企业登记制改革”专题会议，他的开场白是：

“一年一度的省委、省政府经济形势分析会又要在我们这里召开了，去年我们向省委、省政府要了个保税区，今年我们要什么？我看就是要政策，要企业登记制。”

通过深入讨论，确定了整个流程：决定设制一张《福州保税区投资项目申请表》，投资者填好后，凭申请表直接向工商办理登记注册，登记主管机关在6个工作日之内发给《中华人民共和国企业法人营业执照》，企业凭《中华人民共和国企业法人营业执照》就可向海关、外管、税务、银行等部门办理登记和开户，改原来单一的直线程序为复合式的同步程序，不再把各有关部门的审批手续作为前置条件。《企业登记制》的最大特点，就是突出了登记注册的法律地位。

7月28日，福州保税区管理委员会对外正式颁布《福州保税区外商投资企业登记管理试行办法》（注：内资参照执行）。

8月6日，“福州保税区企业登记制新闻发布会”在卧龙山庄举行，省市工商局、外经贸委、海关、外管、企业、新闻单位200多人与会，第二天《福建日报》作了长篇报道。福州保税区企业登记制的改革创新，逐步走进福州，走向全省，走向全国。

1994年7月28日，福州保税区实行《企业登记制》一周年。据登记机关统计：至1994年7月底，实行“企业登记制”一周年，工商部门在保税区登记注册外资企业105户（其中合资39户，独资66户），投资资本1.940亿美元，注册资本1.0137亿美元，受理内资企业（参照外资企业直接登记）52户，注册资

本 2.1172 亿元，私营企业也有两户在保税区落户。105 户企业从领取《福州保税区投资项目申请表》，到申领《中华人民共和国企业法人营业执照》，平均只使用了 4.6 天，比试行登记制前的平均数时间缩短了 71 天。

富有创意的改革——“红灯”呈报制

“马上就办”，是一句口号，也是一种精神，更重要的是要把它变成行动。有人会自觉地把它变成行动，有些人则受旧体制下形成的惯性和法制观念淡薄等因素的影响，往往在实际工作中将新规定新举措束之高阁。要改革，要创新，遇到难事、麻烦事、可办可不办的事、吃不准的事（我们把这些称为“红灯”）是难免的，问题是用什么态度对待它。想方设法去解决，是一种态度；简单轻易地把它扔在一边，撒手不管，不作为，这也是一种态度。

“保税区的事，大事小事，都是事，即使办不了、不能办，给服务对象说清楚，也是一种办。”于是，福州保税区管委会推出了《福州保税区机关政务“红灯”呈报制》，明确要求：保税区各部门在政务工作中遇到无法解决或一时不能解决的事项，因政策把握不准或精神吃不透而无法定夺的事项，对工作对象无法肯定答复的事项，拟否定的事项等，均实行“红灯呈报”制度。具体做法是：单位科室人员遇到“红灯”时，及时填写《机关政务“红灯”呈报表》，呈单位领导阅处；单位领导无法办结的，呈分管领导阅处；分管领导仍然无法办结的，呈主管领导阅处；主管领导仍然无法办结的，提交党政联席会议研究决定。切实做到“事事有回声，件件有着落”。遇到“红灯”事项不报者，予以查处，并追究相关领导责任。

《福州保税区机关政务“红灯”呈报制》，是一项富有创意的改革措施，它运用行政管理学的原理，对革除行政运作过程中的“中梗阻”现象，对克服改革发展中遇到的各种阻力，对防止少数工作人员“不给好处不办事”的发生，都起到了很好的作用。

“办事限时制”的施行

继试行“企业登记制”“红灯呈报制”后，福州保税区又马不停蹄地推出了“办事限时制”。

1995 年春节过后不久，管委会领导提出要求，要我们搞出一个提高各部门办事效率的文件，对保税区各个部门承办各类具体事项的办结时间，提出一个十分具体的时间要求或规定。

一天下午，雷成才（主任助理、外商投资服务中心主任）、王裕、吴乐进（管委办秘书）、刘宗坤（外商投资服务中心副主任）等，我们几个人聚在福州经济技术开发区外商投资服务中心办公室，先是讨论各个部门具体承办事项，把它们一一列出来，然后讨论每个事项所需要的办结时间。

我是执笔人，一边在记录，一边参与讨论。最后归纳为 5 大类 30 项。第一类投资项目，领取申请表、名称核准、营业执照、银行开户、税务登记、海关注册，办结时间 1—3 个工作日不等；第二类土地使用权及基建各事项办结时间，包括签订土地合同 3 个工作日，红线图 2 个工作日，设计方案报审 3 个工作日，消防审批 6 个工作日，产权证 10 个工作日等；第三类水电通讯办结时间，包括基建施工用电申请安装 10 个工作日，永久性用电申请审批 10 个工作日，安装调试 20 个工作日，供水申请安装 10 个工作日，通讯安装 7 个工作日；第四类人员车辆出入 1 个工作日；第五类货物进出通关手续 3 个工作日。这些讨论完成后，开始给文件起名称。等到我们把“办事限时制”这个名称敲打好，月亮已经悄悄地爬上了卧龙山岗。对这个名称，我们大家都十分满意，我的感觉，就好比吃了蜜，特别甜。

1995 年 4 月 3 日，《福州保税区管理委员会关于实行办事限时制的规定》经 1995 年区第九次党政联席会议研究通过，于 1995 年 5 月 1 日正式执行。该《规定》明确要求：“凡投资者和企业向保税区有关部门申办各类事项实行限时办结制

度，即投资者和企业在其提供的文件资料齐备、程序合法前提下，受理单位（或经办部门）必须自受理之日起按本规定的时间予以办结（简称限时制）。”

“办事限时制”，这是一个新名词、新概念，是把市委“马上就办”精神和保税区、开发区“马尾的事，特事特办，马上就办”口号变成易于操作的行政程序，具有重要的理论意义和实践价值。“办事限时制”的实施，极大地提升了福州保税区各个部门的办事效率，为投资者和企业营造出了一个仿真的国际投资和经营环境。

（作者时任福州保税港区管委会副调研员）

章时趋　温州开发区获批的经过

记得1984年3月22日至23日，国务委员、国家经委主任张劲夫，在省人大常委会主任李丰平等陪同下来温检查工作，当时住在海坛山国际海员俱乐部。这里是当时温州接待条件最好的地方。

张劲夫在温州参加座谈会时，他说：部分沿海城市座谈会将在谷牧主持下召开，这个会议将会形成纪要，这里面会有小平同志的讲话精神。

他还说，这个事情（对外开放）将来是一个不得了的事。

参加部分沿海城市座谈会

1984年4月6日，温州市政府接省政府通知：国务院召开部分沿海城市座谈会，市长卢声亮通知常务副市长尹明道去。他是省里派来的，是一位很好的领导同志。当时国务院确定了8个城市，温州是其中的一个（其他的为天津、大连、青岛、上海、广州、福州、宁波），后来的14个沿海城市，有6个城市是后来列进去的。

6日接到通知，8日北京要开会。当时我在市计委，尹明道点名，让我跟他去杭州。当时连带什么材料都不清楚便上路了。到杭州后，省里要我把温州基本情

况写个东西，我凭的是脑子里的资料写了，那时没有电脑，幸亏省政府里的人熟，连夜给我打了字。然后由尹明道带着市外贸局局长王绍森赶到北京。

到了北京，仅尹明道一个人进会场，开了两天的座谈会，学习了中央书记处和国务院于 1984 年 3 月 26 日至 4 月 6 日召开的沿海部分城市座谈会精神，会上传达了《国务院召开的沿海部分城市座谈会纪要》。

仅过了近一个月，4 月 29 日至 5 月 2 日，中央书记处书记、国务委员谷牧在副省长张兆万的陪同下来温视察。他是政治局委员，分管对外开发。

又过了几个月，到 1984 年 12 月 1 日，中共中央政治局候补委员、国务委员兼对外经济贸易部部长陈慕华也来了。他们的到来给温州带来了希望，信心大增。市委、市政府领导一直在研究、在思考，市长卢声亮更是朝思暮想，绞尽脑汁，尹明道也一样。市委书记袁芳烈交代他们说，这个事情你们多考虑一点，你们考虑出来的东西同我商量一下便可。

温州开放的事，北京会议后尹明道向市委常委扩大会已经汇报了；1984 年 4 月 19 日外交部又发来了《关于沿海部分城市座谈会精神的通报》的电文，在市委常委、副市长和有关干部中进行了传达，当时还保密的，知道的人不多；但正式明确的，是 1984 年 5 月 4 日中共中央、国务院批转《沿海部分城市座谈会纪要》，正式决定进一步开放温州等 14 个沿海城市。

于是，我市就启动成立温州市对外开放委员会。主任为卢声亮，第一副主任尹明道，副主任有胡显钦、方善足等。成员有我，有叶洪生、陈锡铭等，我是党组成员、办公室主任。办公地点在柴桥巷地区招待所老楼二楼整一层。

谷牧说，温州对外开放大有前途

现在回过头来再说中央书记处书记、国务委员谷牧的考察。他主要是来看温州的开放条件的。

1984 年 4 月底我们急急忙忙把龙湾炮台山以东 6.4 平方公里划出来打算成立

温州开发区，其中 4 平方公里为陆地，2.4 平方公里是隔江上的滩涂围垦起来，由陈锡铭带着一些人搞勘测。当时市区到炮台山没有公路，只能由河头龙进去，再经青山一条很小的公路。

考察那天，我们在茅竹岭的温州渔业公司，安排了一只公安小艇，在卢声亮的陪同下，把谷牧送到炮台山，还扶上山，谷牧手拿望远镜，远眺了这一带。他觉得这个地方地理条件比较好。

他认为开发区地方不能太小，要有几个平方公里，区域条件相对要好，因为里面税收、关税、所得税都不一样的，要隔开一点；依托条件相对要好；因为里面不搞生活设施，人要住在外头，商业都是不多的。

我们说，这个地方条件还是不错的。我们的理由是，根据国务院要求，第一，开发区地方要有几平方公里，不能太小。第二，地理环境相对要好。第三，对城市的依托条件也要好，不能离市区太远。于是，形成了以瓯江以南、黄石山以北、炮台山以东、蓝田堡以西的开发区规划。他基本上认可。这个规划就是现在的龙湾工业区。

谷牧视察之后，还为我们题词“温州对外开放大有前途”。他要我们立即编写《温州市对外开放工作规划》。我接受了起草编写工作。我写了半个月左右，一万多字，送给尹明道看，是他叫我送到杭州去。这时省里也才刚刚成立对外开放办公室。

他们审稿之后，以省政府名义将送审稿送国务院特区办公室，又叫我直接送北京。这是我第一次进中南海，来到了国务院特区办公室。他们看完之后，要我们压缩文字到 3000 字，最多 4000 字左右。

回到温州，我就写了三个方面的内容，文字 4200 左右。第一部分是温州基本情况；第二部分为下一步怎么开展工作和需要解决的问题；第三部分为经济技术开发区区域的基本情况等。到了省里又做了不少修改。我又将《温州市对外开放工作规划》送到国务院特区办公室。他们说，先放在这里，我们去看了，温州条件太差。国务院特区办的主要领导会抽时间到温州看一下。

不久特区办主任何椿霖到了温州。他从杭州过来，一路的汽车颠簸。

他就告诉我，你们还是先扎扎实实搞好基础设施吧，温州是沿海港口城市，务必把港口建设好，发挥港口城市的作用；另外飞机场太重要了，要想外国人来，没有飞机是不可想象的，至少国内的支线机场务必要建起来。虽然温州不具备对外开放的条件，但中央给沿海开放城市的优惠条件、优惠政策都不会变，都少不了你们温州。

尽管如此，对外开放的优惠政策确实来了。国家给温州开放了 3000 万美金的扩权外汇额度，可用外汇添置进口设备进行技术改造。我们便从日本富士通公司进口程控电话设备，还有东方红皮鞋厂的自动化设备、温州啤酒厂的硅藻土过滤设备、附一医的 CT 等。

1984 年五六月，我们开始选择飞机场地址，其间，还请了不少人来，其中有国家民航局前副局长徐伯龄，他曾经为周总理开过专机，温州人，又权威。

他说，应该选在永强，这里靠海，开阔。现在世界上很多城市机场就靠海，洛杉矶、纽约都是靠海的。他说还可填海造飞机场，香港机场就是填起来的。他说小飞机起降没发展前途的，沿海城市将来要飞国际航班。这些话是很有价值的。

1984 年 11 月 15 日，国务院、中央军委同意在瓯海县永强区海滨修建温州民用机场。1984 年 12 月 6 日，区府选址状元镇，成立龙湾区。当时，从瓯海县划出一部分，很小的，即状元镇、龙湾乡和永中镇的黄山、黄石两村建立龙湾区，为开放创造条件。

直至 1985 年 3 月 14 日，国务院的批复来了。我们是全国 14 个沿海开放城市中最后一批接到对外开放批复的城市，大家很高兴，终于盼来了，拆开信一看，文件中明确："考虑到目前的主客观条件，在近期内（龙湾）经济技术开发区不宜动工。"当时在场的人都傻了，你看看我，我看看你，谁也不说话，大家心里对批复开发区是多么的期盼啊！

从出口工业区到经济技术开发区

可是，全国对外开放的态势，犹如春潮滚滚，大大鼓舞了温州人民。市委、市政府领导依然对对外开放很重视，把对外开放看成是改变温州现状的千载难逢的机会。并将我们对外开放办公室的办公地点改选在了望江路新落成的浙江省最高楼——东瓯大厦，即我们所称的“十三层”。还成立了温州市经济技术开发总公司，公司总经理是原乐清县县长朱斌，还配备了进口的皇冠小轿车。我们踌躇满志，准备大干一场，积极创造条件，拓展温州的对外开放。

1985 年 5 月，市委、市政府决定加大对外开放的力度，决定撤销市开放委员会，成立温州市对外经济委员会。为什么称对外经济委员会，没有“贸易”两字呢？因为市外贸局还在。过了两个月，外贸局撤销，成立温州市对外经济贸易委员会，余温良任主任。

到了 1986 年，市长卢声亮认为，开发区成立之前，我们先搞个出口工业区，地点选择在现在的龙湾屿田地方。市长卢声亮抽调了我们三个人，筹备这个事。我们自嘲“三副眼镜”。我、何达、叶桐章三人都戴眼镜。

于是，1987 年我们在现在龙湾区的屿田画了一个圈，两个多平方公里，名称叫出口工业区。我们千方百计先从法国和中国香港等地引进外资，如米莉莎、达得利、威斯康等都是这个时候进来的，从而拉开了温州出口工业区的大幕。

第二年，出口工业区确实有一点样子出来了。接着，我调到市政府办公室工作，出口工业区也另外成立了机构。出口工业区在对外开放中发挥了重要作用，创造了辉煌的业绩。

直至 1992 年 3 月 16 日，国务院正式批准设立温州经济技术开发区。这是历届市委、市政府领导及温州民众努力的结果。批复同意设立温州经济技术开发区，位于龙湾区，北以温强公路，西以汤家桥路，南以温州大道（原疏港公路），东以坦河为界，总面积为 5.11 平方公里，首期开发 1.8 平方公里（含已开发的 0.26

平方公里的工业区）。

在对外开放中，我是参与见证了整个过程。我还可以说说我经历的与对外开放有关的几件事情。

改建人民路，温州吃了第一只螃蟹

1988年刘锡荣任市长，我市成立旧城改建指挥部，抽调陆国杰为指挥、娄式瑶为总规划师，从三角城头到华侨饭店以南地段开始，探讨“人民城市人民建，建好城市为人民”的路子。因为当时的市财政保吃饭还有赤字，但人民路改建又必须筹集巨额资金投入，才能得以实现。由于筹资办法一时难以落实，人民路的改建初期，处于小打小闹步履维艰的状态。

1988年5月，沿海14个城市开放四周年之际，国务院在北京召开全国外资工作会议，会议推出了鼓励外商、台湾同胞投资的条例，允许台资从事土地开发的规定。刘锡荣同志说，我们尽快研究提出鼓励台湾同胞来温参与人民路旧城改建的地产开发规定。

1989年鼓励台湾同胞投资的条例正式公布下达，在刘锡荣市长的主张和指导下，由我会同外经贸委、台办和旧城改建指挥部等部门的负责人，后来又商市计委、规划局、土地局、房管局等部门的意见，提出温州市鼓励台湾同胞从事房地产开发经营的暂行办法，时隔不久，第一位台胞赖耀荣先生转道美国洛杉矶来温，在人民中路选下地块，建立中外合资环球房地产开发有限公司，自行投资、自建自销商住两用楼宇。这在全国系首例，因此说，温州人在人民路改建吃了吸引台胞投资从事房地产开发的第一只螃蟹。

而后，环球公司又承担开发环球大厦，继而开太大厦由台胞郑锡华先生合资开发，江南大厦由台胞陈细锁先生合资开发。

由于吸引台资开发的成功，得到省政府有关部门的肯定和支持，把吸收台胞投资房地产业的规定，及时修改为鼓励台胞、侨胞从事房地产开发的暂行规定，东南大厦、国际大酒店、温富大厦等一大批大型建筑物落地开发，人民路改建在20世纪90年代初轰轰烈烈地展开，人民路从12米宽的小马路改建成36米宽的大马路商业街，拆迁户得益颇大。政府不仅得以实现“人民城市人民建，建好城市为人民”的愿望，而且从土地批租和房开建设业的税收等，得到巨额财政收入。

到1992年上半年，市政府及时地举行“三胞联谊会”，推出胜利路、小南路、府前街、蝉街及汽车南站等大面积的旧城改建项目，一大批欧洲侨胞、香港同胞和台湾同胞纷至沓来。

为此，省政府派出一支专门队伍，研究温州的旧城改建房地产开发及相应的鼓励台胞、侨胞投资从事房地产开发的规定，在此基础上起草浙江省房地产开发条例，经省人大常委审议通过，成为一大重要的地方法规诞生，使浙江全省的房地产开发大业如火如荼，先行全国一步。

温州皮鞋业东山再起

温州皮鞋业的命运重大转折。“温革”皮鞋曾是国内深受欢迎的名牌，20世纪80年代初，温州皮鞋个体手工生产蓬勃崛起，但无名无牌很难销出，紧接着那些粗制滥造的皮鞋都挂上上海某某牌联营厂制的牌子。

不久，由于不经穿，不是脱胶，就是经不起水泡，内衬是纸等原因，杭州武林广场一把火把温州皮鞋烧得声名狼藉，上海的皮鞋厂也纷纷声明无此联营等，温州的个体皮鞋业一下子跌入低谷，而国营的温革厂也逐步走向衰落，温州的皮鞋业何去何从呢？

从事外资工作的专业干部一次偶然的机会，从广东打出中外合资××鞋厂××商标牌子的皮鞋很好销的例子中，得到启发，温州为什么不可以利用港台和欧洲众多侨胞的资金和技术，发展中外合资温州皮鞋业呢？

经过短暂的沟通和酝酿，外资部门正式向温州鞋革协会提出这一重要建议，希望尽快能推出这一举措，扭转温州皮鞋受到重创的厄运。万事开头难，大家不

知所措。政府召集外资干部和二轻、鞋革协会各路骨干，经过多方会商，包括如何起草项目报批必备的可行性研究报告、合资合同和公司章程文本的起草、资信证明的取得，及验资手续等等。

而后，于 1989 年温州市第一家中外合资温州富利得鞋业有限公司由谢伟国、谢仁兴投资举办，迈开了可喜的第一步。1990 年 1 月，我随同市委副书记高忠勋率领的侨务代表团访问葡萄牙、法国、意大利三国时，把时任鞋革协会会长余阿寿的旅居法国的长子余振武引回，与其父合资举办了著名的中外合资温州吉尔达鞋业有限公司，这是第二家。紧接着如吉慕斯、东艺等第一批中外合资鞋业公司的诞生，尽管后来有的分立、有的歇业了，但对整个温州鞋业发展的导向作用，由此带来的鞋业兴起，是功不可没的。

民营企业迎来春天

对外开放不仅给温州带来生机，同时对于企业来说也是重要的转机。

1993 年的隆冬腊月，市政府批准由我带团赴美考察和洽谈外经贸业务，代表团中的成员主要是本市一批著名的企业家，其中著名民营企业正泰电器公司总经理南存辉也一同赴美。

南存辉确实与众不同，一路上始终在思考正泰如何在美国寻求技术合作、外贸合作，如何把正泰的产品以其价廉物美打开美国十分广阔的市场等问题。

代表团一行 14 人，到达纽约那天遇上百年未遇的大雪，我们被困在旅馆里。当闲坐无事时，南存辉即问我：

像电器产品要进入国际市场打开销路，听人说要有“通行证”，这个“通行证”叫什么？怎么弄到手你知道吗？

这下把我这个一直坐机关寡闻少见的人问住了。

我说，我在南开大学进修外经外贸时，听老师说过，机电产品在国际市场准入时，有两方面的质量标准认定，方能准入：一是国际通行的号称为“ISO”的质量认证体系；另一方面是像美国、欧盟等还有自己独立的专门的准入标准。但是这些我一窍不通，只是听说 ISO 国际认证体系中国已有了。要准确了解详细情况，有两个途径：一是回国到北京了解；二是在美国花点钱上律师楼，美国的律师无所不知，你要去咨询，坐下谈话就按下计时钟，论钟点取费。

南问，一小时多少美金?

我说，中等取费水平一小时收 1000 美元。

南说，1000 美元能了解详情，好说，我们挤时间去会会美国律师。

第二天雪止，南存辉便会见了律师，了解了情况，收集了参考资料。聪明的南存辉心中有了底。回国后，听说南存辉很快就去了北京，找到了国际质量认证体系机构，请来了专家指导，经过半年多的艰苦努力，正泰集团不仅是乐清电器行业第一，而且是温州市工业企业第一家取得了 ISO9001 国际质量体系的认证，开出了第一朵奇葩。

而后，德力西等企业也先后效法，两年多时间，仅乐清的企业获得认证就达 100 多家，市区、瑞安、永嘉及各县的企业，也广泛效法，一时在温州的各类企业中，如风起云涌，纷纷开展 ISO 国际质量体系认证活动。一个好的带头对整个温州企业界的导向作用有多大啊！这真是“一朵红梅迎雪开，千军万马浩荡来”。

（作者时任温州市政府副秘书长兼外国投资事务办公室主任）

李　定　探索市场经济，深圳闯出了一条新路

荔枝出口，深圳外贸头一次赚了那么多钱

回想起当年收购荔枝出口贸易的事，觉得深圳 80 年代初已在探索市场经济。不过当时不是在系统理论指导下有意识地去探索社会主义市场经济，甚至还不知道市场经济这个名词。有许多是在实际工作中为了解决某种困难而“逼”出来的做法，是在实践中“闯”出来的一条路。在荔枝收购方面就是这样走过来的。

当时，荔枝是深圳外贸出口创汇的“拳头产品”，往常每年都收购上百吨出口，但 1979 年、1980 年开始逐年减少，费了很大的劲也只能收购几十吨出口。经深入调查了解，其原因是：外贸收购价是国家规定的，每斤 8 分至 1 角 2 分钱，而深圳农贸市场荔枝比收购价高出几倍，香港市场价格也很好。由于外贸收购价太低，果农偷偷拿到农贸市场或偷运到香港去卖。

为了收购荔枝出口，当时市政府曾派人去市场上查，派民兵去海边守，发现偷运香港或到农贸市场出售的就全部没收。可是海岸线那么长，市场那么大，根本守不住。面对这种情况，我们财贸办公室组织讨论，认为要收购大量荔枝出口，只有提高收购价。

而深圳靠近香港，既有深圳的农贸市场，又有香港市场，如果只考虑高于农贸市场价格，就很难收购到优质荔枝出口，因此我们提出收购价要高于农贸市场价、低于香港收购价的方案，并向当时分管财贸战线的周溪舞副市长汇报。周副市长说，只要收购到荔枝，又能出口赚钱，由你们财贸办研究决定。

最后决定由我带队组织财贸办的蔡文彬、钟佩贞、麦碧云和市果菜公司的邱建峰同志等 10 多人到南头收购荔枝。面对要完成收购任务、果农却不肯交售这一矛盾，收购队研究决定，按质论价，最好的荔枝按每斤 1 元 2 角收购，结果一下子收购了荔枝 500 多吨。不仅本地农民而且外地果农也将荔枝运到南头来卖给我们。当年出口荔枝赚了几十万元。深圳外贸还是头一次赚了这么多钱。

现在回想起来，当年将收购价上调几倍甚至十倍以适应市场，在全国恐怕也是绝无仅有的。当时，上级部门认为是违反物价政策，又是打电话、发文件，又是派工作组调查，并在会议上批评。然而我们只是解释，中央文件明确规定，对经济特区实行特殊、灵活措施，后来省里也没有再追究我们。第二年省政府有关部门默认了我们的做法，第三年省有关部门作为经验进行推广。

如果当年没有敢闯的精神，没有实事求是的作风，是办不到的。更重要的是，如果没有中央对特区实行特殊政策、灵活措施，没有开明的市领导，就是有敢闯精神也是很难做到的。

从吃牌价肉到吃议价肉的日子

深圳的蔬菜肉食供应经历了一条逐步摆脱计划经济、走向市场调节的艰难之路。随着深圳市建设规模的不断扩大，特区建设者从全国各地大量涌入。

到 1982 年、1983 年，特区人口从办特区前 2 万多增至 20 多万。人口的剧增，造成了蔬菜、肉食供应的空前紧张。

当时全国肉食是凭证供应的。1980 年以前，深圳供应量是按 2 万人定的指标，到 1982 年和 1983 年人口增至 20 多万时仍旧只有 2 万人的供应指标。省里虽给

我们增加了成倍指标，但仍是“杯水车薪”。20多万特区人的肉食人均供应量只有“国家标准”的十分之一。

市委、市政府领导非常着急，派人四处求援，但因当时牌价肉都是按国家计划指标供应的而无法解决，后来只好向江西、湖南等省要一部分议价肉来补充。议价进货牌价卖出，差价由食品公司补贴。数量少、时间短的话，食品公司还能勉强接受。但是，随着议价与牌价差距越来越大，巨额的补贴不仅食品公司无法承受，就是当时市财政也无力承担。因此，只好议价、牌价在市场上同时并存。

然而，少量牌价肉如何供应则成了问题。每天肉案前都排长龙，一两个小时牌价肉就卖完了，剩下的只有议价肉。群众意见很大，怀疑食品公司拿牌价肉去卖议价赚钱。同时发现排队的人多数是没有工作的闲散人员，因为有工作的干部职工没时间去排队。干部职工辛辛苦苦为深圳建设，吃的是议价肉，闲散人员倒吃了牌价肉。当时，还发现一些“二道肉贩”收集肉票，买牌价去倒卖。市财贸办、工商局也曾经派人到肉市监督，帮助维持秩序，但都因牌价肉实在太少而无法解决矛盾。

后来财贸办公室经过几次讨论，提出取消牌价肉供应，把牌价转为议价的利润贴回议价中去，适当降低议价肉的价格。经市委、市政府领导同意，决定两种价格并轨，市场全部供应议价肉，市领导还指示我们要降低议价肉的价格，充实供应品种，改进服务态度。

新价格实施后，开始群众意见较多，后来我们派当时食品公司经理李济才亲自带车队去湖南运生猪、派财贸办蔡文彬去四川组织加工腊味，与食品公司搞联营等，尽量降低成本，增加品种，改进服务态度。又因为当时能吃牌价肉的人比例很少，又采取了上述措施，没有牌价肉卖的事慢慢也为群众所接受了。

走出蔬菜供应的困境

1982年和1983年，市场蔬菜供应紧张同样是由于人口急剧增加所引起的。

人们对没有菜买比没有肉买意见更大，市委常委会几次研究，决定迅速扩大生产，四处组织货源，改进服务态度。

深圳市委派人去找汕头市委书记，请他动员5000人来深圳种菜，请广州市也动员几千名有经验的菜农来深圳种菜。可是汕头的5000名菜农来深后不久，由于蔬菜牌价收购太低，大多数另谋职业。

来自广州珠江农场的菜农，虽然允许他们开设珠江旅社和餐厅来补贴种菜收入，可还是人走地空。当时流传着这样一句话："种菜不如捞虾，捞虾不如拉沙。"当时基建规模大，到河边、山边拉沙石收入很高。

后来我们又转而找湛江市，动员生活水平较低的信宜、高州等地农民来深圳种菜。初时，他们较为安心，也逐渐学会种菜，但又因农贸市场菜价比果菜公司收购价高，他们种的菜不卖给果菜公司，而转运到农贸市场卖去了。

当时财贸办和果菜公司曾派人去菜田守着收割，到田边收购，但因菜田范围大又分散，看不过来，成效不大。市副食品总公司廖汉标极力主张放开菜价，非如此不能根本解决蔬菜供应问题。后来财贸办、副食品总公司、果菜公司和市政府有关部门共同研究，建议提高收购和销售价，稳定菜农生产。

最后，市委原则同意提高市场收购价，销售定出最高限价，果菜公司亏损由市财政适当补贴。后来财政也无法承担越来越大的亏损，只好逐步调高销售价。一时间，菜价涨幅较大，青菜由每斤1角多钱逐步涨到每斤3角、4角甚至7角、8角钱，最贵时每斤超过1元。这时有人提出恢复牌价供应，但因财政补贴太大，一时定不下来。然而过了几个月，因市场菜价较高，菜农种菜有利可图，邻近县市的菜也运来深圳销售，供应量大大增加，菜价又逐渐回落。蔬菜供应品种增加，服务态度改进，群众意见慢慢少了。

随着特区个人收入的增加，市民也就逐步接受了市价。市场调节这只"看不见的手"，改变了原来的价格虽低然而没有供应的状况。

肉菜供应量初步解决了，但市场网点少的矛盾又突出了。当时市内20多万人，只有南塘市场和纪念碑广场。群众买肉菜很不方便，意见又多起来。当时的

市长指示要尽快建设一批临时市场网点，还要我们参观广州市用白铁皮建市场的样式。我们财贸办提出，只要规划部门给地，保证 60 天内完成 15—20 个临时市场网点，10 天内完成第一个。

当时的常务副市长周鼎同志每两天带领财贸、国土、规划、工商等部门负责人，在罗湖至上步几十平方公里的范围选定十几个临时市场网点，三四个永久性市场网点。国土、规划部门很支持，只要适合做市场网点，不影响整体规划，我们提出要哪块地便给哪块地，当场拍板。

当时每天中午都难得休息，在路边给每人买两个面包做午餐，周鼎副市长和我们一起在汽车上吃。大家觉得能为群众办件实事，就是再辛苦也高兴。

财贸办公室当即成立一个市场网点建设公司（即现在的财贸实业公司的前身），由廖贤才任经理，划地的第二天动工。当时没有汽车，廖贤才骑单车去现场研究设计、选定材料、检查进度。为了按市委决定的日期完成任务，同志们每天工作 10 多个小时，有时甚至通宵，从不叫苦，结果全部按时完成任务。

群众买菜方便了，非常高兴。当时的临时市场网点现已搬迁，现在的螺岭、爱华、华强等永久性市场便是当时建立的。

蔬菜内销与外贸的怪圈

蔬菜内销与外贸出口的矛盾在全国都存在，深圳更为突出，特别是 1981 年和 1982 年，原因也是城市人口急剧增长。按原来的体制，深圳与全国一样，担负蔬菜市场供应的是由内销的果菜公司负责，担负蔬菜出口的是由外贸专业公司负责。当蔬菜生产淡季时，深圳市场供应紧张。同时香港的菜价攀高，外贸公司用高价收购出口，内贸的果菜公司便收购不到蔬菜供应市场，群众意见很大。当生产旺季，香港蔬菜跌价，外贸出口的蔬菜便转内销。

因出口的蔬菜品种较多，质量较好，这样内贸的果菜公司收购的蔬菜又卖不出去以致用拖拉机把菜拉到池塘去喂鱼，加重了内贸的损失。如果果菜公司因卖不出去而不收购，那菜农又要遭受损失。

因此内外贸两个市场的矛盾长期得不到解决，两家争吵十分厉害，既影响市场供应又影响外贸出口。市政府曾经采用限制的方法，用命令和监督的方式，让外贸部门在旺季不转内销，在淡季时不许收购。但两种不同的管理体制，市场这么大，菜地这么多，派人看、派人管是管不过来的，矛盾难以解决。

后来市财贸办多次研究，提出把外贸蔬菜出口任务交给内贸的果菜公司，人员、财产、基地也同时移交，上缴外汇和利润的任务也由果菜公司承担。经市政府领导同意，采取将内、外贸经营蔬菜机构进行体制合并。于是将“果菜公司”改为“果菜贸易公司”，既负责内销又负责外贸。

当生产淡季时，在保证内销的基础上，尽量多出口；当生产旺季时，采取优质优价办法，平衡内销和出口数量，调整生产品种，尽量做到出口有钱赚。原来外贸赚钱，内销亏损，也由该公司自己平衡，外贸赚钱贴内贸，形成了“内外贸一家，外贸内销一条龙”的良好机制。这样改革以后，直至现在，市果菜贸易公司一直是全国同行业中经营效益较好的企业。

经营蔬菜内外贸机构合并，当时只是为了解决内贸外贸的矛盾而这样做的，现在看来，这是根据市场经济的要求采取机构优化组合的办法，不过当时没有这样明确的目的。

（作者时任中共深圳市委常委）

华保良　**回忆南通口岸改革**

南通市成为全国首批对外开放的 14 个沿海城市之一后，外资、外经、外贸发展速度不断加快，人员、物资、资金的流动量也与日俱增，口岸各部门作为管理我市对外开放大门的责任单位，对我市的对外开放能否健康、快速发展有直接的相关性。

我作为分管外经工作的副市长，直接参与了南通口岸工作的改革，在此回顾两件难忘的经历。

长江引航改革

1984 年后，南通外向型经济发展迅速，特别是外贸进出口量大大增加，进出南通港的船舶也增多了，到了 20 世纪 90 年代初，我经常听到外贸部门、外商们反映：从上海到南通路不远，但船运从吴淞口到南通港要两至三天，使货主蒙受经济损失，也影响到南通市的对外开放形象。

1991 年的农历除夕，一位外轮的船长通过市外经贸委转口信，一定要找我反映问题。我了解后即安排时间接待了他。原来，他是第一次来南通港，本以为很快就能到达，因为南通离上海很近，谁知不足百公里的航程竟用了三天时间。

我详细听取了他的意见并了解其中的原因，得知冬季是长江的枯水期，大船需要乘潮而进，又因为引航员的交接不及时造成待泊时间长，延误了船舶的正常营运和周转，造成经济损失。傍晚接待外轮船长后，晚上我一直思考着怎样改进工作，提高效率，加快开放……

我感到，必须进行引航改革，特别是交接方法和交接地点、管理规则方面一定要进行改革，通过改革使船舶进出更快捷、顺利，这样不仅可使南通市的对外开放从中受益，更使长江沿线的各开放城市都可加快对外开放的步伐。

后来，我通过调研，了解到：按当时我国口岸进港相关规定，进入长江的国际航行船舶，经海上航行后必须先经上海港才能进入长江各港。由于海上和内河水域航行条件的差异以及引航机构的设置、引航后勤保障和引航员的水平等条件，不同程度制约了船舶的快速航运。

新中国成立以来，进出长江的船舶引航采取两地交接方法：即进江船舶必须先由上海港引航员从长江口引领至吴淞锚地，再由长江引航员引领至长江各开放港口；出港引航则由长江引航员引至浏河锚地，再交由上海港引航员引至长江口。

这种引航工作两地交接，再加上没有一个统一的协调指挥中心，时常造成交接环节脱节，又因气象、潮汐等客观条件影响，导致船舶待泊的时间长，延误正常营运和周转。为此我提出了变引航的两地交接为一地交接的建议。由于此建议的牵涉面广，非南通一市自己能解决了。

为此，我在 1993 年 3 月的第七届全国人民代表大会上，提出了《关于要求改进国际航行船舶进入长江二次引航问题的建议》，得到了全国人大常委会及交通部的重视。

随后，交通部在上海组织了专家对解决调整、扩建浏河锚地方案进行研讨，随后各相关单位克服困难、相互配合、全力以赴，制定了《引航调度规则》《调度中心职责及工作程序》以及《浏河锚地指泊办法》等规章制度，终于自 1994 年 12 月 15 日起进出长江的国际航行船舶的引航，只在浏河一地交接。伊朗籍埃斯特拉尔轮成为第一艘在浏河锚地实行了一地引航交接的船舶而载入史册。

实施一地交接后，浏河锚地秩序良好，进出船舶运转正常，大大缩短了船舶在锚地的滞留时间，加快了船舶运行，得到了长航局、外贸公司、船舶企业、外资企业等各方面的一致好评，提高了工作效率，改善了对外开放的环境。

进口民用产品说明书的改革

改革开放以来，外贸发展迅速，在出口商品每年都大幅增长的同时进口商品也在逐步上升。除了工厂企业的生产设备、用品进口增长，从世界各国进口的民用产品、食品等也同步增长。但 20 世纪 90 年代初期进口商品的说明书都是外文的，而且都用各产地国的文字，这样就给许多家庭在使用时带来不便甚至发生事故，这也影响了进口商品（日用品）的销售。

为此我调查了许多商店的进口商品，发现其“商标”“商品名称”“使用说明书”都是外文，产品外包装上没有一个中文字。有一次我和朋友们谈到这个问题时，有人说了一个故事：“有人在超市，看到货架上包装非常漂亮的罐头，买回家打开就吃了，后来了解到这个罐头是宠物食品罐头。”“有人买的化妆品因为没有中文名称而把包装精美的洗发液当成润肤露使用等。”

为此，1995 年 3 月，我在全国人大八届三次会议上就此提出建议：对从国外引进的产品，其中机器设备的说明书不一定必须有中文文本，而对一般进口的居民日用品、食品、化妆品等就一定要有中文的品名、产地、用途、用法等说明，因为不能要求每一个人都必须懂各国外文，否则就会产生使用中的问题。这个建议提出后得到了国家进出口商品检验局的重视而在全国得到很好的贯彻执行。

（作者时任南通市副市长）

马文秀、相仕胜　胶州——县级市创建了国家级开发区

胶州经济技术开发区升格为国家级经济技术开发区，得益于国家改革开放的好政策，更得益于青岛市被划为 14 个沿海对外开放城市之一的绝佳机遇。

把开发区这个窗口的灯点起来

1992 年，胶州市委、市政府决定兴办胶州市胶东经济技术开发区。为做好筹建工作，于当年 5 月，以胶政发〔1992〕60 号文件公布成立胶州市胶东经济技术开发区管委会筹建工作领导小组，常务副市长刘成君任组长，徐绍功副市长和我任副组长，我还兼任办公室主任，王同仁、郑明君、杨丕君为副主任，办事员 3 人。

在筹建领导小组成员会上，胶州市委书记孙百刚说："胶东经济技术开发区要办成胶州市对外开放的窗口，你们这些人要把这个窗口的灯点起来，亮起来……党委和政府一定大力支持你们。"

要叫这盏灯亮起来，谈何容易？

当时市财政拨给开发区仅 5 万元启动资金，部分资金还没按时到位，也没有办公地点。我们没有辜负胶州市委和市政府的期望，各人发挥自己的专长，八仙

过海，各显其能。徐绍功副组长因分管农业，便从市农牧工商公司借了 3 间平房作为临时办公室；不久，市土地局盖起办公楼，徐绍功副市长又出面借了土地局一层小楼，300 余平方米；王同仁副主任曾在南关办事处任副主任，以原来的工作关系，从南关木工厂赊了办公桌椅。从此，开发区管委会有了办公室、接待室、会议室……这算有了办公场所。

虽然有了办公场所，但办公条件极差，每个人必备“三大件”：自行车、雨衣、雨鞋，以适应野外工作的需要。由于对外联系业务骑自行车有诸多不便，我从李哥庄镇飞龙公司借了 20 万元，买了辆普通桑塔纳轿车，这是开发区唯一的一辆汽车。尽管当时工作条件差、苦、累，但没有一个叫苦叫累的，苦活累活都能抢着干。开发区的全体人员没有星期天和节假日，中午自带小饼和火腿肠等是家常便饭。

当时规划的开发区，南到店子河，北到胶济铁路，西到胶黄铁路，东到大西庄西，共 3.5 平方公里。该区域内除滩涂外，还有阜安街道办事处和小麻湾镇部分村庄的耕地，规划用地与村里协商难度很大。

为了便于开展招商引资工作，市委、市政府于 12 月批准成立胶州市胶东经济技术开发区管委会，为胶州市政府派出机构，正局级单位。

1993 年 11 月，经山东省人民政府批准设立胶州市云溪街道办事处，与胶州经济技术开发区实行区、处合一的管理体制，是山东省第一家区、处合署的经济技术开发区。

1992 年 5 月，开发区筹建工作领导小组办公室聘请山东省规划设计院专家对 9.7 平方公里区域进行初步规划，并于 6 月底完成了开发区的总体规划。按照总体规划的要求，对先期开发的 3 平方公里制定了控制性详细规划。

在先期规划论证的基础上，开发区筹委会协同相关部门、单位制定了供水、供电、道路、通讯、排水的详细施工方案，全面开展“五通一平”工程。

施工方案有了，钱从哪里来？

为筹集资金，办公室的人使出浑身解数，跑银行、企业搞借贷，启动民间资本；通过市场融资，搞土地经营，终于筹到了基础建设的款项。投资 700 万元修筑了泉州路、赣州路、兰州东路、滕州路等主干道，投资 300 万元建设了区内的排水、桥涵工程，架设供电线路 3760 米，铺设地下通讯电缆 2000 米，到年底，先期开发的 3 平方公里实现了“五通一平”。

就这样，胶州市胶东经济技术开发区。当年规划，当年建设，当年见成效。1992 年 7 月，首家韩国独资企业青岛高合纤维有限公司落户；11 月山东省人民政府批准为省级经济技术开发区，12 月更名为胶州经济技术开发区（简称“胶州开发区”）。

招商的酸甜苦辣

1992 年 4 月，我从市建委调到开发区工作，在开发区一干就是 20 多年，亲眼看着开发区一步步成长起来。我是 4 月 15 日到的开发区，第五天，胶州市胶东经济技术开发区管委会筹建工作领导小组正式揭牌，我和孙军、赵民三人是办事员。

当时我任规划建设部主任，郑明君主任亲自领着我们起早贪黑，天不亮就上工地，摸黑才回家，一天三顿在荒野地头就着风吃，吃得胃里直反酸，而且由于当时这里是东部滞洪区，到处是荒草芦苇，不光蚊子苍蝇多，还有蚂蟥毒蛇出没，有些地方野水纵横，一脚下去，污泥浑水陷到大腿根，给道路放线工作带来了困难，时值夏天，由于每天我都要到这些及腰深的水里测量，经常被有毒的蚊虫叮咬，奇痒难耐，非常痛苦。

就在这种条件下，我们管委会全体工作人员一齐努力，硬是修通了兰州东路、泉州路、潮州路三条主要道路，架设供电线路 3760 米，铺设地下通讯电缆 2000 米，到 1992 年底，先期开发的 3 平方公里实现了“五通一平”。

建区之初，开发区只有 11 家小的村办企业，为了招引大项目，开发区提出了“筑巢引凤”，最先盖起了三幢厂房，引进了釜永鞋业有限公司和昌新鞋业有限

公司。

提到项目建设，我印象最深的是现代集装箱的厂房建设。1994 年 4 月 19 日韩国现代精工株式会社郑梦九会长亲自率考察团一行 3 人，在青岛市副市长王增荣的陪同下，来开发区商谈合作事宜，并于 5 月份正式签约了总投资 1600 万美元的现代集装箱项目。

该项目是胶州市改革开放以来最大的外商投资项目，因此市委市政府高度重视，被列为“一号工程”。专门成立了由市长孙百刚任组长，交通、土地、建委等部门为成员的现代精工青岛集装箱项目工程指挥部，郑明君任办公室主任。

由于开发区地势低洼，前期土方回填达 3—4 米深，回填工作持续到了 1995 年 6 月份，为确保项目如期投产，同志们吃住在工地，早晨天不明上工地，晚上十一二点才回来。我爱人几个月没见到我白天的模样，工程结束后，爱人说我又黑又瘦，开玩笑说不敢认我了。经过连续三个多月的艰苦奋战，原本需要 300 天的工期缩短到 100 天，终于在当年的 9 月 26 日举行了隆重的开业典礼，时任青岛市副市长秦家浩、胶州市委书记孙百刚、韩国现代集团会长郑梦九等亲自出席了剪彩仪式。

1998 年韩国现代集装箱由于受金融危机影响，企业发展遇到瓶颈，为了盘活土地等资产，开发区成功引进了中国国际海运集装箱（集团）股份有限公司，以厂房出租、土地入股的方式，由中集集团、韩国现代精工株式会社、青岛胶州经济技术开发建设总公司、CIMC Holding Limited 四方投资成立青岛中集集装箱制造有限公司、青岛中集冷藏箱制造有限公司，给开发区的发展带来了重要转折机遇。

高品质的园区是承载大项目的平台，开发区的历届领导在园区建设上下了很大功夫。2000 年 7 月，开发区第一个国际化的工业园区——海尔（胶州）国际工业园正式奠基，规划占地面积 1000 亩，总投资 16 亿元，建筑面积 25 万平方米，是企业自主办园的典型范例。

我们先后引进了海尔世纪（青岛）精密制品有限公司、艾默生电机、海尔新材料研发、海尔空调等项目。正当企业稳步发展时，2001 年的特大洪水，整个园区一片泽国，使园内数十家内外资厂房被淹，产品被毁，其中世界 500 强的美国艾默生电机有限公司在厂房被淹、产品被毁时火气很大，对开发区的地质条件提出了质疑，要把第二期工程迁走。

在关键时刻，我们组织水利、水文、气象等部门的专家论证，在水文分局组织人力实地测量获得可靠的数据的基础上，聘请南京河海大学两位教授一起做出了高质量的分析报告，艾默生公司看到报告后才放心，决定继续在原址建设第二期工程，最终没有对开发区的招商引资造成影响。

2001 年的洪水灾害，给开发区留下了深刻的教训和启示。为提高开发区防洪拒潮的能力，在以后规划建设开发区道路、园区时，我们适当抬高路基和基建建筑物的基础，对横向的可能影响行洪公路的桥梁涵洞进行拓宽和抬高，抬高和加固了大沽河及沿海的堤坝，拓宽扩大了大沽河的滞洪区，修建了湿地公园和少海公园等，这些设施的建成，不仅美化了环境，还大大提高了胶州开发区抵御海潮、抗拒台风的能力，确保了开发区内外投资企业的安全。

2005 年，在国家紧缩土地政策的形势下，为解决土地制约发展的问题，开发区党委决定“东扩”，聘请省规划设计院、天津大学对海尔工业园东面的一片荒滩进行重新规划、全面整合，形成一个海尔大道以东、兰州东路以南，含胶州湾工业园的大工业聚集区，提升园区建设档次，实现园区有序、可持续开发，打造布局合理、功能完善、设施一流的招商引资平台，打造精品园区。

一大批“大、高、新”项目相继落户该园区，投资 1.4 亿元建立的青岛琴牌奶业项目、投资 3000 万美元设立的青岛诺维亚聚合物、总投资 2 亿元的青岛得润电子、总投资 1 亿美元的青岛中集冷藏运输设备、投资 3 亿元建立的青岛黄海生物制药有限公司等相继落户。

2007 年，由于园区整合，原胶州湾工业园一区二区划归我区，东至太湖路以西 800 米，西至海尔大道，北至市东渠，南至胶州湾工业园 10 号路，总控制面积 5678 亩，共有五纵两横 7 条道路，道路面积达 9 万平方米，与云溪工业园连

成一片，形成了 10 公里的工业长廊。

升级为国家级开发区

随着胶州开发区的发展壮大，市委、市政府不断充实调整开发区的领导班子，1998 年底，调马苏建任开发区党委书记，许堂芳为主任，2005 年又调杨波任开发区书记等。开发区历届领导班子，坚持科学发展观，与时俱进，全面谋划开发区的规划与发展。

截至 2008 年，胶州开发区形成了装备制造业产业、生物制药产业、机械电子信息产业、鞋业服装产业等几大产业。先后获得全国出口创汇先进单位、全国乡镇企业科技园区，山东省先进开发区、山东省对外开放先进园区、山东省科学发展示范园区，青岛市对外开放先进园区等荣誉称号。

目前，胶州开发区已建设成交通发达，环境优美，功能齐全的工业生产基地，高新技术研发基地，新技术成果孵化基地，是胶州市的“小硅谷”，是胶州市建设全面小康社会的推进器。

2012 年 12 月 11 日，国务院批复胶州经济技术开发区升级为国家级开发区，进一步提高了胶州对外开放的水平。

（马文秀，时任胶州经济技术开发区主任；相仕胜，时任胶州经济技术开发区对外联络办主任　高祀祖 / 整理）

第二章

筚路蓝缕，用心建设一座城

朱志豪　从上海第一桥到世界第一桥

从 1991 年 12 月 1 日上海市区第一座越江大桥——南浦大桥建成正式通车，到 1993 年 10 月 23 日当时世界同类型叠合梁斜拉桥中雄踞第一的杨浦大桥建成通车，只有两年不到。我先后担任南浦、杨浦两座大桥建设指挥部的总指挥，全程参与了这两座大桥的建设，我何其有幸。

南浦大桥建成记

1991 年 11 月 15 日，上海市区第一座越江大桥——南浦大桥建成，12 月 1 日正式通车。南浦大桥是我国第一座自行设计、自行建造的双索面、叠合梁斜拉桥，它宛若一条昂首盘旋的巨龙横卧黄浦江上，圆了上海市民“一步跨过黄浦江”的百年梦。

我担任南浦大桥建设指挥部的总指挥，全程参与了南浦大桥建设。建造南浦大桥，是改革开放带给我的机遇，这是对我的一次锻炼，它一直铭刻在我的脑海，永远不会忘记。

群众，是真正的英雄！

1988 年，上海成立三大工程建设指挥部——大桥指挥部、地铁指挥部和合流污水指挥部，其中一项工程就是在黄浦江上造桥。在当时，从全国来看，没有任何造大桥的经验和资料，可以说是“设计没有完整的标准、施工没有完善的规范、加工制造缺乏工艺”，技术、材料、设备、管理……各种压力确实很大。

指挥部一成立，我就跟着时任上海市副市长的倪天增同志，沿着黄浦江两岸寻找桥址。桥要发挥功能，首先要和主干道连接，其次希望跨度小，因为我们从没有造过这么大跨度的桥，所以江面越窄越好。最后大桥选址在南码头，那里是黄浦江市区段江面最窄处，航道距离为 350 米，又是建造上海内环道路的过江咽喉处。桥址确定以后，航道部门首先提出，不能改变原有的黄浦江航道。防汛部门也提出，造桥不能让两岸的防汛墙受到影响。为了保证驳岸的安全，所以把大桥主塔往两岸延伸，形成了最后的主桥跨度 423 米。

当时浦东沿江地区涉及上海的三个区：南市区、杨浦区、黄浦区，桥址所在的南码头地区涉及南市区（浦东浦西都有）。这块区域是拥有将近 6000 户居民的棚户区，还有 200 多家企业，造桥就要改变整个地区的生产和生活，配套的五大管线（上水、下水、煤气、动力电缆、通信电缆）全部搬迁的话有 50 多公里长。另外，浦东地区大片是农田，因此还有针对农民的征地安置工作。所以还没有考虑到技术上的问题呢，光是前期的征地动迁，就是一个难题。

想不到的是，各方面对在黄浦江上造桥都十分支持，当时上海市民都希望在黄浦江上造桥，它是上海人的一个梦想。结果，整个动拆迁工作非常顺利。记得有个上海制面厂，当时动迁费没有了，厂长跟我说：“老朱，你说好了，我都支持！”马上就把一个车间拆了，让出了桥墩的位置。主桥建成后，边上的居民在我面前都要求拆迁，支持我们，所以许多现在看来很困难的问题当时就迎刃而解了。参加工作的同志都很感动，群众是真正的英雄，一旦有了群众基础，让群众

认识到事情的重要性，哪怕是牺牲自己的利益，也会义无反顾地支持政府的决定。

三年，一定要把大桥建成！

三年一定要把大桥建成，是当时的市长黄菊提出来："三年当中，出成果，出人才。"不仅要把大桥建好，而且要把建设大桥的人才培养出来。从前期工程（包括动迁、勘测、设计等）到后期施工，总共才三年。所以我们不能分阶段，只能采取交叉同步的方式，勘察设计、工程设计、征地动迁、科研项目……齐头并进。还有就是资金，当时的预算是 8.25 亿元，国家计委批准的是 8.2 亿元，前期费用由上海市政府承担，工程费用同意通过国外贷款解决，这在当时也算是破例了，特事特办。

到国外贷款，首先要进行技术审查，通过以后才能进行商业谈判。有的银行贷款利率不高，但是他们会要求总承包（包采购、设计等），这样的话设计费贵得就不得了，我们国家当时设计费只有 1%—2%，国外是 7%，几千万元就没了。最后选择向亚洲开发银行贷款，他们进行技术审查和商业审查时也提出："你们到底要多少年能把桥建起来？"

技术谈判，三年究竟行还是不行？当时跟我们谈判的有加拿大、日本、美国、德国的专家，我们"既要谈成功，又不能泄密"。当时国际上第一个大跨度的桥是加拿大的安那西斯，我们组织一部分同志去看了，一是去学习人家的经验，二是为了提高我们工作上的本领，所以非常留意他们建设中的成绩和问题。我们发现他们的桥造好一年不到，桥面就出现了多种裂缝。

在技术谈判中，对方提出安那西斯桥跨度 465 米，打桩 80 米，我们的桥跨度 423 米，打桩 52 米，行吗？他们不相信。我们说明把净荷载、风雨等因素都考虑在内了，没问题，他们还是不相信，总感觉差距太大。

后来我说我们刚从加拿大回来，安那西斯桥确实给了我们很多的经验，但是他们的桥还可以更加完善。参加谈判的一位专家正好是安那西斯桥的技术负责人，我把照片拿来给他看，照片上我们把毛病都找出来了，他吃惊得把我们的计算数据拿回去，开了一个晚上夜车复核了一遍，第二天告诉我们通过了。

技术谈判通过了，接下来是商业谈判，还是三年的施工期，我们能不能完成？其实我自己都觉得时间确实很紧张，但是上海坚持三年，对方则一定要求把施工期限延长，最后达成一致的决定是：三年建设期，再给我们三年宽限期。假如有这一条，如果六年里面建完，也是符合合同要求的。印度1980年开始建造的桥，八年还没有造完，印度和中国一样是第三世界，起初对方对我们是不相信，所以当时我也深深地感悟到，落后就要被动挨打。

问题，解决在施工前！

在南浦大桥之前，全国从来没有建造过同类型大跨度的桥。既然没有造过，要完成这个任务究竟会碰到什么问题？有什么困难？最怕的就是闭着眼睛走路，碰到问题再拐弯、再想办法。

当时全国的桥梁专家们都没有这么大的桥的建设经验，于是我把他们请来，召集我们的总工程师和总设计师一起开会，大家出主意分析可能会出现什么问题，并进行分类，哪些问题能够通过我们的实践解决，哪些问题非要通过科研才行。

最后我们定下来16个重大科研项目，这些科研项目中所涉及的问题都是一定要解决的，然后设计、项目、施工才能动手。但是这些科研项目全部靠上海有一定的困难，我们要有科研设备，所以运用了全国的资源。比如说大桥建设中最关键的风洞实验，可以通过模型做，但是模型是有大小比例的。当时同济大学只能搞小型的风洞实验，我们就想到造飞机也要做风洞实验，继而想到了通过和同济大学合作的方式利用南京航空学院的设备条件。再比如说斜拉索的强度实验，我们找到了北京铁道部所属的铁路科学研究院，将上海的斜拉索做完后，用火车专列拉到北京做疲劳实验。于是我们需要添置设备的费用和时间都节约下来了，还调动了全国各地各方面的积极性。

质量，和时间同样重要！

工程质量，和工程进度是一样重要的，就算我们有时间完成工程，如果质量不把关就会懊悔莫及。首先我们在认真虚心学习人家经验的间时，不能跟在人家后面爬，要超过别人，就要通过学习人家经验中的问题，才是真正的提高。

过去的工程监理一般是工程完工了才来验收，如果发现问题就推倒重来，等于浪费钱和时间。于是我们自己成立了全过程质量跟踪监理，监理不是从工程建造开始，而是从工程设计开始，看设计的标准是否科学实际。工程进度是要抓，但是质量更要抓，还有一条原则就是对隐蔽工程会有影响的，我们宁愿花更长的时间，比如说混凝土，这是无法挽回的，一旦发生问题后患无穷。

过去，重大工程超过投资是很平常的事情，但是当时我们要求工程质量要上去，工期要保证，投资也要控制。8.2 亿元的投资，其中 3.98 亿元是征地动迁费用，所以预算上要千方百计进行控制，凡是一个项目要开工了，我都找预算员和工程师来一起分步分项进行核算，要求只能用到 95%，这样就促使大家在工程中开动脑筋。比如造 4 米宽、12 米长、26 厘米厚的桥面板，对角线差不能超过 5 毫米。这在国外很方便，只要用钢模就可以。但是一个钢模就是十七八吨，生产完了，还要用平板车运输，制造和运输都需要钱。当时的施工单位在现场想办法，能不能质量不比国外差，投资却要比国外省呢？我们没有钢模，就在现场就地预制。预制的面板边上用钢模，平面用水磨石，工人跪在地上，把水平面磨到符合要求。桥面板要求板面要平，四周要毛，不能光，毛了后才可以增加摩擦力，起到连接作用。群众到底是真正的英雄，有工人提出：钢模立模后，在模板上涂上一层缓凝剂，再打混凝土，这样一来，混凝土边上四周就硬得慢了，然后用高压水枪一冲，边上就打毛了。后来日本人来参观，看我们混凝土面板打得这么好，都翘大拇指，当时还是保密的，其实讲出来却是如此简单。

团队，是成功的关键！

南浦大桥的建设成功，不是靠的哪个人，而是靠的团队。我们参加建桥的人员前前后后加起来将近 1 万人、6 个设计单位（包括工程主体设计、建筑设计、通信设计、勘察设计、配套设计等）、15 个施工单位、5 个制造厂。团队的团结、智慧是非常重要的。就拿桥梁来说，长度 18 米且是拱形的，当时加工完后，假如坡度不符合要求的话，到了桥上就没有办法安装了。于是我们在工厂里面搭好架子，按照设计好的弧度坡度全部拼好，验收通过，再送到现场安装，这对工厂来说就是两次拼装了。

另外，钢梁的连接要靠螺栓，要打 42 万个洞，精度要求非常高，最后只有 3 个螺栓没有通过，1/140000 没有符合要求。这 3 个不符合要求的孔洞在大桥上直接扩孔，花了 3 个多小时。我跟工厂里说：“你们稍有一点偏差，现场耽误的时间不得了。”钢结构上是不希望扩孔的，否则桥梁合龙过程会受到影响。这个道理跟他们讲完，工人们确实很认真，后来吸取教训，在建杨浦大桥时钢结构需钻孔 116 万个，一次通过。

还有大桥的合龙，整个过程我们选择气温比较平稳的时候，由于南浦大桥的钢结构精度比较理想，并严格根据热胀冷缩原理，让气象局的专家到现场指导，合龙花了 2 小时 45 分钟。我在现场马上打电话给市委汇报，当时就流泪了，因为大桥合龙说明南浦大桥在技术上是过关了，更是说明工程质量是没问题的。

大桥的建设无疑是成功的。最后比计划提前了 45 天，其中只要哪个环节卡住，就超过了三年限期；工程成本节约了 526 万元，是造价的 6‰；大桥的主塔垂直度要求不超过 1/3000，最后达到了 1/12500，精度提高了四倍；对钢结构的质量检验，当时国家要求超声波检查、磁粉探伤、X 光探伤三种方式可以任选其一，我们为了确保钢结构的焊接质量，是三个方式一起做，并且都通过。如果没有团队的力量，光靠指挥部我们几个人，绝对不可能有这样的建设速度和高质

量、高标准的工程。

南浦大桥建成以后，有着很好的社会效应。以前靠车轮渡，从排队到过江需要三个小时，现在桥建成了，从浦西上桥，浦东下桥，只需要 8 分钟！

黄浦江上飞跨世界“第一桥”

1993 年 4 月 8 日，杨浦大桥主桥钢梁合龙。10 月 23 日，杨浦大桥建成通车。从动工到建成，仅用 2 年零 5 个半月，杨浦大桥总长 1172 米、宽 30.35 米，桥下净空 48 米，共设 6 车道。

602 米长的主桥在当时世界同类型叠合梁斜拉桥中雄踞第一，它犹如一道彩虹飞架，跨越黄浦江，连接着浦西老市区与浦东开发开放的新城区。邓小平同志亲自为大桥写了桥名，他以 89 岁高龄登上杨浦大桥，高兴地作了诗句：“喜看今日路，胜读百年书。”

如今杨浦大桥上早已是车辆如梭，我也已 83 岁，离杨浦大桥的通车已时过 20 年，但建设世界第一斜拉桥以及大桥通车，仍然是我人生历程中最宝贵的经历。

主动请缨，调整人马再建跨江大桥

1991 年，我因为胃癌手术，正在接受第三次化疗，听到要建杨浦大桥了，我主动向市里写了份 3000 多字的报告，提出：“南浦大桥已经建成了，如果是原班人马、原套班子来继续建设杨浦大桥，可能比南浦大桥建造速度更快，成本可以降低，技术可以进一步提高。”

报告中提出三条理由：一是我有经验了，建设可以少走很多弯路；二是南浦大桥的建设资金中科研费用占了很多，可以直接将科研成果用于杨浦大桥的建设；三是重新更换的班子，体会不到在经验中找问题的动力。

建委也同意我的想法，为了缩短报告周转时间，我自己从第一人民医院来到康平路，通过市委办公厅将报告送到当时的市委书记朱镕基手中，记得那天是6月1日。8月23日，朱镕基到现场，他同意我的想法，继续让我参加杨浦大桥的建设，并把建造大桥的帅印交到了我手上。

当时我想假如杨浦大桥同样按照南浦大桥的施工速度去完成，领导肯定表扬我，为什么呢？因为杨浦大桥跨度是602米，当时是世界第一，这个跨度要比南浦大桥要宽多少呢？42%，工作量其实增加了整整一倍，如果我完全按照南浦大桥的建造方式，杨浦大桥的建设工程三年肯定是完不成的。因为工作量增加这么多了，你怎么完成呢？这样就逼我作新的思考，因为当时南浦大桥主桥是三公司（上海市第三建筑有限公司，简称“三公司”）建的，我提出来，杨浦大桥的工程能否变成由两家公司同时建？一个是在浦西的三公司，一个是在浦东的一公司（上海市第一建筑有限公司，简称“一公司”），两家一块儿去建。一公司没有参与过，没有参与过也有好处，它的思路和三公司有点不一样，但是三公司也让它参与建设，因为它有建设的经验，所以这就形成了两家可以相互补充。而且当时在浦东浦西，大家都看得见，你今天上去多少了，我今天上去多少了，这无形地促进了建设速度。两家公司，拿着望远镜在看，因为离开很远嘛，看看你那里上去多少了，你用什么办法，怎么办？竞争得很厉害，你叫他下来他都不下来啊。所以尽管工作量上增加了42%，但是最后我们比南浦大桥的建设还缩短了几乎半年时间。

成绩面前找差距、经验当中找问题

当初南浦大桥计划三年，提前45天，整个大桥工程造价节约了6‰——500多万元，工程质量一次通过，钢结构上42万个孔洞，只有3个螺栓因孔洞偏小没有通过需要扩孔，桥塔垂直度为1/12500（要求为1/3000）。南浦大桥建成了只是一个起点，假如我们仍然以南浦大桥的时间、标准来要求的话，其实我们没

有真正学到本事，取得进步。当时南浦大桥完成后，我们喊出一个口号：“成绩面前找差距，经验当中找问题。”

在杨浦大桥建设的施工工艺上我们做了调整，只用一年时间完成了主塔建造，只用两年零五个半月的时间完成了杨浦大桥，造价最后节约了 2%——1670 万元，所有 116 万个孔洞，螺栓通过率 100%，垂直度为 1/15000，精确度进一步提高。还有就是大桥的合龙时间，前期工程越精密，大桥的合龙时间就越短。南浦大桥花了 2 小时 45 分钟，杨浦大桥是 1 小时 30 分钟。当时吴邦国书记到我这儿来开会，他原来打算要去看合龙的，我会还没有开完，合龙已经完成了，没看到。他没想到合龙时间这么短，这么顺利。

小平同志喜看世界“第一桥”跨越黄浦江

作为中国改革开放的总设计师，邓小平同志始终关注着上海的建设，关注着浦东的开发，关注着黄浦江上正在建设的大桥。小平曾在 1991—1993 年三年内先后三次上跨江大桥视察，而我每次都参与了。

与小平同志第一次会面是 1991 年 2 月 18 日，小平同志站在南浦大桥浦西段。当时，老人家非常希望能到浦东去看看，但由于浦东段建设刚刚开始，条件比较差，未能如愿，所以请小平同志到浦西工地上来视察大桥。

早春二月的上海，还是冷风瑟瑟、寒意袭人，江边开阔处，更是风大浪急，寒风刺骨。小平同志不顾年事已高，兴致勃勃地站在这里观看大桥，并听取指挥部关于大桥的建设情况汇报。这时，我们请小平同志给南浦大桥题字，没想到，小平同志爽快地答应下来。一个多月后，我接到市委办公厅电话，说是小平同志给南浦大桥的题字已经写好了，叫赶紧去拿。

第二次见到小平同志是 1992 年 2 月 7 日，那时南浦大桥已经建成，小平同志在主桥从汽车上下来，走到南浦大桥桥面，我告诉小平同志：“您给我们南浦大桥的题字，我们已经挂在桥上了，每个字有 14 平方米大呢！您现在站的桥面离开黄浦江江面有 58 米啦！”

小平接着问道：“这座桥是不是世界第一啊？”

我说：“不是第一，是世界第三。”

这次会面后，黄浦江大桥建设指挥部立即召开了由 28 家单位参加的重要会议，在讨论过程中，与会人员充分认识到开发浦东、加强与浦西的联动发展，交通必须畅通先行，会上确立了再在黄浦江上建造一座大桥的想法，后经过专家从地域实际出发，多次选址定位，进行可行性论证，决定在杨浦地区建造世界第一的斜拉桥——杨浦大桥。

邓小平同志第三次上大桥视察是 1993 年 12 月 13 日。那天风特别大，还下着蒙蒙细雨，气温降到 0℃。邓小平同志乘车来到完工不久的杨浦大桥主桥上。因为天气不好，加上小平同志已是 89 岁高龄，当时陪同的吴邦国同志想让我在车上给小平同志汇报一下杨浦大桥的建设情况就行了，可是没想到，小平同志拒绝了我的好意。

老人家不顾风大雨寒，坚持下了车，冒雨往桥当中走了二三十米。

我向小平同志汇报：“您为杨浦大桥题的字也挂在桥上了，每个字大小也是 14 平方米。”

当小平同志往回走时，我开始向老人家详细介绍大桥的建设情况：“您现在站在的桥面离开江面 62 米了，杨浦大桥比南浦大桥更高，规模要比南浦大桥大 42%，质量比南浦大桥还要好，而且杨浦大桥是当今世界上同类型斜拉桥的第一了！”

听到这里，老人家非常激动，紧紧地握着我的手说：“要感谢参加大桥建设的工程技术干部，感谢参加大桥建设的职工。这是上海工人阶级的胜利。”世界第一——杨浦大桥的建成，体现了科学技术的力量。能够建成世界第一的大桥，说明我们国家的技术水平赶上了世界先进发达国家，而这一点，才是小平同志三上大桥真正最关心的。

（作者时任南浦大桥、杨浦大桥、徐浦大桥建设总指挥　庄赟 / 整理）

王其龙　梦想从浦东机场起飞

1994 年 7 月，上海市委、市政府提出了“完善虹桥，加快浦东”的上海航空港建设方针，决定在对虹桥国际机场进行改扩建的同时，抓紧建设浦东国际机场。

1995 年 5 月，浦东国际机场建设指挥部成立。

1996 年初，浦东国际机场一期工程项目建议书经国务院和中央军委讨论通过后下发。我就是在此时参与到浦东国际机场建设之中，当时担任一期建设指挥部航站区工程处处长，后来二期扩建时，又担任二期工程建设指挥部副总指挥。

我至今还珍藏着的当年一期建成后、作为建设功臣首航昆明的登机牌和总指挥亲笔签名的首日封，每次回忆起那些曾经亲历的辉煌建设场面，总是心潮澎湃……

遵循实际情况选址

浦东机场的选址经过了漫长的阶段。据我所知，从最早 1986 年上海规划浦东机场，是选在原川沙县合庆乡境内，后经技术论证，发现下有两条地震断裂带，于是南移 4.8 公里进入原南汇县祝桥乡、东海乡境内。

1994 年 2 月，浦东机场工程进入中日合作编制机场总体规划和预可行性研究阶段，又提出要尽可能减少动迁农民住宅，东移 700 米。东移后，由于避开了居民密集地带，减少动迁居民 5000 多户、15000 多人，既减少了动迁工作量，又争取了时间，也少征农田 7488 亩，为国家节约了宝贵的耕地。

这中间还完成了一场漂亮的鸟类动迁。因为选址东侧是长江南岸滩涂，是一片约有 300 米宽的潮间带，迁徙候鸟 160 种，还有许多国家保护的珍稀鸟类。如何既保护飞行安全，又不破坏鸟类的生态环境?

当时我们组织了鸟类、河口、生态等多学科专家多次进行实地调查和科学论证，提出了在机场选址外侧海滩上围海促淤，整治滩涂，围垫鱼塘，清除垃圾堆场，铲除芦苇草滩，使鸟类食源断绝；而另外在九段沙为鸟类重新打造一片让它们得以快乐安逸栖息的理想区域的“驱鸟引鸟”妙招。

当然也因选址东海之滨，施工单位要面临在冲积平原形成的软地基和围海造田的地基上施工，挑战不少。为此，指挥部组织了科研攻关，做了大量试验，终于解决了机场跑道地基沉降的问题。按民航标准，一条跑道通常 15 年要大修一次，我们现在已使用了 14 年，现在看来，还未出现影响飞行安全的问题。

安德鲁方案中标

机场工程批准后，首先面临的是航站楼的设计问题。当时的设计理念是要把浦东国际机场打造成一个大型的综合性国际机场，形成现代化航空港。而当时国内建设这样大规模的机场还是第一次，没有经验，也无参照。因此，机场指挥部将视野瞄向了全世界的设计者，38 家最具实力的规划、设计公司（事务所）参与了这一设计方案的竞标。

经过几轮评审筛选，最后选定了美、法、德、英、荷等六个竞标团组设计的六个方案。1996 年，指挥部邀请了来自美国、日本和中国香港地区以及民航局、建筑科学院、清华大学、同济大学的国内外专家，经过 10 天慎重、公正的评审，确定法国巴黎机场公司设计师安德鲁设计的“鲲鹏展翅”建筑中标。

安德鲁是法国戴高乐机场的设计者，上海东方艺术中心、国家大剧院、广州体育馆等都是他的作品，是世界级的设计大师。他的设计所体现出的 21 世纪人与自然、环境与建筑的和谐统一、持续发展的理念获得了评审者们的一致认同和共鸣。

这个方案注重环境的规划，建筑设计风格也体现了上海城市蓝天门户的形象和人与自然的完美结合，给人以现代化航空港充满活力的气息。安德鲁的设计方案，最后由华东设计院付诸实施。

江泽民挥锹奠基

“浦东国际机场”是江泽民同志亲自题词的，包括 1997 年 10 月举行的全面开工仪式，也是江泽民挥锹奠基。这样高的规格，在中国的重大工程建设中也是不多见的。

之所以会有这样高的规格，是由浦东国际机场的定位和上海航空战略的理念决定的。《上海航空发展战略》提出了两个超越：超越航空、超越上海。所谓超越航空，就是说作为航空枢纽它不仅仅是上海的社会经济发展的需要，而是一个国家战略，要站在国家战略的层面去规划。所谓超越上海，就是说要建成中国的门户，并经过若干年的努力，构建完善的国际国内的航线网络，成为中国通往世界各地的一个重要门户枢纽，建成亚太地区核心枢纽机场，而且最终成为世界航空网络上的一个重要节点。

当时枢纽战略的推进分为三个阶段，到 2007 年是一个阶段，到 2010 年基本形成枢纽框架，到 2015 年、2020 年要成为亚太地区的门户枢纽，参与国际竞争。

到 2012 年，浦东国际机场的旅客吞吐量已达 4400 多万人次，货邮吞吐量已达 350 万吨，旅客吞吐量连续三年排名全球机场第 20 位，货邮吞吐量连续五年位居全球机场第三位。

按照规划，到 2015 年，浦东机场旅客吞吐量每年将达 8000 万人次，货邮吞吐量每年 500 万吨，飞行架次是 32 万架次。

创新铸就辉煌

对于浦东这样一个大型国际机场的建设，航站区和飞行区是两个关键的工程。因为之前在国内、在上海都没有搞过如此大的工程，所以很多技术方面的问题，我们都是摸索着做了很多创新性试验，最终才实施的。事实证明，创新成就了浦东国际机场的辉煌。

第一是航站楼的钢结构系统。安德鲁当初设计的张悬梁结构，具体施工过程中会遇到什么问题，其实他也是没底的。

一是因为它体量大，用钢量要达 3 万多吨。相当于当时南浦大桥、徐浦大桥、杨浦大桥的总用钢量，而当时我们国家在钢结构方面的规范、技术标准还覆盖不了这样大型的钢结构，难度可想而知。

二是钢架的上弦矩形钢管，是 40cm × 60cm × 2.2cm，安德鲁设计要求轧制，而我们查阅发现，当时还没有一家公司可以轧制这样的矩形钢管。

后来，我们就组织华东建筑设计院、上海建工、上海建科院科技人员、施工人员一起进行科研攻关。我们在江南造船厂做了一个 1∶1 比例的大跨度钢屋架模型，搜集了几十万个数据来解决技术上的难点，解决了外国专家设计方案中没能解决的问题，节省了大概 11%的钢材，节约了四五千万元的资金，也解决了国家规范、国家标准技术上的不足。竣工时，安德鲁仰望着没有一根立柱的楼顶惊讶不已。

第二是钢屋面板。当时根据市里的要求尽量要采用国内材料施工，而国内尚没做过这类产品。于是我们请宝钢负责研制和施工。这个板的研制很复杂，既要有一定的强度，又要有一定的柔度，这样才能适应变形的曲面形状。为了减少板面上的接缝，减少漏雨漏水，宝钢几经试验，采用连续轧制，成功一次轧制出 100 多米长的面板。在屋面板的安装上，板与板之间，我们也采用暗扣式，没用

一个螺钉，保证了面板不因锈蚀影响结构的牢固性。

第三是玻璃幕墙。按照外国人的设计，9 万多平方米的室外玻璃幕墙，是打算采用国外材料的。但我们想着要支持国内产业，于是委托耀华玻璃厂研制生产。当时生产那种玻璃，国内与欧洲的主要差别在原料方面，因为采用的石英砂不同，对玻璃本体的颜色就有差异。老外的设计理念是要通透，即以白透为主，而我们的石英砂含氧化铁，红的成分比较高，玻璃一厚就感觉里面泛黄，老外不认可。

后来，通过不断研制，我们做了 7 次样板提供给他，通过在黏胶玻璃中间的那层黏膜上做一些颜色调配，使它基本接近于通透的要求。终于得到了外方设计师的认可。

第四是清水混凝土。清水混凝土技术难度要求很高，国家标准又没有，怎么办？我们跟做钢结构一样，也是先做试验，自己定标准。经过大量的研制，我们决定浦东国际机场所有的混凝土、水泥一定是要一个厂家的，同厂、同品种、同规格。

后来，中国美院要建一个美术展览馆，日本设计大师矶崎新也采用清水混凝土设计，但他担心达不到他的设计要求。潘公凯院长带他到上海浦东机场看了航站楼的清水混凝土工程，他马上就请上海建工承担了中国美院美术展览馆的建设任务，做下来很满意。

第五是跑道。国际民航组织对跑道规定的统一标准是，平整度达 90% 以上，摩擦系数达 0.47。我们的施工水平是远远高于这个标准。平整度可达 99%，摩擦系数达 0.6 以上。为了在沿海地基、围海造田的软地基上克服地基沉降因素达到这个平整度，需要克服很多困难，我们是下了很大功夫的。

这个工程后来被评为国家市政金奖示范奖。此外，还有混凝土跑道的伸缩缝问题，我们也进行了多次攻关。混凝土板块与板块之间由于热胀冷缩的原因，会挤出一些碎块，一日被飞机发动机吸进去，就会影响飞机运行安全，这也是一个世界性的难题。日本人是在天热的时候浇水解决。我们研究后，请宝钢研制了一个专门的机械工具，用这个专用工具把板块与板块之间的缝稍微切一下，倒一倒角，一次就完成这个工艺，质量上也很可靠，保证了跑道混凝土板块缝不产生掉边掉角，得到了老外同行的充分肯定。

第六是机场信息系统。机场的信息系统是组织机场航班运行和管理的，这个集成信息系统控制着 30 多个子系统，需要经过不断的调试，才能保证运行时不出问题。当时我们的压力是很大的。香港机场 1997 年因集成系统出故障，在世界上造成了很大影响。

我们总指挥拿来厚厚的一叠事故调查材料让我们学习，以前车之鉴，针对性地分析我们的系统。这个信息系统看不见摸不着，而且又不是一家做的，存在接口、标准的不一样，需要一个磨合的过程。我们花了很大的精力，分析了产生问题的原因，制定了应急预案。

团结就是力量

浦东国际机场的建设是一个庞大的系统工程，对工程建设管理的要求很高。我们采取了总承包体制。设计是设计总包，施工是施工总包。设计总包找的是上海现代设计集团华东设计院，施工总包找的是上海建工集团，监理是上海建科院。我们充分发挥了集体的力量。一期的设计是法国人，华东设计院配合施工；二期的设计时，华东设计院就自己做了总包，找了 6 家外国设计院做分包。上海建工集团还首次尝试承担了弱电信息系统的总包管理，他们关于“航站楼机电安装集成管理研究与实践”的课题研究，还获得了民航总局的科技进步奖。上海建科院承担监理，也做了大量的工作，克服了许多困难。

在管理上，我们还注重文化建设，开展了立功竞赛活动。我们的立功竞赛，把老外承包商也包含进来，让他们也融入我们的文化当中。当时，法国人认为，我们建设一期工程至少要 8 年时间，结果我们只用了 3 年。这也得益于我们开展的劳动竞赛。我们把老外组织起来，通过考核、讲评，提高他们的积极性。最后老外也适应了我们的文化，没日没夜地干，有时甚至睡在现场。

对民工的管理，我们除了严格制度管理，还进行严格的培训，同时加强检查和奖惩，他们也很快适应了我们的文化和环境。

在管理策划方面，我们做了详细的工程策划，提出了 6 大类 59 项难点，成立了不同的科研课题和科研小组，逐个攻关。最后，我们获得了 10 多项国家级、省部级科技进步奖。同时，也为国家节约了大量的建设资金。算下来，一期预算 130 亿元，实际花了 113 亿元；二期预算 230 亿元，实际花了 165 亿元。另外，我们还节约了近 20 亿元的土地征用费用。

在完成任务庆功的当晚，在场所有的中外承包商们一起唱起了《团结就是力量》，因为大家都亲身经历了建设过程中的种种艰辛，深有感触。我记得那是在 2007 年的冬天，那天晚上天气很冷，我们是在海边一家小饭店里搞的庆功活动。

（作者时任上海机场建设指挥部副总指挥　潘春芳 / 整理）

葛 进　亲历金茂大厦筹建始末

金茂大厦从征集、优化设计方案，组建建设团队，到招标、施工、决算等一系列工作，我都亲身参与过，这不是每个人在一生中都能有的机会和荣幸，现在谈起这件事，我依然感觉振奋。

要造就造摩天大楼

现在陆家嘴地区高楼林立，现代化程度不逊于世界上任何城市。但是在 20 世纪 90 年代初，浦东开发开放初期，我们还没有建设超高层建筑的经验，有这个设想是需要魄力的。

金茂大厦项目有它的时代背景，1992 年小平同志南方谈话，进一步坚定了全国深化改革的信心和决心。外经贸部李岚清部长就有了一个设想，要在上海建一座摩天大楼，成为中国经济、金融、贸易面向世界的窗口，要造就要造摩天大楼，要建 88 层。上海方面对这个想法非常欢迎。经过初步的商洽确定由外经贸部负责投资、经营、管理，上海提供一切方便。

1992 年底，这个项目正式立项，外经贸部派了两位代表，一位是纺织品总公司总经理张关林，一位是上海外贸总公司总经理庄玉麟。他们又找了两个人：一

个是祝起宏，他刚刚负责建造过一幢高层；另一个是我，当时担任兰生大酒店的副总经理，之前任上海外贸总公司基建处副处长，可以说，兰生大酒店就是在我手上一手建起来的。我们俩担任金茂大厦筹建办公室正、副主任，从此开始七年的漫长建设之路。

虽然我俩都对造楼很熟悉，但对建设超高层、世界级的摩天大楼确实没有经验。两位老总让我俩做的第一件事就是召开专家座谈会。李国豪等 10 余名专家听到外经贸部要在上海建摩天大楼都挺振奋，积极建言献策。以前我们担心上海市软土地基，上海“滩”、上海“滩”，“滩”上能建摩天大楼吗?

专家们指出，技术上是可行的，无非就是桩打得深一点。地质专家还说，虽然陆家嘴在江边，黄浦江冲刷这么久，还能形成这么一个凸出来的平地，说明它的地质条件是比较好的。

李国豪还说，在上海建摩天大楼，要考虑是否能承受 12 级台风、承受 7 级地震，大楼的高宽比不能大于 7，比如要造 420 米高，那么底盘直径不能小于 60 米。这个专家座谈会给我们增添了许多信心，这件事真的可行。

广受赞誉的“古塔”式设计

1993 年 2 月，我们准备在全球招标。任务书上明确主要功能是办公、酒店、观光和商业零售。明确由专家评审委员会投票将比较好的方案递交给外经贸部的领导定夺。没能中标的方案我们也会给予一定的补贴。

在兰生大酒店召开的招标会吸引了美国 SOM 公司、日本日建设计等 10 余家知名设计公司。5 月，各个公司的设计方案都反馈来了，马上召开专家评审会，这时出现戏剧性的一幕，15 位专家中有 2/3 投票给了 SOM 公司，可以说是绝对性的优势，另有两家公司并列第二。于是我们把这三份方案交给了领导。

当时上海市市长吴邦国、外经贸部部长吴仪都非常重视，吴仪要求部领导一个个表态，所幸，领导和专家的意见吻合。最后，就确定由 SOM 公司设计。

事实上，这个设计方案非常漂亮，后来获得了伊利诺斯世界建筑结构大奖、新中国成立 50 周年上海十大经典建筑金奖第一名。

这个设计的杰出之处在于巧妙地将世界最新建筑潮流与中国传统建筑风格结合起来。当时主设计师和我们讲，他一直很喜欢中国的“宝塔”，他研究过中 2000 多座宝塔，用料、造型各不相同。所以在金茂的设计中他融入了宝塔这个意象，而不是简单照搬，而且用最现代玻璃幕墙等建筑材料体现。

金茂大厦的平面构图是双轴对称的正方形，立面构图是 13 个内分塔节，由下而上、四角内收。从平面正方形对角线上看，构成两个最佳的视角。金茂大厦上小下大，逐节加宽，像一尊摩天宝塔，巍峨神奇。环顾仰望，金茂大厦似塔似碑，形体不断变化，母题不断重复。层层向上收的体形使得它充满中国古塔的神韵，但高科技的材料却使它随着昼夜更替，阴晴变化，远近高低视点的改变而或金或银，或蓝或灰，或隐或现拥有东方美人般的细腻感。可能正是这种特性，使得我们在接近它时从未感觉到压迫。

金茂的体量非常巨大，但并非大而无当，这其中体现了设计师对于中国古典建筑的理解，我们可以看到九曲桥飞跨在中庭中，可以看到江南月洞门从后院深处走到前厅中庭，可以看到北方民居花格窗由百姓门面变成金拱顶饰，还可以看到铜雕壁饰龙凤虎，演绎五千年汉字的进化。

金茂大厦所表述的中国传统文化符号，充满个性，相互映衬，珠联璧合。当时建成后轰动一时，被誉为“人工建造的最高最美的宝塔”。

但设计也并非一蹴而就，光深化设计我们又花了九个月的时间。SOM 公司作为主设计公司自己又请了九家顾问，分别为他们设计污水处理、垂直交通、玻璃幕墙等提供专业技术支持。

记得我第二次去芝加哥 SOM 公司时，看见他们交出来的裙楼的设计稿，真是让我大跌眼镜，他们把具象的二龙戏珠造型放在了裙楼顶部。经过若干次的修

改，裙楼从围绕主楼一圈，变成和主楼分离，独立成一幢。

有人说裙楼像一本翻开的书，有人说像一艘游艇，有人说像一尊雕塑。我觉得在像与不像间给人想象的空间，这才是成功的设计。

挑战业主自管建设模式

确定了设计方案，这么大体量的超高层建筑，怎么建、怎么管？

我们既听取了设计公司SOM公司的建议，也走访了当时上海比较高的建筑——证券大厦。他们采取的是PMC（项目管理承包）方式，请了一家英国公司代为管理，业主感觉这家英国公司业务过关，但在中国显得有些“水土不服”，没达到他们预期的效果。我们还走访了北京国贸中心大厦，他们采取的是EPC（工程总承包）方式，请了一家法国公司管理，业主反映，要价很高。

金茂大厦是外经贸部牵头，好多家央企出资兴建的，50多亿美元能凑出来实属不易。领导决定还是要花最少的钱，办最多的事。于是，我们没有采取委托管理的模式，采取了业主自管模式，就是各个小项目的招标、管理、协调都由我们自己掌控。这么大的超高层建筑，千头万绪，不是我们几个人能搞定得了的，金茂大厦筹建办公室开始招兵买马了。

早在我负责筹建兰生大酒店的时候，我去华亭宾馆请教过，他们告诉我一条非常有益的经验教训，筹建办的人不在多而在精，否则会相互扯皮或者出现决策困难，影响效率。所以我们金茂筹建办一共就20多个人。设计深化工作完成后，就开始了总工程大小项目的招标工作。

地下工程主要是打桩、打地基，我们找了中国的上海建工、中建集团等三家公司。地上工程我们为了出小钱，办大事，分成了很多分包项目，其中钢结构由日本公司承包，玻璃幕墙由一家德国公司承包，电梯由三菱电机负责，强电由法国公司承包，弱电智能系统由新加坡公司承包，消防工程由瑞士公司承包，酒店的内部精装修由六家公司承包，一共有四十几种分包项目。

这么个“多国部队”，必须由有资质的“总包”负责统筹协调，但建筑结构室外工程的总包是由建工集团牵头的，联合了德国和日本两家公司。这样问题就出现了，分包看不起总包。因为当时中国的建筑公司确实在建设摩天大楼方面没有经验。让建工集团牵头负责也是出于控制成本的考量，外国公司的报价我们实在承受不起。

协调分包和总包的矛盾

金茂和建工集团可以说是互相支持、互相成就了对方。做完我们这个项目，建工的老总对我说，我们建工是有名又有利。完成摩天大楼的建筑挑战对他们的确是一种超越。这是一种双赢，中国的企业在这种历练中成长。

但在建筑初期，面对分包外国公司对总包建工集团的刁难，我们的原则一要管、二要帮。每周的例会，我们都让建工集团主持。每家公司的账单没有建工集团的签字我们就不付账。

负责设计的SOM公司对于每种材质的用料都有明确的用料规范，有家法国公司在建设时，买了一家镇江小公司的电线管，不符合用料规定，但大量的管子已经送到施工现场，建工集团按工程质量规定要求他们退换，法国公司很不配合，一直闹到我们这，我们也很强硬，法国公司最后只好全部退货，按我们的要求重新采购。

还有一次，在铺设楼面桁架时，一家公司把“重心线”弄成了“中心线”，建工集团要求他们整改，他们同意了。第二天一早，他们就说已经连夜整改好了，并封起来了。监理方也无法判定到底整改得怎么样，于是我在会上当场决定，这批产品全部报废，这其实也是我们业主方在向大家“做规矩”，细节上一定要一丝不苟，否则大问题上出了安全问题就无法挽回了。

这么多家公司同时施工，如何保证质量？除了建工集团的掌控，我们又特别请华东设计院做工程监理，只负责一件事情，就是工程质量，不管什么时候、什么地方有施工，一定要有人盯着，管好工程质量。

前后七年，无数个不眠之夜，金茂终于落成了，支撑我们的信念就是为荣誉而战。

（作者时任上海金茂大厦筹建办副主任　潘璐 / 整理）

梁灵光　筹建广深铁路复线和广深高速公路

交通运输是广东国民经济的薄弱环节之一。广东坚持“两条腿走路”的方针，水陆空结合，国家、集体、个人一齐上。

修筑广深铁路复线

广（州）深（圳）铁路全长147公里，在深圳罗湖与香港九龙铁路相连接，是我国重要的对外贸易铁路运输线，随着深圳市的建立和我们扩大对外开放，进口货物和旅客大量增加，单线难以满足运输需要。因此，国家决定修筑广深铁路复线。这本来是属于国家投资兴建的大型项目，但由于铁道部资金紧张，不再投资。我们与广州铁路局研究决定引进外资，由广州铁路局牵头，省市合起来修广深复线。

1984年经过申请，国务院批准成立广深铁路公司，负责对全线进行经营管理和建设复线的工作。

建设复线需解决资金和征地两大问题。在资金方面，向外商贷款，等铁路建成后提高运价还贷。征地方面，就较复杂难办。大家扯来扯去，拖延时日。

在广深复线开工典礼大会上，我宣布说：“为了保证广深复线的顺利建成，所

有用地先征后购，即先征用了再讲价钱，希望沿途有关干部大家合作，发动群众共同解决我们的交通运输问题，加快广深复线的建设。”杨其华等人按这个办法，多方洽谈，终于解决了沿线征地问题。

广深铁路公司打破传统的管理体制，在全国铁路范围内，首先实行“自主经营、自负盈亏、自我改造、自我发展”的全面经济承包责任制，实施“以路养路、以路建路”的政策。他们利用国家给予“按现行运价提高一半和只按照固定比例递增上缴利润”的优惠政策，投入复线建设。结果，广深复线仅用两年时间便建成投入使用。广深铁路公司还引进和改建了 65 辆客车，基本实现空调化。广深复线建设成功，为我国利用外资和地方修筑铁路提供了经验。

广深高速公路通车

20 世纪 70 年代，广东公路质量差、等级低，加上珠江三角洲河网纵横，汽车渡口很多，交通堵塞非常严重，有时要等几个小时才能通过一个渡口，回乡探亲的港澳同胞和各地旅客对此反映十分强烈。

我来广东之后，主要抓广（州）珠（海）、广（州）深（圳）公路大桥等工程建设和以广州为中心的干线公路改造。

广东酝酿建高速公路在国内是最早的。1978 年底，港商胡应湘就向广州市工商联主委梁尚立提出，想投资修建一条联结香港、广州、澳门的高速公路。梁尚立把胡应湘的这一愿望和构想转告省交通厅，但拖了一年没有回音。

1980 年冬，刘田夫访问澳大利亚，回国时路经香港，胡应湘向他详细讲了修筑省港澳高速公路的构想。不久，胡应湘应我们邀请，到达广州，向任仲夷、刘田夫和我详细谈修建省港澳高速公路的必要性和具体构想，呈上线路走向的草图。我们考虑到珠江三角洲的飞跃发展，深感修筑高速公路很有必要，因此，赞成胡应湘的提议。但胡应湘第一次与省交通厅谈判不欢而散。

1981 年 5 月 5 日，梁尚立写信向我以及刘田夫、任仲夷汇报会谈情况。5 月

8 日，我在信上批道："仲夷、田夫、全国同志：胡应湘对广州及深圳经济合作方面的态度比较积极，是应当争取的对象。他建议在两个月内进行'货比三家'，确定对象后再投资进行勘察调查，进行可行性研究，请交通厅加以考虑，抓紧进行，否则很可能长期拖下去。"

任仲夷、刘田夫、李建安都同意我的意见。6 月 27 日，改派省经委副主任魏震东，原省交通厅厅长李牧再次与胡应湘会谈，双方签订了合作意向书。

1982 年 4 月 12 日，省长办公会议决定高速公路上马。4 月 30 日，正式成立广深高速公路领导小组，组长李建安，副组长曾定石、刘俊杰。同时，成立了以李牧为组长、胡应湘为副组长的广深珠高速公路联合委员会，立即组织可行性研究工作。

我接任省长后，认为要加快筹建高速公路，于是去找任仲夷，对他说："日本的铁路主要是运客的，货物运输主要靠高速公路，用汽车直接从厂里运到码头，十分方便。外国人计算过，500 公里的半径范围内，公路运输要比铁路运输上算，所以，我主张尽快搞高速公路"，他表示同意。

1983 年 7 月，广深珠高速公路的可行性研究报告搞出来了。9 月 29 日上午，我主持召开省长办公会议，讨论这一报告。参加的有李建安、王焕、赖竹岩以及有关部门的负责同志。会议认为，解决广东的交通问题，光靠铁路、水运还不够。随着广东经济的发展，收回香港和南海石油的开发，有必要修建一条联结广州、香港和澳门的高速公路。这对促进珠江三角洲的经济发展将起很大作用。因此，我省对修高速公路应该采取积极态度。会议责成省计委按讨论意见代省府拟文上报国家计委审批。次年 5 月 5 日，国务院批复广东省政府，原则同意利用外商贷款修筑广深珠高速公路。

1984 年 10 月 3 日，经我们同意，省交通厅和胡应湘签订正式协议书。但省外经委的一位处长竟因是"合作"还是"合资"一字之差，拖了 7 个月还未批。我查明真相，严厉批评了有关部门的官僚主义行为，并于 1985 年 7 月 3 日，亲自主持召开省政府常务会议，正式批准了《协议书》。

1986 年 3 月，胡应湘赴京参加全国政协会议，拜会相关领导人，向其汇报沙角电厂 B 厂及广深高速公路施工及筹备工作进展情况，提议成立高速公路领导小组，由我任组长，李建安任副组长，全权负责领导工作，得到相关领导人的赞同。

同年 4 月 21 日，他写信给叶选平省长抄送给我，正式向省政府提出这个问题。信中写道："由于梁灵光顾问曾担任广州市市长和广东省省长多年，具有丰富的领导经验，在全国各级干部中享有威望。本公司在广东省参与的各项投资，多年来亦获得梁顾问支持协助，如 1984 年沙角火电厂 B 厂项目仍在磋商合同细节期间，当时的梁省长深明该 70 万千瓦电厂对广东省经济发展具有重要意义，故毅然采取边谈边建的灵活措施，一方面向中央上报，一方面批准土建，先行动工，从而节省不少宝贵时间，同人对梁灵光先生的远见深表钦佩。"

我和李建安交换意见后，5 月 27 日，写信给林若、叶选平等同志，提出"省对高速公路筹建工作及组织领导确需加强，但这个工作牵涉面广，实际工作十分繁重，我已退居二线，不适宜再兼任这个职务，而应由省委、省政府指定一位书记或副省长负责并抓紧开展工作，以期早点动工，早点投产，以适应整个珠江三角洲发展的需要"。

后来，省委、省政府确定由匡吉副省长负责这项巨大工作。这条高速公路我只参与了前半段工作就没有参加了。我和任仲夷都对胡应湘提出过，希望这条路成为中国第一条高速公路，后来听说，中间扯皮的事情很多，时间拖得很长，投资也大大增加，耗资近百亿元。

1994 年 5 月，广深高速公路终于胜利通车，在通车典礼之前，匡吉和胡应湘特地邀请任仲夷老书记和刘田夫、梁灵光、叶选平、朱森林等历届省长一起先在这条新铺的黄金通道上畅跑一趟。

（作者时任广东省省长）

刘能芳　盐田港——小渔村里崛起的世界知名大港

建港初期的回忆

盐田最初建港是由广东省提出的。那时广东省需要大量工业用煤，省内不产煤，广州港自然条件太差，大船无法进港，因此广东省做了大量的调研工作，想将盐田港建为煤码头，供应全省工业用煤。深圳市则在城市发展战略中提出将盐田港建设成为大型国际集装箱中转港。计划一出台，就遭到了来自地方各方面的反对。在市委、市政府领导的不懈努力下，才逐步得到中央政府的认同与支持。

盐田港的前期筹备工作始于 1985 年，1987 年底起步工程正式动工。但由于资金的巨大缺口，以及规划修改等方面的原因，总投资 9 亿元人民币的一期工程，直到 1993 年才正式完工。

1991 年底，我由香港招商局仓码公司正式调任东鹏公司（盐田港集团前身）总经理。到任后，分析了目前港口的现状及与香港港口的差距，我向组织部提交了一份公司发展规划。我认为盐田港的发展关键是做两件事。

一是开港。开港前每次靠船都要先到广东省口岸办审批，再与所有联检单位联系妥当，才能进行船舶操作，给港口业务的开展造成了极大的不便。经过多方

努力后，1992 年 11 月 11 日，国务院终于批准盐田港正式对外开放，为盐田港的发展奠定了基础。

二是提高港口设计吞吐能力。当时一期工程两个万吨级泊位的年设计吞吐能力为 16.5 万标箱，规模太小，我们花了很多精力，进行了大幅度调整，将年设计吞吐能力提升到 50 万标箱。将原来港区内所有的辅助配套设施全部迁移到港外，扩大了堆场面积；并购进三台岸吊，这种机械配备在当时的中国是很超前的。

此外，我认为要将土地控制住，保证港口具有充足的后备用地。并建议在横岗、平湖预留 30 平方公里的土地，作为港口长期发展的后方陆域。然而，遗憾的是，这些建议并没有被采纳。现在盐田港后方陆域狭小，道路拥堵，严重制约了盐田港的长足发展。

与香港九龙仓公司的合作谈判

长期以来，盐田港的发展由于建港资金的严重缺乏，发展速度非常缓慢，远没达到市领导的要求，早在 1988 年，东鹏公司原领导班子就与香港李嘉诚的和黄公司进行了初步接触。提出作价 6 亿元人民币，将红线内 6 平方公里的土地及建港岸线一起转让给和黄，由于方方面面的原因，双方未达成合作意向。

1992 年初，我们与香港九龙仓公司进行接触。双方首次见面，九龙仓公司方面由包玉刚先生生前的主要助手李唯仁主持，李先生一开始就以居高临下的态势与我们谈话，首先对盐田港进行了 30 多分钟的不利港口建设和发展的因素评论。我方在座的几位同事几次沉不住气想从中打断他的话，在我一再阻止下，才好不容易让李先生把意见表达完毕。

李先生发言一结束，我本着在商言商的原则及我对香港港口情况的了解，提出了四个问题请教李先生。

我说：一、香港可建设深水集装箱泊位的岸线较多，但后方陆域都十分狭小，大量集装箱泊位陆续落成后，其陆路交通问题应如何解决？二、香港集装箱码头堆场严重不足，现在和将来的矛盾应如何处理？三、据我所知，香港港口70%以上的集装箱吞吐量都是与国内有关联的，内地全面对外开放，码头建设越来越多，香港港口的发展前景又将如何？四、内地开放后，香港工业将会慢慢北移，那么集装箱生成量会随着工业一起北移，若如此，香港港口应如何适应这个发展趋势？

沉默了几分钟后，李先生不得不坦诚地说："就是因为你提出来的几个问题，我们解决不了，所以才来与盐田港谈判合作。"认识上比较一致了，为此后的谈判奠定了基础。

会面后，我们立即向市领导请示是否同意合作，采取何种谈判策略。李灏书记表示，目前我们既缺乏资金又缺乏技术，寻求与外资合作是建设发展盐田港的必由之路。这为与外资合作谈判铺平了道路。

第一次会面后，九龙仓开始准备详细的策略方案，计划在武汉设立大型集装箱中转站等工作也迅速开展。李灏书记抓得也非常紧，他把我叫到办公室，问我有什么想法，准备如何开始合作谈判，我都一一作了详尽的汇报，并表示将在一个星期内拿出一个具体方案送交给他。

我根据有利于港口发展及方便合作谈判的原则，提出"一揽子计划"，将所有项目合并转让，不做单项谈判，标价18亿元外汇人民币，外方占70%，我方占30%。李灏书记和其他市里主要领导，又详细地询问了相关情况，我们解释因为当时港口建设借了很多外资贷款，不用外汇人民币无法还债。并简单算了一笔账，当时盐田港一期工程总耗资9亿多元人民币，除去各种还款、利息及合资后中方应注入的股比资金5.6亿元外，还可获得2亿—3亿元现金，可以利用这笔钱进行陆域开发，投资船公司及相关辅助行业。当时香港建设如此规模的码头需20亿—30亿元港币，因此，我们认为这个价格比较合理，对方也比较容易接受，这个方案得到李灏书记及市主要领导的首肯，成为合作谈判的方案。

1992年7月双方开始了历时半年多的细致谈判。

在1993年初的一次谈判中，李唯仁先生将价钱压到18亿元港币，当时港币与人民币的汇率为0.78∶1，比较接近标的，我们内部开始进行紧张的商讨。

然而这次谈判后的第三天，李嘉诚先生一行多人来到深圳要求与市领导见面，李灏、厉有为、朱悦宁等深圳市主要领导都参加了会面。

会谈中，李先生提出：盐田港是否通过国际招标寻求合作伙伴？如果能，是否价高者得？并呈上一份同意出资 25 亿元外汇人民币购买盐田港的信件。

市领导立即将谈判进展情况上报中央。杨尚昆主席指示，可由两家公司与我们合作，股比分配原则为 A+B>C，即任何两家的股比加起来一定大于第三家，此方案得到李鹏总理的支持。

三方谈判正式开始，在谈判过程中，和黄坚持占大股，并要掌握经营管理权；九龙仓则要求三家股东轮流掌握经营管理权，每三年换一届。

经过多次磋商，三方确定了 4∶3∶3 的比例，即和黄占股 40%，其余两家各占 30%，李鹏总理亲自来到深圳主持签约仪式。然而九龙仓忽然提出“不会拿钱买鞭炮给别人放”的理论，导致谈判陷入僵局，签约仪式流产。接着九龙仓又提出将股份退至 5%，但要求其余 25% 股份转给中方，三方进入相持状态。

最终九龙仓决定退出谈判，接下来进入了盐田港与和黄的谈判阶段。双方经过历时近一年的艰苦细致的谈判，终于准备签约，却又出现了一个严重的问题。我们谈判的币种是外汇人民币，定价时人民币与港币的汇率比为 0.78∶1，而谈判即将结束时，汇率变为 1.41∶1，这就意味着国家将遭受近一半的损失。

就此问题，厉有为市长、朱悦宁副市长率领我们专程到北京向邹家华副总理请示汇报。邹副总理专门召集外汇管理局相关领导开会研究，邹副总理问参加会议的外管局局长能否预测未来几个月外汇汇率走势，外管局局长做了否定的回答。邹副总理当即决定，既然大家都无法预测未来的外汇汇率走势，那么就按国际惯例，以合同签订的前三天，人民日报公布外汇牌价的平均值计算。

1993 年 10 月 5 日，双方在北京钓鱼台国宾馆签订了合同，合同签订时人民币与港币比价为 1.03∶1，中外双方严格遵守合同条约，中外合资建设经营盐田港的序幕正式拉开。

经过十多年的合作，我认为我们双方基本上达到了一种互补、共赢的局面，充分发挥了各自的优势。从港口的本身行业性质来讲，合作不是一种短期行为，需要有一种长期发展的思路，要用长远的眼光看，要用多视角来考虑问题。

合资公司成立之初，李灏书记给了我三项指示：第一，要千方百计把港口规模搞上去；第二，要保证国有资产不流失；第三，要加大力度培养优秀的港口管理人才。这是一个非常有深度和前瞻性的指示。

公司成立后，合资双方恪守合同条款，一心一意、实实在在搞港口建设，集中精力发展业务。在深圳市历届领导的支持与关怀下，在合资双方的共同努力下，在经济发展的推动下，盐田港终于取得了举世瞩目的成就，创造了世界港口发展史上的一个奇迹。

在短短的十几年的时间里，盐田港由一个默默无闻的小渔村，一跃而成为集装箱年吞吐量超千万标箱，每周拥有数十条通往世界各地的集装箱班轮航线，能够停泊和操作全球最大的集装箱船舶的世界级知名大港，为深圳市及珠三角的经济发展起到了推动作用，为深圳市物流业的发展奠定了必要的基础。

和记黄埔集团发挥的特殊作用

没有和黄的加入，盐田港依旧会发展起来，但是，没有和黄的加入，没有和黄对二、三期工程最佳投资时机的把握，盐田港将错失重要的发展机遇，我们也就不会看到盐田港今天的规模和成就。

成立伊始，盐田国际的管理者就把公司的目标设定在建设“世界级港口”的高度上，在当时看来，难免让人觉得有些好高骛远。过去我们中国企业有一句话，叫作有条件要上，没有条件创造条件也要上。

在这种理念下，一个企业的发展经常会困难重重，勉强而为之。而盐田的管理理念则是只有条件允许才可以上，事先做好策划，并按照计划保证人、财、物力适时到位。这就使得我们管理人员能够全副精力地专注于管理工作。

和记黄埔经营香港货柜码头有着 30 多年的经验，而内地在这方面起步晚，经

验不足。成立之初，盐田国际就直接借鉴了和黄的管理模式，使盐田港的发展跃过几级台阶直接从一个较高的平台起步。而和黄的国际性背景、品牌信誉以及多年经营港口与客户建立起来的良好关系，更为盐田国际与国际市场接轨架桥铺路，为中国集装箱港口走向世界提供了快速通道。

我们以前在设备配置方面根深蒂固的原则是“设备的利用率可以达到多少”，并认为“设备多了、设备使用率不高就是对投资的浪费”，而盐田的观念是“现有的设备能不能满足船期，能不能按客户的要求迅速地完成装卸任务离港”，一个是站在自己的角度，一个是站在客户的角度，这是完全不同的理念。这一切，现在看来不足为奇，而在当时却给艰苦奋斗惯了的中国港口管理人员带来极大的冲击。

一期工程码头前沿岸吊轨道的加固改建、岸吊防风锚定装置的增加以及增加购进三台岸吊，都是在国内码头认为可以操作的基础上增加的投资。按照国内建集装箱码头的标准，这些都是不必要的投资，但是大家发现，从实用性、安全性上讲，盐田港的建设标准和设备配置都是科学的。现在，不仅盐田港，国内很多码头都在这样做，这就把中国集装箱码头的建设标准带到一个新的高度。

目前，盐田国际水准的港口建设模式已被全国各地的集装箱码头沿用。交通部官员在谈到集装箱码头的施工质量时，常常以盐田港的具体做法作为例证。盐田国际二期工程亦获得了建设项目的国家级最高奖——鲁班奖。

我们的服务标准要求我们建立起全新的客户服务理念，而客户服务理念，从本质上来说就是竞争的理念，这是适应了改革开放环境下市场经济的理念。这一观念的建立，对于成长在中国内地的员工来说，是一种冲击，也是在职业道路上一次全面的提升。这对于我们培训国际性的人才是至关重要的。

引进外资，不是引进几个亿的资金问题，更重要的是引进先进的管理理念，并让这些先进的理念在行业内得到推广，从而推动行业的发展。过去十年，盐田国际在中国集装箱港口业的发展中起到了极为重要的示范作用，这对中国集装箱港航业的发展，对合资企业经营管理模式的探索，都产生了积极的推动作用。

（作者时任盐田港集团副总经理）

吴祥明 **磁浮列车，见证中国速度**

2000 年 10 月，我被任命为上海市磁浮快速列车工程指挥部总指挥。这是一个吸引全球目光的工程——德国和日本各有一条磁浮专线，但都只是实验用途。而我们的目标，是投入商业运营的磁浮快速列车。

碰到的问题当然很多，一本 300 多页的磁浮工程可行性报告，我折了 200 多个角，每个角都有至少一个必须弄明白的问题。但有问题是必然的，并不可怕，可怕的是找不到问题，我坚信以科技创新为核心的技术管理是确保项目成功的关键之一。

上海磁浮项目采用德国高速常导磁浮技术，技术系统大体分为车辆、控制、驱动和轨道梁及土建工程，其中轨道梁在德方技术转让的基础上由中方设计、制造，上建及设备安装由中方负责。当时遇到最大的一道“槛”，就是轨道梁。它既是列车的承重结构，又是驱动列车直线电机定子的附着体。建造精度高，允许偏差仅 0.3—0.4 毫米，是以机电产品的要求来实施的土木工程。在线路转向地段，轨道的三个功能面都是扭曲面。

为满足线路高精度的空间要求，按照德国方面的输出技术的要求，必须用 6 轴（x、y、z、α、β、γ）数控机床对整根梁的功能区进行空间曲面加工。但限于条件，我们当时只能找到 5 轴数控机床，而从国外进口一台这样的机床，至

少需要两年周期。我们召集国内各路专家商讨解决方案，达成共识并最终提出了以直拟曲的三级拟合和用两台5轴数控机床联动的加工方法，在确保技术要求的前提下保证了工程进度。

磁浮轨道梁的结构，德方根据系统要求，提出采用双跨连接梁形式，以减少轨道梁的结构变形。但是这样设计出的轨道梁长50米、重350吨，且为外部超静定结构，运输和吊装都非常困难，我们的项目组研究开发了一种“先简支，后连续”“静载简支，活载连续”“侧向简支，竖向连续”的准连续梁结构，同样在确保技术要求的前提下大大简化了加工、运输、安装工艺。

特别值得一提的是，我们在磁浮快速列车工程建设中引入了“安全评估”制度，确保项目质量。

安全评估是指由政府主管机构认可的第三方评估机构，对项目的系统、子系统、设备是否符合规定的安全要求以及对项目预定的用途是否安全进行分析、评估。这一对保证项目的质量极为重要的程序在欧美国家已经普遍实行，但我国目前还没有建立相应的法律制度。

我们在高速磁浮项目上引用，取得非常好的效果——一批独立的第三方机构和技术人员在设计、制造、安装调试、试生产的全过程中进行独立的监督检查，在测试过程中，甚至要检查软件的源代码。在评估工作的基础上再由政府主管部门的技术人员对评估报告综合分析，消除所有发现的影响安全的缺陷后，代表政府批准评估报告、允许投入运行。

磁浮工程总投资为100亿元，我们这个管理团队坚持的还是那句话：“首先，剥夺每一个人的特权！”在浦东国际机场建设中行之有效的“无底标招标”，再次被成功地运用到磁浮项目建设中。工程的各类项目设计、施工、监理招投标一律不设底标，相关单位自行计算工程量、材料数量、工程总价。评标人员根据各投标企业的平均报价，得出商务标基准分，再综合商务标和技术得分，选择得分高的优胜企业。这样一来，原先找关系打听底标值的人无处“下手”了。

我们指挥部上上下下总共160人，50人负责科研、60人负责建设、50人负责运营，平均年龄 32 岁。我们坚持“借外脑”，通过社会化、专业化的分工，动用社会力量进行工程管理。

2002 年 12 月 31 日上午 10 时，朱镕基总理和德国总理施罗德为上海磁浮列车通车剪彩——世界上第一条投入商业化运营的磁浮列车示范线路在上海通车。此时，距 2001 年 3 月 1 日上海磁浮工程打下第一根桩只有 22 个月。从龙阳路到浦东国际机场 30 公里的路程，磁浮列车运行的时间不到 8 分钟。

2012 年 5 月 24 日，我接受“上海工程师继续教育公益讲座”主办方邀请，与晚辈工程师分享了“重大工程的组织实施与管理”的一些心得。

我提醒大家，公共投资项目，是中级政府为实现其辖区范围内经济和社会发展，使用公共财政（或其变相形式）投资建设的市政、交通、文化、教育、体育、环境等工程。项目的效果影响较大，也受到公众的格外关注，大多属于重大工程。

此类投资项目的总投资，少则十几亿元、几十亿元，大一点的项目，上百亿元，以至数百亿元，数额巨大，且来之不易。每个项目管理人员责任重大、务必小心谨慎、认真负责地管理好所承担的项目。

归根结底，事是人执行的，“人是第一重要的”。组织实施和管理重大工程，就是要充分利用可能获得的资源，正确处理费用、时间和质量（包括功能）三大目标之间的对立统一，必须恪守法律和道德的底线，严格遵守程序，注重细节、敢于创新，科学合理地组织工程建设。

（作者时任上海市磁浮快速列车工程指挥部总指挥）

李观裕　**海湾大桥通车，天堑变通途**

坡头区位于湛江海湾东岸，翻开坡头区的历史，多少年来，海湾东岸的群众到湛江市区，唯一的出行方式是乘坐轮渡，若遇到天气变故，只能望海兴叹。

这一历史至2006年3月30日戛然而止，因为这一天湛江海湾大桥建成通车，天堑变通途，巍巍的大桥，把百年的梦想变成了现实。

湛江海湾大桥解决了湛江海湾东西两岸相隔的交通瓶颈问题，使霞山、赤坎、坡头三大区域连成一个整体，为湛江“一湾两岸”城市建设奠定了基础，催生了“海东新区”。在构建美丽的海滨港口新兴大城市建设的棋局上投下一枚“活子”，湛江城市建设将满盘生辉，促使湛江成为南粤经济发展的新亮点。

时任坡头区交通局副局长的我，具体负责海湾大桥建设的协调工作，亲历海湾大桥的策划、筹建、立项、规划设计、建设管理的全过程。

海湾大桥的规划历尽艰辛

湛江海湾深入陆地达30公里，霞山、赤坎和坡头隔海相望，往来只能靠舟楫相渡，平乐渡口是广东省最后一个公路轮渡。

从20世纪90年代初湛江就开始规划建设海湾大桥，然而对于横跨3981米，水深20米，净空48米，通航净宽400米，可通航5万吨级货船的特大桥梁，工程投资13亿元以上，包括东通吴川西南接雷州的连接东线公路工程投资19亿元的特大工程，多少人望海兴叹，多少人谈桥色变，多少人为建桥争议不休。但是，湛江人民雄心不改，十年为之奔波，走出了一段艰辛的历程。

1992年10月6日，湛江市委常委会对湛江海湾大桥建设进行专题研究并做出筹建湛江海湾大桥的决定。自此，湛江人民擂响了建设海湾大桥的战鼓！

1993年4月19日，湛江市政府与省交通厅联合在广州召开湛江海湾大桥工程可行性研究报告评审会议。1996年5月省计委批复。1998年12月，省委、省政府认为条件未成熟，要求再做前期筹备工作。

1999年4月，省公路设计院完成《湛江海湾大桥建设项目工程可行性研究报告》的修编工作。2000年2月，省路桥公司与湛江交通路桥公司签署合作经营合同，同年8月份市政府成立筹建处。2002年3月，市成立湛江海湾大桥建设协调指挥部，7月成立湛江海湾大桥有限公司，11月26日，海湾大桥举行开工奠基典礼，拉开建设海湾大桥的序幕！

大桥筹建足足用了10年的时间，付出了巨大的代价，走过了漫长而艰巨的路程，体现了湛江市委、市政府的决心和毅力，体现了沿海开放城市交通建设的壮举！

海湾大桥建设的十大亮点

一道彩虹横空出世，湛江海湾天堑变通途，亮出一道美丽的风景。亮点主要突出在工程建设上。

亮点一：造型美观大方的火炬形曲线桥塔，其气势雄伟壮观，让人赏心悦目，属国内首创。

亮点二：圆弧形的钢箱梁内部采用桁架结构，属国内首创，两个墩基长度超100米，是迄今广东省内第一长桩，在国内罕见。

亮点三：高 6.5 米，体积近 9000 立方米，其面积相当于四个篮球场大的主墩承台，是广东省内最大的桥梁承台。

亮点四：主桥的斜拉索在钢梁锚固采用简洁的锚拉板技术，斜拉索表面压花气动抗风措施属国内首创。

亮点五：桥梁的抗震支座设计具有国际领先水平。

亮点六：桥墩防撞设施研究解决 5 万吨级以上轮船撞击的世界性难题。

亮点七：桥梁健康监测研究属国际首创，是和美国专家合作的，具有国际领先水平。

亮点八：省内首次使用自行设计的移动模架造桥机进行水中箱梁的施工。

亮点九：大桥主桥在钢板上直接浇铺沥青路而也属国内领先水平。

亮点十：大桥东西两侧各规划建设一个约 500 亩的桥头公园，使桥梁与海滨绿化城市融为一体，景观亮丽，属国内首创。

海湾大桥建设体现湛江人干事创业的精神

海湾大桥是广东省继虎门大桥之后建设的最大规模的桥梁工程，被誉为“广东第一桥”。其气势宏伟，利技含量极高，工程难度极大。但英雄的大桥建设者，始终以创建国家优质工程鲁班奖为目标，严格管理、科学决策，从施工到合龙，历经四年奋战，无论是严谨认真的专家，还是挥汗如雨的工人，他们用汗水筑起巍巍的大桥，建成我省的又一品牌工程。

坡头区委、区政府积极协助海湾大桥及东线公路的建设工作，用短时间征下大桥及公路用地，协助大桥公司做好相关工作，创造一个良好的施工环境，为海湾大桥及东线公路建设助一臂之力。

横空飞架的海湾大桥，记录了湛江人民的自信与伟大，承载着港城儿女的梦想与光荣；海湾大桥，过去不敢想，想了不敢做的事，现在建成了；海湾大桥，十年的艰苦筹建，四年的拼搏，体现了湛江人民坚韧不拔、发愤图强的精神，体现了湛江人民想干事、敢干事、会干事、干成事的本领。

海湾大桥是实现湛江市快速崛起的引擎

湛江海湾大桥的建成通车，坡头迎来了跨越发展的良机，湛江城市建设形成“一湾两岸”的新格局，海东新区规划新城，充满魅力，湛江城市建设彰显着新的优势。

交通规划建设方面：一是海湾大桥建成后，广湛公路至海南，省道 S373 塘企线比国道 G325 线、G207 线缩短 40 公里，交通便利，公路档次高，产生巨大的社会效益和经济效益；二是实现海湾两地人梦寐以求的愿望，方便了两岸群众的出行；三是拓宽市区东部出口公路，对构建湛江港湾两岸主干快速公路圈建设打下了良好的基础。

坡头区委、区政府着重规划坡头区的现代化交通网络，正在建设的海东大道，以广湛高速公路出口的官渡立交为起点，沿海湾东岸经海湾大桥东连接线，然后继续向南，经坡头区政府和南海西部石油公司所在地，再接南三大桥。海东大道对市区经过海湾大桥快速上高速公路，更好地发挥海湾大桥的作用，构建了沿海快速主干公路圈。

同时，修建廉坡公路（包括坡麻线），与广湛公路 G325 线，塘企公路 S373 线形成两纵两横的“井”字形主干公路网。在海湾大桥东线公路旁筹建大型客运枢纽站、货运枢纽站以及沿海修建货运码头、旅游码头、游艇码头、渔人码头，使坡头区形成“海陆空”的现代交通网络，为坡头区经济建设当好排头兵，打造坡头“一园一区一带一岛”经济发展平台，促进坡头区“北上中商南旅”的现代化都市布局快速建成。

城市规划建设方面：霞山、赤坎、坡头三个区连成一片，城市发展空间豁然开朗，湛江东海岸的一大片黄金海岸呈现眼前。

2013 年初，广东省委、省政府正式将湛江海湾东岸的海东新区开发建设写入

广东省政府工作报告，列入地级市城区扩容提质四个重点建设的新城区之一。

根据《湛江市海东新区发展总体规划（2013—2020）》，新区总规划面积约228平方公里，其中核心区范围41.9平方公里，起步区20.4平方公里。广东省委、省政府将海东新区定位为“国际合作的重要门户、实施海洋战略的重大平台、大西南出海主通道基地、南亚热带生态型海湾城市、粤西中心城市的新兴载体”。

目前，海东新区的基础设施、重点项目正加快建设。起步区涵盖了湛江奥林匹克体育中心、广东医学院附属医院海东分院、南粤湛江高级中学、珠影动漫文化产业中心等大型公共设施项目，都市型产业集聚区的金融中心、总部经济中心、湛江（义乌）小商品国际商贸城等商业服务业设施项目，以及科技产业园龙头园区以深圳华思科技、湛江恒光电器、深圳赛格电子等为代表的电子电器工业项目。到2030年，海东新区将建设成为集政务、商务、金融、高新科技、物流、旅游、科教、文体、休闲、居住功能为一体的生态型海湾新城。

城市景观方面：宏伟壮观的大桥，美丽的桥头公园和两岸观海长廊与高耸的城市楼房交相辉映。海滨浴场、游艇码头、五星级宾馆，还有海滨风情特色街，将成为城市的一道亮丽的景观，凸显美丽的海滨风景线，给湛江市的城市建设和经济、文化、旅游带来强大的动力和无限的商机。

如今，担任坡头区政府副区长的我，又分管交通工作，有幸继续参与海湾大桥建成通车后带动湛江“一湾两岸”城市扩容提质的城市规划建设工作。每当上班经过海湾大桥时，我都感到十分自豪和激动。

（作者时任坡头区交通局副局长）

高清源　沈大高速公路，当之无愧的“神州第一路”

1985年，我大学毕业分配到大连市公路管理处工作。从此，我就与大连市的公路建设结下不解之缘，特别是参与沈大高速公路建设的那段经历，让我永远铭记在心，不会忘记。

沈（阳）大（连）高速公路北起沈阳，南至大连，途经辽阳、鞍山、营口、大连四大工业城市，沟通大连港、营口港、鲅鱼圈港三大港口和鞍钢、辽化、辽河油田等许多特大型企业，是东北地区的一条主要公路干线。全长375公里，路面宽26米，分四车道上下分向行驶，全封闭、全立交，设计时速为100—120公里，是中国大陆兴建最早的高速公路之一。

沈大高速公路1984年6月27日开工兴建，到1986年底，全线路基基本形成，1987年大连段开始路面施工。按照省交通厅的要求，1987年初组建大连市沈大公路路面施工指挥部，负责沈大高速公路大连境内大连至海湾大桥段的路面施工。我有幸成为其中的一员，参与沈大高速公路路面施工管理。

路面施工指挥部是以大连市公路管理处1986年成立的大连市第二疏港路（朱棋路）指挥部为班底组建的。大家从不同的工作岗位，聚集在一起，听从组织安排，不计任何代价。

1984年，沈大高速公路建设之初，中国没有高速公路建设标准，特别是路面

工程，自行设计、自行施工，并采用国产材料。当时，路面半刚性基层、沥青混凝土面层，在我市公路建设史上是首次应用，根本没有经验可鉴。指挥部成员与省交通厅总指挥部一道，研究施工工艺、机械设备、材料配合比等，从德国引进了第一台沥青混凝土摊铺机，从日本引进了沥青混凝土拌和机，开展路面试验段施工。

担任大连段路面施工的队伍是当时的大连公路工程一队和大连公路工程二队（现大连公路工程集团）。根据当时两支施工队伍的长处和特点，指挥部研究决定，路面垫层与基层由大连工程二队施工，路面面层由大连公路工程一队施工。

经过四个月的紧张筹备，1987 年 4 月，沈大高速公路后盐至金州段 12.5 公里路面工程正式开始施工。在施工过程中，指挥部全体人员，与施工单位一起，风餐露宿、加班加点，没有节假日。为确保工程建设质量，指挥部一周一次调度会，对发现的问题研究解决措施。大家以对工作高度负责的精神保证了高质量的工程建设。

1987 年，后盐至金州段建成，全程 12.5 公里；1988 年，大连周水子至后盐段建成，全程 10 公里；1989 年，金州至三十里堡段建成，全程 22 公里；1990 年，三十里堡至海湾大桥段建成，全程 15 公里。沈大高速公路大连段的路面工程质量，得到了省交通厅的高度评价。

1990 年 8 月 20 日，经过六年多的努力，沈大高速公路全线建成并开放试通车。当日新华社即向全国播发了消息。消息说，它的建设成功表明，中国有能力建设一流的高速公路。中国的公路建设已跨入高速公路时代。

8 月 21 日，《人民日报》和《光明日报》在一版头条赞誉“神州第一路”的建成。其他中央级报纸都在显著版面报道这个喜讯。1990 年 9 月 1 日在海湾大桥南举行了隆重的全线通车典礼。沈大高速公路以先行者的身份拉开了我国建设高速公路的序幕，为中国交通史册掀开了现代化的一页。

鲜为人知的历史内幕是：当时从全省到国家，对这一“七五”重点建设项目的一致提法均为高等级汽车公路。高速公路概念被人为地模糊处理。这和当时一系列的改革举措相类似，“摸索”“试验”与“改变”的决策进程在一种“不得不”

的客观现实面前充满着“勇气”与“智慧”色彩。与冒险成正比的是，沈大高速公路建设之初的“省级行为”最终被演化为“国家行为”，从而开启了整个中国高速公路网的建设序幕。

今天，我们再次把视角投向这条“神州第一路”，以回眸的历史责任感从中解析大时代变革中的决策艺术，考量生产力解放的有效路径，回答“一条路与一个时代”的历史性话题。正如中国近现代史史料学会副会长、省委党校教授王建学所言:“沈大高速公路的全方位探索在今天同样有着决策启示价值！”

沈大高速公路经过十几年的通车运行后，当年建成的四车道高速公路已经不能适应日益繁重的交通需要。2002 年 5 月 28 日，沈大高速公路进行改扩建，将双向四车道的沈大高速公路改扩建成双向八车道。我再次成为幸运儿，参与沈大高速公路改扩建工程后盐立交桥的工程建设。

后盐立交桥是沈大高速公路进出我市的咽喉要道，连接着 201、202 国道，东北快速路、振兴路。大连市交通局成立了后盐立交桥项目管理办公室。该项目从立项、设计到施工，全部由我市自己组织。

在市委、市政府的高度重视，省交通厅的指导下，经过两年的建设，克服地质条件复杂、动迁难度大等困难，于 2004 年 8 月 29 日，与沈大高速公路改扩建工程同步竣工通车，后盐立交桥也成为我市城市建设的一个标志性建筑。

沈大高速公路改扩建工程，技术上又有很大改进和发展，创造了多项“中国第一”：第一条大面积使用当今世界最先进的 SMA 路面施工工艺和 SBS 改性沥青混凝土施工材料进行路面施工的高速公路、第一条告别高温车辙的高速公路、第一条八车道高速公路……

沈大高速为东部经济发达地区双向四车道高速公路的改扩建提供了成功的示范，它所采用的一些新技术和新工艺已在沪宁和沪杭高速公路改扩建工程中得到了应用。

（作者时任大连市交通局规划处处长）

王　芳　金温铁路筹建始末

2000 年的春天，我再次到温州。在温州市领导的陪同下参观了温州火车站。

驱车来到温州火车站。看上去规模不算小，车站前面，人流拥着车流，显得十分热闹和繁忙。

1997 年 8 月 8 日，经历 5 年时间建设的金温铁路全线铺通，标志着浙西南数千万人民近一个世纪的梦想，终于成为现实。这也是改革开放给温州带来的最大变化之一。

金温铁路是华东地区内地通往沿海、沟通浙西南的一条交通大动脉，起点站为金华东孝，终点站为温州龙湾，全长 251.5 公里，线路建设标准为地方一级，总投资 28.25 亿元。由于浙西南多山，金温铁路的桥梁隧道长度占线路总长的 1/5，施工难度可以和成昆线相比。

金温铁路的建成为浙西南地区的发展开辟了一条新的运输大通道，有力推动了浙西南地区资源开发，形成一条新的经济增长带。从感情上讲，也了却我的一份夙愿。

陪同我的温州市负责人说，金温铁路开通 3 年来，客运、货运每年都以翻倍的速度递增，温州站已经大大超过原来设计容量。刚通车的第一年，没有货运，客运少得可怜，只有杭州—温州一趟客车。铁路要赔本，不少人说金温铁路是政治铁路，装装门面，没有效益。想不到第二年就变了，这是始料不及的。过去我们只希望铁路早日建成，但谁也想不到今天发展得这么快。如今温州与北京、上海以及全国各主要城市绝大多数都通了车，客货流量仍在逐年增加。到莫斯科的国际货运列车今年也要开通了。

那天参观温州火车站回来后，勾起了我在中共浙江省委工作期间为筹建金温铁路奔波的往事。

1984 年，按照浙江省经济发展总体规划，金温铁路筹建工作摆上了中共浙江省委重要议事日程，并抽调得力人员，建立专门班子，正式展开工作。

从 1985 年 1 月 11 日至 20 日，我带领中共浙江省委常委、组织部长沈桂芳，省计经委顾问丁世祥，省计委经委副主任王代华，铁道部第四勘测设计院副院长陈应先等同志，连续考察了金华、永康、武义、缙云、丽水、青田、温溪、永嘉、温州等地，一路与当地党政负责同志、工程技术人员座谈，为金温铁路的建设做了大量推动工作。

到了金华后，我们一行乘坐面包车沿着原设计的金温铁路线行进。车子有时走在公路上，有时走在机耕路上，有时下车步行。这是值得的，否则如何看得清真面目，得到第一手资料。

两三天下来，同行的好几位同志累坏了，因为从金华到温州的公路路况实在太差，坑坑洼洼，养路工刚用沙子把一个坑填上，几辆车子一碾过，坑很快又出来了，而且变大了。

车子在公路上剧烈地颠簸着，人在车子里不停地摇晃着，头晕目眩。我说，我们对这里的交通不仅作了实地考察，还有了亲身体验，想一想这里的交通状况这么差，经济怎么能发展得起来？

不一会儿，车子又堵住了，原来这里堵车几十分钟是平常事，堵上几个小时也不奇怪。这几年过往车辆迅速增加，而公路基本上没有变。我叫驾驶员把车子往路旁靠一下，下车走到离公路数百米远的原来设计的金温铁路路基上。这条路基是 1958 年“大跃进”时开始动工的，由于众所周知的原因不久就停建了。

站在路基上，我们看到由于多年的雨水冲刷和开挖种植，当年的路基已变成长满杂树和荆棘的荒土坡了。在这里劳动和路过的农民，听说我们是来勘察铁路的，都异常兴奋地围过来。

我问他们，你们想不想把铁路修起来？

“做梦也想！”大家几乎异口同声地说。

一路上这样的场景我们遇到过多次。当地的群众和干部渴望修建铁路的热情令人感动。他们非常明白，这里山区贫穷落后的主要原因是交通不便，信息不灵，修路已成为他们梦寐以求的愿望。

为了理清山区经济发展的思路，我曾先后两次深入丽水地区乡镇。每天车子沿着狭小曲折的沙子路行进，在山坡上上下下来回盘旋着，车子不停地变换着挡位和油门，又慢又吃力地一山又一山。从丽水到庆元，差不多要走一天。平日身体很棒的年轻人，也累得吃不下饭。也许是战争年代行军作战，长期锻炼的结果，我虽 65 岁了，但感觉还好，晚饭照吃不误，为第二天赶路程，晚上还要听汇报，开座谈会，找当地领导班子主要成员谈话。

我外出工作的行程，都是按计划进行的，没有特殊情况，从不随意更改。随行的同志病了，就地治病休息，能跟上的随后跟上，跟不上的自行设法回家。这也是我战争年代养成的工作和生活习惯。

丽水留给我的印象是十分深刻的，那是一块充满生机和富有魅力的地方。只是由于它地处浙、赣、闽三省边缘，属典型的丘陵山区地带，历史上一直处于闭塞状态，没有得到应有开发。

党的十一届三中全会以来，致力发展城市和农村经济，提高人民生活水平。这是丽水地区发展自己，改变贫穷落后面貌千载难逢的历史机遇。作为中共浙江省委的主要领导，坚定地贯彻实行改革开放政策，从浙江实际出发，理清思路，及时正确地引导和帮助他们找准发展路子，利用当地资源优势，尽快发展具有地域特色的农、工、贸、商各个行业，是我们面临的重要课题和历史责任。

据我当时调查所知，丽水土地辽阔、气候湿润，是我省资源最丰富的地区。有蕴藏量相当大的地下矿藏，但国家和地方政府不愿去投资；有大量的农业土特产品，但没有营销渠道；有得天独厚的旅游资源，但养在深闺人未识；有宝贵的森林资源，但老百姓只能拿来当柴烧；有就地取材的各种加工工业产品，但卖不出去。

丽水的资源是全省最丰富的，但丽水的老百姓是全省最穷的。丰富的资源优势不能成为商品优势、经济优势，一个突出的也是关键的制约因素，就是地处偏僻，交通不便。毫无疑问，要发展丽水，开发山区，当务之急，是解决交通问题。这点，山区的干部群众比我们更加清楚，他们的愿望也比我们更加迫切。

我们考察小组一行，不仅在行车时随意议论，就是与当地干部座谈，我也鼓励大家自由发言。这当中有长期从事经济工作的老同志，有具有丰富专业知识的工程技术人员，有熟悉当地地理环境和经济发展情况的地方干部。大家议论的主要问题是工程技术问题、资金来源问题、铁路建成后的管理问题和效益问题。我仔细地听取他们发表的各种意见和看法，深感在工作考察中，不亲自迈开双腿，流点汗水，不去亲身体验一下实际情况，是很难做出正确判断和决策的。那种车轮滚滚、热热闹闹，只是坐在会议室里听汇报、做指示的所谓调查研究，只能是劳民伤财。

但是认识不一致的问题是经常发生的。一路上，不论是在行车的路上，还是晚上在住地，或者在与当地干部的座谈会上，大家都热烈地议论着，发表各自的看法。集中起来不外是：金温铁路是迟早要建的，问题是早一点上还是迟一点上，早上的条件是否成熟了，还会遇到什么困难和障碍。对这个问题，中共浙江省委曾作过认真的讨论和分析。我也一直在思考这个问题。

早在1921年，孙中山先生在他的《建国方略》中，就提出要修建金温铁路。在那个时代，温州、丽水乃至整个中国经济十分落后，在人民群众生活非常贫困的情况下，他就把修建金温铁路作为建国后要办的大事明确提出来。但由于军阀

混战，他过早去世，此事就耽搁下来。

后来，蒋介石统治下的旧中国，内外交困，民生凋敝，打内战都忙不过来，哪有可能修建铁路。

新中国刚成立时，留给我们的是一个百废待兴的烂摊子。在共产党的领导下，全国人民意气风发，大干社会主义，国民经济很快得到恢复和发展。

1958 年经国务院批准，金温铁路列入我国第二个五年计划，浙江省委郑重地做出修建金温铁路的决定，完成了勘察设计和路基修建大量基础工作，并开始动工建设。

由于遇到三年国民经济困难时期，1959 年 4 月，金温铁路修建工作被迫停了下来。接着是搞“文化大革命”，十年内乱，国民经济遭受严重破坏。直到“文化大革命”结束后，具有划时代意义的党的十一届三中全会胜利召开，我们党实行改革开放政策，人民群众中蕴藏已久的生产积极性才得到充分发挥，经济建设以空前速度和效益顺利发展。浙江和全国一样，而且发展速度更快一些。

20 世纪 80 年代头几年，不少群众很快富起来，银行存款迅速增加，马路两边的农家洋房雨后春笋般建造起来，国家和地方财政状况逐年改善，基本建设投资力度不断加大。此时浙江省委审时度势，及时提出尽早修建金温铁路的意见时机是成熟的，也是十分谨慎和负责任的。金温铁路及早建成，对加快金华、丽水、温州以至整个浙江省经济发展将会起到不可估量的重要作用。

在丽水沿线各地，我对当地干部反复强调：浙江经济发展，浙东北的杭嘉湖、宁波、绍兴较好，落后的是浙西南，主要是丽水，包括金华的一部分。为什么落后？主要是交通不便、人才缺乏、信息闭塞。从世界经济发展史看，经济发达与否，都与交通有直接的关系。

金温铁路从 1957 年开始酝酿，当时没有兴建，原因不少，一是当时要建新安江水电站；二是遇到三年困难；接着又搞“文化大革命”，事情就拖下来了。

现在情况变了，是抓紧兴建金温铁路的时候了。首先，这是温州对外开放的需要。适应开放形势，就必须解决交通问题。其次，是开发浙西南的需要，中共浙江省委对今后十年全省经济发展的战略部署是：提高浙东北，开发浙西南。丽水地区物资十分丰富，要把资源优势尽快变成商品优势、经济优势，就必须抓紧解决交通问题。

（作者时任中共浙江省委书记）

孙德汉　黄河公铁第一桥，一举拿下“六个第一”

说起滨州，令人心动。滨州就是原惠民，用现在的词说，属老、少、边、穷这类地区。这虽是鲁北黄河三角洲腹地，但生态、生产、生活环境恶劣。新中国成立前有首民谣：“走的宽宽道（盐碱荒滩茫茫无际的意思），听的野鸭叫，吃的猪狗食，喝的驴马尿（高氟苦咸水）。”曹操诗中“秋风萧瑟”和林冲《夜奔》中的草料场都在这一带。

靠黄河天堑屏障，抗战时期这里曾是渤海革命老区，北到天津，西到津浦（铁路），南到胶济（铁路），东到莱州湾，面积5万多平方公里，当年人口就有1100多万，渤海区党委和渤海军区驻地在这里，陈毅、粟裕、邓子恢、许世友等都在这里工作战斗过。

1947年，毛泽东还安排长子毛岸英在这里参加过为期一年的土改锻炼。这里还诞生创建了我二十八军、三十三军（上海警备区前身）和新疆建设兵团农垦二师。这支部队当年有3万多人，奉命从滨州向大西北挺进，一路打到新疆时仅剩下3000人。多少英雄血，又是多么壮烈！

解放战争时期“车轮滚滚”就是从这里开始的，拥军支前，过大江，战上海，奋斗与牺牲。至今，这里还掩埋着5.7万多名烈士的忠骨。我说，这里可以说就是党中央领导下的华东地区的“小西柏坡”，而波澜壮阔的老渤海革命精神就是

“奋斗奉献”。但后来谁又知道，这里是山东省唯一的、也是最后一个没有通铁路的地级市？

谈到黄河铁路桥，那真是一言难尽。铁路过黄河，人们在新中国成立前连想也不敢想，新中国成立后滨州人民也魂牵梦绕半个多世纪。最早可追溯到 1958 年，当时惠民地区（现滨州和东营）与淄博合并，南小北大，管辖不便。多少年来黄河仅有一个很简陋的渡口，南北往返靠舟楫，风大浪高湍流急，漩涡环生、暗流莫测，掉进去尸骨都难收，祖祖辈辈不知有多少船只翻沉，又有多少人家破人亡，严重影响了黄河以北地区经济和社会的发展。为此在“大跃进”锣鼓声中，专区决定把胶济线向北延伸，欲跨黄河，直通北镇（现滨州市城区）。1959 年铁路到了黄河南岸，滔滔黄河拦住去路，使铁路大军旗偃鼓息，只能望河兴叹。

20 世纪 80 年代初，当地政府又开始启动黄河铁路桥，曾两次在全市 300 多万人口中集资，按人均二三百至四百元钱不等，后因种种困难而搁置。逝者如斯夫，工程几起几落，后来又几曾谈起，人们早已心灰意冷，摆在大家面前的就是一万个不可能！

2003 年春，在新一届市委工作会议上，重新提出“重点抓好滨港铁路桥北延工程立项，争取早开工建设，从根本上解决滨州黄河以北没有铁路的历史”，并强调“要学会用改革开放的办法，市场运作的办法和加快发展的办法解决前进中的问题”。

好家伙！一石激起千层浪，居然谈“桥”也色变！

不少人根本就不相信，说什么“大桥几上几下没干成，别去瞎想乱折腾，不仅无资金，更没有信心”。万事开头难，黄河第一桥历经那么多年的难，当今能不难？难中难，难上难！到底想不想干？敢不敢干？能不能干？会不会干？这些问题尖锐地摆在我们决策层面前，传在网民中间。更有甚者，有说搞什么“政绩工程”呀，又要“劳民伤财”呀，什么“作秀”啦等，在办理中个别人为消极被动找借口，甚至出难题设障碍，真是如同黄河一样泥沙俱下，一时沸沸扬扬，褒贬齐来……

干事不易，“人言可畏”。这样一来，有些人就开始回避了，连提都不敢提了。怎么办？事是明摆着：历史教训要牢记，发展才是硬道理。为官一任，就要造福一方，就要善于打基础，就要敢于谋长远，真正为人民干大事。再难也要干，大干不怕难！既然心底无私，是功是过，全由历史去评说吧！解放思想天地宽，更新观念就好办。

曾记得，岁末了，寒风刺骨，在公铁大桥开工仪式上，他们安排我有个讲话，讲到最后我特地放大嗓门追加一句：

“投资大不要怕，市场运作找办法！”

正是如此，观念决定思路，思路决定出路，滨港铁路桥开始在国内外招商。真是一招就灵！天南海北的投资者陆续而来，一批不成，再来一批。冬去春到，几轮谈判下来，建设方案也渐渐浮出水面。

我提出个思路，得到了班子里同志们的赞同，市政府邓、程副市长任指挥组织抓落实。一是在建设方式上 BOT（建设—运营—移交）；二是从设计理念上，上公（路）下铁（路）工程总体上节省了投资；三是在经营思路上，则是以公养铁，公路回收早与快，铁路回收晚与长。

公路桥现在每天有 3.6 万辆车流量，收入不言而喻。铁路过河同津浦、黄大、胶济铁路，及滨州港、环渤海湾衔接后，效益将会大而久地得到彰显。可持续发展也会在这里得到不可估量的体现。通过 BOT 方式，投资方建设经营 30 年，实现了投资者、银行、当地的“三赢”，增加了地方就业和税收，保障了城乡人民交通安全通畅，促进了当地经济社会的飞速发展。

灿烂的改革开放之花，必然结出丰硕的经济之果。经过几年干事创业、跨越发展，如今滨州基本上从一个欠发达地区解放出来，网上自发评论热烈。

鉴于此，中央党校李教育长带领课题组深入滨州进行调研，发现近年来滨州市以科学发展观为统领，从解放思想入手，充分利用后发优势，实现了又好又快发展，为经济落后地区改革发展树立了典型。

课题组把滨州落实科学发展观谓之独特的“滨州现象”，并呈报中央政治局，中央电视台也作了报道。文中指出了“滨州现象”及其启示：经济发展落后地区，如何贯彻落实科学发展观，实现又好又快发展，是一个带有普遍性意义的研究课题。

滨州的具体做法是：通过解放思想、科学发展大讨论活动，确立滨州“系统九州”的发展思路（平安、开放、生态、文明、科教、人才、诚信、民本、小康滨州），提出了“科学发展是主题，结构调整是主线，招商引资是重点，埋头苦干是关键，安全稳定是基础，廉政建设是保证”的工作方针。坚持走新型工业化道路，优化经济结构，打造十大产业链；不断深化改革，为经济社会发展提供良好软环境；坚持生态建市，打造全新城市架构；以人为本，完善保障体系，建设和谐滨州；等等。

通过近几年的努力，滨州综合实力实现历史性跨越，改革开放取得重大突破，城乡面貌发生巨大变化，人民生活得到很大改善，社会事业蓬勃发展，和谐社会建设稳步推进，党的建设全面加强。

滨州现象带给我们的启示是：思想解放先行；科学发展统领；坚持改革开放；支持产业创新；工业化与城市化互动；跨越式发展与协调式发展相统一。

公铁大桥合龙那天，又是雪花飘飘，人们奔走相告，旗海如潮，成群结队，载歌载舞，欢呼胜利，多少人激动得泪流满面，欣喜若狂。千年的夙愿这下子真的实现了！

有一次，碰巧我陪客人参观大桥，地方铁路周局长向客人介绍，屈指一数，没想到这个工程一举拿下“六个第一”：

其一，黄河上公铁第一桥；

其二，亚洲第一跨，每跨径 180 米；

其三，是黄河中心唯一巨型桥墩，仅这一个墩就用了 7300 吨的钢筋混凝土浇筑；

其四，国内铁路第一个 BOT 方式建设；

其五，国内特大型公铁桥建设史上第一个无伤亡、无事故的工程；

其六，山东省第一个采用BOT方式建设的大型交通设施。

一连串的第一,一连串的业绩，一连串的惊喜。你想，没有改革开放，海外的投资与融资怎么会来到黄河？没有改革开放，就没有市场资源的优化配置，南国投资又怎么会来到北方？没有改革开放，又怎么会出来个BOT？没有改革开放，这么庞大的系统工程怎么会这样质量好速度快？

如今，这里已是国家交通部确定的全国172个交通枢纽城市之一了。有铁路、高速公路纵横南北，还有在建的万吨大港、飞机场及环渤海与之相连，怎么能不叫人激动与震撼？

还有，这里把劣势变为优势，变水害为水利，引黄压碱，如今田成方、林成网、渠相通、路相连、旱能灌、涝能排，农村喝上甘甜的自来水，普及率高达95.6%，在全省又是个第一！

在市区，科学规划建设了“四环五海”（四环：即环城公路、环城水系、环城林带、环城景点；五海：即东、西、南、北、中五个大型水库），现在城乡的生态、生产、生活充满勃勃生机！有人把它比成欧洲，也有人把它比成澳洲。

还有，世界上最大的棉纺企业——魏桥集团在这里，它使15万农民成为产业工人。还有我国第一个经过欧盟认证的、可以向全世界销售的2—4座“钻石”飞机在这里批量生产，还有很多个“还有”……真是碱地为热土，点石能成金！

紫气东来，我迎着朝霞，俯视着那波涛滚滚的黄河水，凝望着那座镌嵌着“砥柱中流”四个大字的巨大桥墩，倾听着轰鸣远去的机车汽笛，油然想起渤海革命老区的精神，进而到如今的“奋斗、和谐、超越”的新滨州精神！

我也骤然想起王之涣的那首古诗，再换上几个新词，也算一点点温故而知新，继往而创新吧：“旭日喷薄出，黄河入海流。公铁第一桥，又上一层楼。”

历史证明，黄河公铁第一桥的大跨越，已经和正在给环渤海带来经济社会发展的大飞跃！

（作者时任滨州市委书记）

李海鹏　人民大道，湛江市亮丽的风景线

道路建设的确定

1984 年 5 月，国家确定湛江市为全国 14 个沿海开放城市之一后，开发区的选址出现了不同意见，为了确定开发区选址，市委、市政府领导做了大量的工作。

1984 年 7 月底，有关部门和领导从赤坎步行到霞山，经反复考察论证，初步选址霞海，报经国务院批准，湛江经济技术开发区定位于赤坎与霞山两老城区之间的霞海一带。所选择范围东边临海，南起菉塘河，北至文保河，西边还未有界线。

时任市长滕义发和有关领导徒步考察现场时，考虑到当时湛江市区原只有赤坎区、霞山区，两区之间只有 1 线路（椹川大道原始路）、2 线路（海滨大道原始路）连接，且道路狭小，交通十分不便，赤坎区与霞山区之间的中间地带为荒山野岭。基于这样的考虑，市长滕义发在现场考察中便提出修建人民大道，作为连接霞山赤坎的第三条公路，也作为开发区的西边界线。

1984 年 8 月 13 日，时任中共湛江市委书记温戈主持召开市四套班子联席会议，会议决定兴建人民大道。至此，对外开放后第一条城市主干道的建设就这样

被确定下来，有关部门马上着手进行规划建设工作。

1986 年 9 月 26 日，国务院作出《关于调整湛江市经济技术开发区范围的批复》，湛江人民大道因此也成为湛江开发区重要区界。其中指出，湛江开发区西至界线延伸至人民大道以西 150 米，将沿人民大道南起菉塘河、北至文保河西侧 150 米内土地划入开发区。

道路建设的工程

1984 年 9 月 20 日，人民大道破土动工兴建。人民大道工程起点于霞山区菉塘的湛江啤酒厂，终点至赤坎区的广湛公路路口，贯通开发区，作为开发区的西边界线，全长 9000 米，路宽 60 米。

修建人民大道工程艰巨复杂，需建桥梁三座，开掘涵洞 19 座，人民大道 2 号桥是当年市区跨度最长的桥梁，技术要求较高。湛江市在当时资金紧缺的情况下，从 1984 年 9 月起，利用中央、省财政每年给予的低息贷款投资兴建人民大道，分三期建设。

一期工程主要为修筑全长 9000 米的土路路基，挖岭埋沟，高堆低填，总填方 92.5 万立方米，总挖方 120.9 万立方米，弃土 28.5 万立方米。

二期工程主要是道路路面建设和排水工程建设，将机动车道建成水泥路面，非机动车道地下建成雨污分排水系统，两侧采用明渠排水。

三期工程主要为将两侧的明渠排水改为暗管，雨污分流系统。

道路建成后的改造完善

1986 年 11 月，人民大道建成通车，开发区管委会承担区内路段资金总投入 4800 多万元。

人民大道建成通车后不断完善绿化亮化建设。道路两边建设起整齐亮丽的路灯。道路隔车带种植的桃花心、大王椰、老人葵等树木错落有序，凸显了湛江市南亚热带风貌，道路中三帆广场的“风正帆悬”塑像是湛江市标志性建筑，为湛江市树立了崭新的形象。

2009年，人民大道完成了由水泥路面改造成高级沥青路面的“白改黑”工程，道路改造建设荣获国家优质工程，道路质量和通车效率得到了极大提高。

人民大道带动了市区道路网络化建设。随着湛江经济社会的发展，湛江市政府和湛江开发区不断加大市区道路建设的投入，人民大道为中轴线相继建设成了10条连接人民大道、椹川大道、海滨大道的横向道路，在赤坎区、开发区、霞山区的三区范围内形成道路网络化的崭新局面。

尤其是2013年底，横向经过人民大道，打通海湾大桥西线公路连接疏港大道后，人民大道真正成为湛江市内交通和对外连接机场、高速路、火车站的最主要动脉。

人民大道的建设完善，不但成为湛江市一道亮丽的风景线，而且推动湛江市政道路建设产生质的飞跃，极大优化了广大市民的工作生活条件，极大地改善了湛江开发区和湛江市的投资环境，有效地促进了湛江经济社会的发展。

（作者时任湛江市开发区城市综合管理局办公室主任）

刘　军　金马、银帆及五彩城的故事

金马大厦的建设一波三折

20 世纪 80 年代末，作为一名新闻记者的我刚来大连开发区时，这里还是一片大工地的模样，到处是机器的轰鸣声，云集着推土机、打桩机、大小吊车和大大小小往来穿梭的车辆，苞米地里、田间地头上，还插着一些木牌，上面写着“宾馆、邮电大楼、写字楼、银行大楼”等字样。但是金马大厦和银帆宾馆，却傲然耸立在金马路旁，它们成为开发区的标志性建筑，标志着一个新时代的开始、一座城市的开始。

20 世纪 90 年代初，管委会各部委办局在金马大厦的九楼、十楼、十一楼办公，一楼东侧大厅是发展公司，二楼是管委会领导会见外宾外商的会议室。据说金马大厦刚建的时候，是辽宁省最高的建筑——94.8 米，内装六部电梯，楼体采用玻璃幕墙装饰。这在当时都是最时尚、最先进的。

我听说，金马大厦的建设可谓一波三折。1985 年 5 月 14 日正式破土动工，开工后历经波折，包括开挖地下基础时遇到了复杂的“喀斯特”地质，基础下挖 12 米还没有找到坚实的岩层，大大出乎人们的意料，也大大增加了施工成本，一直下挖到 17 米深时才挖到岩层，开始浇铸基础。

而当年，又适逢中央宏观调控，大力压缩基本建设规模，控制楼堂馆所建设，大厦建设被迫停滞。从 1985 年 5 月到 1990 年 5 月，前后陆续建设整五年才竣工，1991 年秋金马大厦全部装修完毕，交付使用。

大连开发区管委会自 1984 年 10 月成立之后，办公一直是处于打游击的状态，先后辗转于大孤山乡政府平房的三合院、历险宫下的临建房、临建二层小楼、长春路邮电楼等多处办公地址，直到 1991 年经过了几次迁徙之后，才终于搬进了金马大厦。

当年，能在金马大厦办公或开公司，那可真是令人自豪的事儿，进出金马大厦的人都是西装革履，递名片时也是带着自豪的口吻：我在金马大厦某某层。

大连开发区管委会在金马大厦办公时间约五年，在这里曾经接待过党和国家领导人江泽民、李鹏、万里、杨尚昆、乔石、李瑞环等，还接待过日本首相竹下登、格鲁吉亚总统谢瓦尔德纳泽、新加坡资政李光耀等外国首脑。

1994 年末，开发区管委会各部门陆续搬出金马大厦，至 1995 年初，全部搬到了现在的管委会大楼。金马大厦作为管委会驻地的历史使命至此告一段落。

提到金马大厦，就不得不提大厦前的那匹“金马”。1988 年，开发区人请来著名美术家韩美林，为金马大厦设计了一尊金马雕塑。这尊金马既高度概括，又形神兼备，凸显出不畏艰险、扬蹄奋进、奋发图强、勇往直前的开发区精神。

28 层的金马大厦东侧 100 米就是银帆宾馆，它们并肩矗立在金马路上。

造型奇特的银帆宾馆

银帆宾馆外形设计颇为大胆，两座主楼为剪力墙式结构，造型酷似大海中两只不期而遇的白帆，相逢的瞬间又要匆匆离别，擦肩而过，是典型的象征主义作品。虽经 30 年风雨，当年许多的建筑已显得有些落伍，银帆却至今依然魅力十足，青春常在。

关于银帆宾馆，有这样的故事：银帆宾馆设计方案最终能被采纳与时任开发区建设公司总经理范勇昌的全力坚持有关。当时甚至有这样一个说法，银帆宾馆不叫银帆，而叫“老范宾馆”，意思是范勇昌坚持要上的项目。

一开始就有人质疑银帆的设计方案，因为在当时的环境下，这个设计方案过于浪漫、过于大胆，有一些前卫、另类的感觉。

银帆宾馆方案是设计师徐勤参考了加拿大一船形建筑而设计的。它的特点一是造型新颖，二是各楼层逐层收缩，因此都有露天阳台，便于观海看景。

方案确定之后，大家一共想了十几个名字：黄海大厦、黄海宾馆、银帆宾馆等，最后确定为“银帆宾馆”。

专家评审组确定下设计方案后，范勇昌怀揣银帆宾馆的方案去向崔荣汉汇报。崔荣汉当时正在住院打点滴，他仔仔细细看了银帆宾馆的设计图纸之后，认为设计结构比较复杂，在基础处理上花钱要多一些，而且上小下大、占地面积大而实际利用面积小，楼层也过低，有一点浪费空间的感觉，提出在原设计方案的基础上加高三层的要求。范勇昌带回这个意见后，设计人员再三斟酌，感觉加高三层之后整个几何图案的效果不好，于是总高度增加了两层。

正由于银帆宾馆造型的奇特、新颖，一直是大连开发区的一个标志性建筑，并且曾获国家首批标志性饭店奖。

到 1989 年 6 月银帆宾馆建成时，外商也开始进来了——主要是日本的客商，银帆成为他们的下榻之处，他们不必再往市里的南山宾馆、大连宾馆、富丽华、国际酒店跑了。因为银帆的条件也不差，硬件、软件都很好，而且造型更奇特。开业之后，灯红酒绿、喷水飞花、流光溢彩，海内外客商纷至沓来，一直是宾客盈门，高朋满座。

“不到五彩城，就算没来过开发区”

当时有一句话广为流传：“不到五彩城，就算没来过开发区。”可见五彩城在当时的影响力之大。

建金马大厦是办公之需，建银帆宾馆是为了招商引资，方便外来宾客食宿和谈判，而建五彩城，是为提高开发区的声誉，宣传开发区，同时也在以工业为主的新城区的黄金地段留下一块相对集中的商业区。

五彩城建于 1988 年。我来开发区时，正赶上 1989 年五彩城西街（一期）A、B、C、D、E、F 六个区域建成投入使用。那时的五彩城不仅商户众多，聚集了全国各地的名优特产，中外游客也纷至沓来，每天的五彩城内都是人头攒动、摩肩接踵，城内的建筑更是风格迥异，壁画绚丽多彩，充满了异国情调，街头店前的建筑艺术小品遍布：有大自然中可爱的动物化身，有现代都市多姿抽象的造型，有传说神话中的美丽故事缩影。

夜幕降临，彩灯齐放，把五彩城装点得五彩缤纷，灯与光打造出一簇簇优美动人的造型。五彩城是集旅游、观光、购物、文化、娱乐为一体的最具现代化色彩的小城，到了五彩城，犹如到了国外。

2000 年，五彩城开始重新改造。位于金马路一侧的五彩城商业大厦经重新装饰后再现中西合璧的风格，原有风貌与现代时尚相结合，令人耳目一新。五彩城南门入口重新建起一个全玻璃透明结构的现代时尚大门，顺大门进入地面铺设高档火烧板花岗岩步行街，各商家店铺门前镶有统一制作的艺术牌匾。占地 4.3 万平方米的珍珠广场宽阔气派，广场上有韩国进口的 140 平方米超大型电视屏幕，每天播放精彩的电视节目，广场舞台造型别致，舞台遮阳棚为扇贝造型，两侧镶有对称的玻璃珍珠球。五彩城西街（A、B、C 区）内按欧式风格进行了重新装饰，快轨车站及商城成为五彩城又一标志性建筑。

大连开发区五彩城，一时名扬中外，前来参观考察的人络绎不绝，小城中，说着日语、韩语、英语的人，操着南腔北调的游人拥挤在五彩城中，那叫一个热闹，那叫一个喧哗。看到大连开发区的五彩城有如此大的魅力，有的城市甚至索性将开发区五彩城全盘照搬回去，建起了七彩城或多彩城。

金马、银帆这两座建筑和五彩城这一个新区的小城，成为开发区的三个标志。

如今的五彩城，虽不像当年那般热闹喧嚣，却仍然位于开发区的中心区，是商业区、金融区集中之地和交通枢纽，一个著名的游览景点。

（作者时为大连开发区报社编辑、记者）

聂春友　由一片荒滩到一座美丽的新城

南戴河位于秦皇岛市抚宁县城东南 20 公里，东起戴河，西至老河口。海岸线长 17.5 公里，与著名的避暑胜地北戴河南北并列，一河之隔，一桥相连，总面积 20 平方公里。

南戴河南临渤海，自然条件得天独厚，旅游资源丰富。海水清澈、沙软潮平、阳光明媚、空气清新、林木葱郁、气候宜人，具有当今世界旅游的五大要素，是极为理想的海岸旅游目的地。1984 年以前，这里是一片荒滩、沙丘，盐碱地杂草丛生，一片荒凉。多年来虽与中外驰名的旅游避暑胜地北戴河仅一河之隔，却一直鲜为人知。

开发南戴河，建设旅游区

东方风来满眼春。改革开放的春风，吹拂着抚宁大地。1984 年 7 月，抚宁县委、县政府做出了开发南戴河、振兴抚宁经济的决策，提出了“开发南戴河，建设旅游区”的口号。决定组建旅游开发领导机构，组织专业人员对南戴河进行勘测，并开始了一些小型基础设施的建设。

1987 年 7 月，是南戴河历史上值得纪念的日子。连接北戴河和南戴河的“戴

河大桥”和沿海公路剪彩通车，南戴河旅游区正式对游人开放。1988 年 2 月，县委决定成立中共抚宁县委南戴河海滨工作委员会和抚宁县人民政府南戴河海滨办事处，我任工委书记、办事处主任。

责任重于泰山，拼搏不辱使命。在调任南戴河之前，我曾在南戴河所在地的枣园公社、西河南公社、留守营镇任党委书记多年。南戴河开发建设初期，县委、县政府为协调南戴河地区有关开发事项，任命我兼任抚宁县人民政府南戴河办事处副主任。这次接掌南戴河开发建设重任，更使我认识到县委的重托和信任，深感使命光荣、责任重大。

当时，随着党的改革开放政策的进一步实施，城市和农村居民生活水平逐渐提高，对文化娱乐，包括对旅游观光的需求也逐渐凸显。特别是中央将秦皇岛市列为沿海开放城市后，秦皇岛市的旅游业呈现出一片新的生机：老景区山海关在“修我长城，爱我中华”的号召下，以古老的长城为依托，彰显出旅游带动相关产业的效应；南戴河相邻的北戴河更是先声夺人，以中国旅游业发源地的身份占据着中国北方旅游市场；与南戴河毗邻的昌黎黄金海岸开发建设早于南戴河，招商引资、项目建设如火如荼，特别是黄金海岸的滑沙场，对游人吸引力更强。

全国旅游度假区及景区景点开发建设也是风起云涌，一浪高过一浪。形势逼人，在此情况下，南戴河开发建设面临着东西夹击形势。

南戴河从 1984 年开始，也陆续开始进行旅游基础设施和景观建设。但除了海浴场以外，别无景观，以至一些游人来南戴河除洗海澡外，无其他游玩地方。而最大的困难还在于除了开发资金的缺乏，重要的是缺乏开放理念。刚开始起步时，我们从县财政局借了三万元，作为开发启动资金。

1988 年 6 月 6 日，我参加环渤海旅游城市旅游局长年会（年会），临行前用油印机打印了南戴河的宣传资料，可是到会场一看却羞愧了：人家的宣传资料都是铜版纸彩印的，装饰精美，漂亮，非常吸引人。我们的宣传资料搁在展台，没有人理会！我们没有钱印制精美宣传资料。会后我有事路过昌黎顺便到黄金海岸，看到昌黎县搞开发有滑沙场可以吸引人，而我们除了浴场，什么也没有。看了人家的旅游业，真上火！

“一不等，二不靠，三不伸手向上要”

面对困难，我们没退缩，在认真分析南戴河旅游资源和全国旅游形势后，我们提出“一不等二不靠三不伸手向上要”的原则，确定“利用一线，开发一片，辐射延伸，滚动发展”的开发思路。

“利用一线”就是利用现有17.5公里的海岸资源，在海边做文章。大力宣传旅游者称为“天下第一浴”的海浴场。浴场沙软潮平，滩宽水清，潮汐稳静，风爽无尘。岸边槐林苍翠，绿树成荫，冬无严寒，夏无酷暑，具备世界旅游的海洋、沙滩、空气、阳光、绿色要素，是游人进行海浴、沙浴、日光浴的天然旅游休闲度假目的地。我们鲜明提出，南戴河旅游能尽享“洗海澡、晒沙滩、钻密林、尝海鲜”的乐趣。并在海边修建了南戴河“飞马”雕塑作为广场文化景观。

1989年1月29日，经县第九届人大常委会第十二次会议审议通过，将飞马确定为抚宁县县标，吸引了无数游客观光留念。随后又陆续修建了“园林迷宫”“神女湖公园”等景点。

与此同时，我们大力开展招商引资，强化宣传促销；与媒体联合，加大整个区域文化内涵的提升，促使南戴河品牌效应迅速扩大。从举办“南戴河之夏艺术节”开始，南戴河就运用新闻媒介、出版发行物、新闻发布会、旅行社联谊会、展销会、交易会等多种形式，把南戴河的形象及景区、景点和重大活动精心“包装”推向社会。

1993年4月，我到哈尔滨出差，早就从一首歌中知道这里有个美丽的太阳岛，办完事，我就张罗着去转转。当地朋友劝我，说看景不如听景，那儿没有什么好看的。可我执意要去，他们只好陪伴。到了太阳岛上，果如朋友们所言，当时关内已是春意盎然，可这座小岛还是一派残冬景象，也没有多少游人，与歌中所唱的和我的想象有不小的距离。

面对此情此景，我突然萌发了一个想法：我们南戴河有碧海蓝天，有金色的沙滩，更有如潮似海的大片槐林，自然风光比这儿要美，却没有我们自己的歌曲。为什么不把南戴河唱出去，让优美的歌声吸引更多的游客？

一首《槐花海》，唱红了南戴河

回到南戴河，我把这个想法和同事们谈了，大家都赞同。经原唐山市作家协会主席、国家一级作家单学鹏和单明礼两位朋友联系，我们把国家一级词作家刘麟先生和王志信、刘荣德等曲作家请到南戴河商讨此事。

大家反复推敲，集思广益，最后确定歌词以碧海、金沙、绿树、蓝天为主要内容，在这个基础上，突出槐树、槐花。曲调以有冀东特色的影调为主旋律。经过认真研究和精心的构思写作，由《槐花海》《相逢在南戴河》《海滨圆舞曲》《飞吧，天马》等歌曲组成的《南戴河组歌》创作出来了。我们决定请彭丽媛演唱《槐花海》。经单学鹏联系，彭丽媛爽快地答应了，但因她要到外地演出，不能来南戴河，只好在当地录音，只有佟铁鑫、郑莉、孙伟国、董兰萍几位歌手来到南戴河，现场录音、录像。

1993 年暑期前，为了赶在旅游高峰到来之前在中央电视台播出《南戴河组歌》，我们又请张也到南戴河现场录制《槐花海》。《南戴河组歌》在中央电视台《旋转舞台》的《好时光》栏目中播出 20 分钟，我们只花了一万多元的工时费，却产生了极大的社会和经济效益。

同年，在我们和河北电视台联合举办的“93 南戴河杯全国电视采访大奖赛”中，由上海电视台拍摄，获特等奖的专题片《南戴河 1993》也选用了《槐花海》作片尾歌曲。

一首《槐花海》唱红了南戴河，有力地推动了“利用一线，开发一片，辐射延伸，滚动发展”及“以林兴旅，以旅兴工，综合开发，振兴抚宁”总体开发战略的顺利实施。

记得旅游高峰期，东起二八一大桥，西到洋河大桥，北至高新技术产业园区，南至海岸，游人如织。在中央电视台播放的《槐花海》是由张也演唱的，彭丽媛得知后，为自己当时没能到现场录像深感遗憾。

1994 年，她专程赴南戴河录制了 MTV，在中央电视台播出，后来又录入了光盘。在中央电视台 1994 年举办的青年歌手大奖赛中，空政歌舞团的铁金选唱这首歌并获奖，这首歌的词、曲也分别获得了国家歌曲创作一等奖。

最令人难忘的是，一天，单学鹏打电话告诉我，彭丽媛在怀仁堂演唱了《槐花海》，江总书记兴致勃勃地听了这首歌。《槐花海》产生了极大的轰动效应，唱遍大江南北，且久唱不衰。

听朋友们介绍，《槐花海》这首歌被中央音乐学院和民族学院选入声乐教材。在辽宁电视台、湖南卫视台、海南电视台举办的歌手比赛中，都有歌手选唱过这首歌。在福建东南电视台举办的“银河之星大擂台”节目中，来自云南红河的歌手杨慈又选唱了《槐花海》。

《南戴河组歌》的优美旋律有效地提升了南戴河的知名度，既拓宽了客源市场，又促进了旅游经济的增长和招商引资。通过滚动发展，到 1997 年已形成自身固定资产 3.2 亿，引进休疗院所 88 家，完成总建筑面积 68 万平方米。

这些建筑从总体布局到一楼一景，都严格按照河北规划设计院的总体设计方案。取众家之长，扬滨海特色，力避小气和土气（当时的设计理念不与 30 年后的今日相同），经过数年的开发建设，一座新型休疗旅游区在荒沙滩崛起了。

在开发建设中，南戴河利用土地出让资金，拓宽了宁海道，使之与 205 国道相连，并以此为轴心，修建了兴海道、金海道、银海道等区内道路。我们还将南戴河划分成若干功能区，对进驻兴建的休疗院所，按照“一家一个造型”的要求审批建筑方案，刻意追求新奇美，其中既有传统的仿古建筑，也有现代风格的中式佳作，亭台廊榭以其高雅卓绝的风姿，形成了各具特色、错落有致的建筑群体。按照绿化要求，绿地面积不少于建筑面积 40%，各休疗宾招单位的主干道绿化美化面积达 100 万平方米，使得区内树成荫、花如海、草如毡，游客徜徉其间，心旷神怡。

增建人文景观

时代在发展，理念在更新。旅游业的激烈竞争还表现在文化内涵的竞争。

和全国其他旅游区相比，南戴河没有名胜古迹，没有秀丽山川，唯一的资源就是沙软潮平的海浴场。要想在旅游市场中博得一席之地，争夺游客，吸引游客，就得审时度势，寻找游客兴奋点。

我们充分发扬想象力、创造力，以“人无我有，人有我新，人新我奇”为开发重点，增加人文景观。

1990 年 9 月，我和县人大副主任胡金祥等人先后去河北正定、辽宁省锦州、大连、兴城考察人文景观。回来后向县委常委汇报，经多方论证，在旅游区先后建起“西游记宫”“戏水乐园”“海上明珠游乐场”“环游世界宫”“激流勇进”“游乐城”等人文景观十余处。

其中的“西游记宫”占地 5094 平方米，聘请了中央芭蕾舞剧团马运洪教授为其制景。内设 25 景，将古老的神话故事浓缩其间，利用声光电技术的巧妙结合构成了一个有机而完整的人物造型、艺术群体，形象、生动地展示《西游记》原著中光怪陆离、奇妙莫测的神话世界。

从 1990 年 11 月 2 日，我从沈阳、大连考察回来，到确定该项目的开工，到 1991 年 6 月 6 日剪彩开业，“西游记官”“环游世界宫”从论证、设计、施工、制影、验收、开业，只用一百多天，其建筑速度、工程质量、精美程度堪称一流。

1991 年 6 月 6 日，南戴河“西游记宫”“环游世界宫”同时剪彩开业。当天西游记广场人声鼎沸，彩旗飘扬，游客们摩肩接踵，从四面八方赶来一睹冀东地区这一大型人文景观。游客的车流、人流蜂拥于戴河大桥至洋河大桥，盛况空前，创造了当年建设，当年收回投资成本的轰动效应。从此，南戴河旅游发展到了一个空前高潮时期。

南戴河的开发开放取得了显著的经济效益和社会效益，党和国家领导人江泽民、李鹏、宋平、万里等先后来南戴河视察、观光。

我在县旅游局扩大会议上提出“以宫兴海，以海兴业，辐射发展，振兴旅游”的发展全县旅游业的思路，也受到县委、县政府的充分肯定。

在这段时间里，我和工委、办事处、旅游局的其他班子成员，以“只争朝夕，不甘人后”的拼搏精神，心往一处想，劲往一处使，拧成一股绳，齐心协力抢时间、要速度。我曾在全体干部会上说，面对周边旅游开发的形势，时间就是效益。所以，在“两宫”建设期间，我每天都要去工地现场检查工程进度和质量，遇有问题，立即召开现场办公会研究解决问题的办法。这样及时发现及时解决。为确保“两宫”建设速度和质量，我提出全局工作“一切为两宫让步，一切为两宫开路”，施工队伍昼夜施工，争时间、抢速度、节假日不休息。

有一天，我在游乐城施工现场检查时，踩到一块上面带有钉子的木板，钉子穿破鞋底，将脚心扎得鲜血直流，到南戴河卫生院包扎后，医生嘱咐说要卧床休息，以防感染。我没休息，一瘸一拐仍到各个施工现场进行检查。

1993 年 6 月 6 日，南戴河有八项工程竣工并投入使用。这八项工程是：南戴河旅游度假区发展大厦、幸福里居民生活小区、火炬产业园区电子设备厂、宁海道拓宽工程、明珠海上游乐场、日月湖别墅、戴河大堤和南戴河跑马场。

同时，为全方位满足游客的要求，我们始终注重基础设施配套建设。通过流动发展，区内铺设上下管线四万延长米，安装电子变压器 66 台，程控电话容量达七万门，兴建旅社 106 家，旅游工艺品、照相摄影、泳具泳装、出租车等为游客服务的设施一应俱全。

尤其是 22 路公交线路的开通，告别板的（“的”此处读 dī）、“驴吉普”的时代，交通更加便捷，使南戴河与市区融为一体，既方便了当地居民，又为外地游客带来了方便，使旅游“吃、住、行、游、购、娱”六要素得以完整体现。

丰富多彩的海上旅游项目

一景描就，一图再展。随着旅游市场的变化，南戴河人审时度势，昼夜谋划发展思路。经过多方外出考察论证，谋划了一批高品质、多功能，融自然性、趣味性、刺激性和参与性于一体的海洋旅游项目。

1996 年 7 月，占地 1500 亩的南戴河国际娱乐中心落成，以大海和森林为依托背景，兴建了以“滑沙、滑草、滑圈”三滑为主题的滑沙场，并架设空中索道，开设水上泛舟等多种水上游乐项目。

1998 年 5 月，在距海岸 1000 米的海中修建了 7000 平方米的仙螺岛，架设了千米跨海空中索道。

2000 年，南戴河戏水乐园更新改造后，更名海上乐园，将天然的海水浴场与新奇刺激的滑水漂流相结合，新增加了“儿童岛”“合家欢”“双人摇摆”“黑管探幽”等游乐项目。

2002 年 7 月，我国北方规模最大、品种齐全的大型荷花观赏基地——中华荷园建成。中华荷园占地 600 亩，栽种着 300 多个荷花品种。园林构思，依势取景，园林设计雅致；江南水乡的清秀与荷文化内涵融为一体，为南戴河增添了一道文化品位极高，风景独特的新景观。在充实完善、科学发展理念下，南戴河借迎奥运的契机，争创 5A 景区，筹集资金亿元，增上新项目，以项目建设带动整个区域发展。

南戴河国际娱乐中心陆续新增了悬挂过山车、往复式过山车、勇敢者轮盘、海盗船、疯狂列车等百种惊险刺激、具有挑战极限的娱乐项目。槐花湖大剧院建成后，连续上演游人喜闻乐见的现代歌舞、京剧等。并特别聘请北京青年歌舞剧院著名编导，根据南戴河民间传说，编演了大型情景乐舞剧《海誓·南戴河》，每天演出两场。

现在，南戴河国际娱乐中心已经建成了金龙山景区、欢乐大世界景区、中华荷园景区、槐花湖景区、碧海金沙景区五大景区。旅游业收入逐年增长。2013年接待游客88万人次，旅游收入10915.6万元，连续十年居河北省单个景区之首，为景区自身发展打下了基础。南戴河人的努力拼搏，以独特的魅力，崛起在这片荒滩上，令世人瞩目。

旅游业的发展，带动了旅游房地产业，南戴河人坚持从实际出发，主动出击、外引内联、强化宣传促销、招商引资，努力改善投资环境，优化发展环境，先后有偿出让土地2649.9亩，土地出让金1.28亿元，有十余家房地产企业入驻南戴河，激活并发展了南戴河房地产产业，为县域经济发展增加了活力。

“乘风破浪会有时，直挂云帆济沧海。”南戴河旅游度假区的迅猛发展崛起，是邓小平同志关于“发展才是硬道理”的具体实践。

南戴河开发建设与发展得益天时、地利、人和。也说明了没有改革开放，就没有南戴河的今天。正是在邓小平理论的指引下，南戴河才能在这三十年的时间里开发了一片荒滩，创造了一笔财富（精神与物质），锻炼了一支队伍，培育了四种精神——自力更生、艰苦创业；主动超前，开拓创新；默契配合、团结协作；无私奉献，顽强拼搏。

生在戴河边，长在渤海岸的我，脑海中叠印着南戴河的三幅画卷：

第一幅，荒凉的盐碱滩涂。虽然离我不远，但记忆犹新。

第二幅，秀美漂亮的旅游新城。作为直接参加开发建设的我，能有这段亲身经历，感到自豪。

第三幅，南戴河未来的图画。人逢盛世，当有作为。宏伟画图，需要众人共同描绘，我愿和众多的开发者、建设者共同努力，把这方热土建设得更雄奇、更壮美、更有诗情画意！

（作者时任南戴河海滨办事处主任）

金文斌 “三元券”圆了温州的大学梦

在我参与温州教育的各种变革与实践活动中，最难以忘怀的是温州大学创办中的“三元券”的故事。如今温州建成了高教园区，温州大学、温州医科大学、浙江职业技术学院等大专院校云集茶山，近7万帅生生活在这里，成了名副其实的大学城。而当年刚刚创办温州大学时就是温州市民用购买“三元券”的方法，全民参与，全民出力，以三元彩票形式募捐建成的。

可以说，“三元券”的故事，见证了温州大学在开放中创办，在开放中崛起，温州市民以绵薄之力支持了温州大学的创办。

“三元券”的缘起

1984年1月，浙江省召开高等教育工作会议，建议温州创办“温州市高等专科学校”。接着，温州被国务院列为对外开放全国14个沿海城市之一，大家认为这是机遇又是挑战，对外开放振兴经济引进与培养人才是第一位。此时，在上海高校、科研和政府机关工作的温籍专家、学者举行的座谈会，一致支持创办“温州大学”，并举荐苏步青教授担任名誉校长。副市长魏萼清闻讯后，专程赴上海拜访苏步青教授，并向省府领导做了汇报。

薛驹省长十分重视，亲自决定由省委、省政府聘请苏步青教授担任名誉校长，并定校名为温州大学。市委立即对创办温州大学进行可行性的研究，提出了“成立班子，挂出牌子，招聘教师，各方集资”的办学思路，并由魏萼清为“温大”筹备组组长，尽快开展工作。

当年省政府批复同意筹建温州大学，实行边筹建边招生，先办应用文学、土木建筑两个专业，在当年计划招生 82 名，由高校统一招生、统一录取。

可是，创办温州大学的资金成了“拦路虎”。虽然市政府决定在学院路征地 180 余亩，第一期工程投资 600 万元，建筑新校舍。规划设计图做出来了，但资金没有着落，巧妇难为无米之炊。当时，我被抽调筹建办公室工作，副市长魏萼清要我们动脑筋、出点子、想办法。在一次办公会议上，老干部白祈岱同志带领我们一起商量对策。

我提出了采取彩票发放形式，向人民群众进行募捐的建议，大家都表示同意。但奖券面额定不下来，有的说 1 元券，群众买得起。也有人认为太少，主张 2 元、4 元或 5 元。于是我带着这个问题，深入各阶层的人群中进行一次调查，特别是听取一般市民的意见，调查结果，得出面额 3 元为好，有可能筹集到 300 万元以上。

1985 年 1 月 8 日，市委书记袁芳烈，市长卢声亮召集市委、市人大、市政府、市政协及有关部门负责人商议温州大学建设资金，之后又召开各县县长和各界知名人士商议建立温州大学基金会。决定首届基金会由 336 名理事组成，陈辉、刘毅、方恭敏等老干部、名人为理事长。

市委发文号召全市人民为筹措温州大学建设资金贡献自己一份力量，在基金理事会的会议上，我出了个点子：凡向基金会捐资 3 元钱的人，基金会都赠送一张“温州大学生基本建设三元券”做纪念。

我认为温州人具有民间办学的传统精神，目前生活水平能承担此券面额价值。经过热烈讨论，我的建议终于被采纳了。

会后，副市长魏萼清对我说：“老金，你有一个特点，看准的事，你一定会办

到底。”

显然，为我打气，开展有奖捐资活动。在全市范围内发行创办温州大学发放捐资纪念券，每张券面 3 元，共 150 万张，由基金会主办，委托市工商银行和农业银行发行；发动机关、企业等集体单位和专业户、个体户资助温州大学建设。

时任市委书记袁芳烈号召“全社会都来扶持温州大学，做到有钱出钱，要人给人，有物献物”，全市人民积极响应，同心同德，奋发努力为创办我市新型的社会主义温州大学做出自己的贡献。

当时，市府领导给我的任务是坐镇筹建办公室，由刘晞和我负责此项工作。我的具体任务是两条：一是宣传动员，发动认购“三元券”；二是督促县（市、区）和市直属单位认购“三元券”，完成预定的指标，我深感责任重大。

“三元券”的认购

1985 年，我马不停蹄到处跑，动笔写文章宣传。首先，我通过松台水产商店职工、老战友杨德州倡议“人人认购三元券”。老杨一家 5 口，只有他一人 40 多元工资维持生活，住一间 14 平方米的房子。我向他宣传后，就认购 20 张“三元券”。并带领我到在松台卖咸菜的专业户阿云家动员。他听了我们的介绍，说：“办温大是为人民办好事，我乐意。”他一次就认购 300 张，我把这些人与事写成稿子，通过新闻媒介披露，得到社会各界的热烈响应。加上温州日报、电台等新闻单位重视，很快就形成了一个以市、县四套班子带头和部门领导带领的群众性认购热潮。

我到苍南县宜山小学在学生中开展“我为温大添砖瓦，学好文化上温大”的活动。瓦市小学一位二年级的学生把积蓄的 1000 元零用钱送到温大基金会。永嘉一位山区老农民把积蓄的 800 元全部购买“三元券”。

令人感动的瓯海区藤桥等山区农民把番茄、鸡蛋卖了用来买“三元券”；苍南瑞光寺住持把省下来的 6000 元买了 2000 张“三元券”。各县、各系统都广泛发动干部和群众认购“三元券”。

特别令人感动的，我到苍南金乡发动，专业户邱兴亮、叶茂海等人对我说：“老金，不要一张一张认购，干脆，我们每人一次性捐认1万元。”全国各地温州籍专家、学者，听到家乡办大学的消息后，群情振奋，献计献策，捐书捐款。上海师范大学刘旦宅教授把在日本举办画展的全部所得捐献给温州大学，兴建“温故楼”。

同时，市府副秘书长吴正平率贸易团去欧洲考察，积极宣传“三元券”创办温州大学的事。

消息传到海外，旅居世界各地的温州华人华侨纷纷奔走相告，慷慨解囊，从认购“三元券”发展到捐建大楼——旅法华侨俱乐部捐建了“爱乡楼”，新加坡温州会馆捐建“星洲楼”，旅法侨领任岩松先生和林昌横先生分别捐建了任岩松礼堂和林昌横教学楼，意大利华侨何春林先生捐建了“勤思楼”，荷兰华侨潘娟妹女士及其子女捐建了“春晖楼”。台胞何朝育先生捐资建造温州大学图书馆。还有五位爱国侨胞和香港同胞捐资37万元，设立五项奖学金和奖教金。体现了“人民大学人民办”的主人翁精神。

认购热潮涌动，令人感慨万千。由于我是热心宣传报道的人，不仅自己与家人认购了30张“三元券”，还利用早晨、晚上、出差的机会共写了反映温大办学的人与事的文章30余篇，跑遍各县有关单位，动员宣传达千余人次，为创办温大，我做了一回小武训。

发行“三元券”也并不一帆风顺，差点遭停发。当时为了发动更多的人购买“三元券”，温州大学基金会决定给购买者一些小额物质奖励，采取彩票形式抽签中奖，以表心意。可是当时全国范围内各种形式的彩票很多，国务院对此下发了一个不得滥发彩票的文件。有人对温大发“三元券”也提出了质疑，说“叫花子办学，此路难行”。此时，我心情沉重，但我认为办教育发彩票不是商业行为，我和办公室的同事干脆设点上街，宣传义卖。

负责筹办温州大学的副市长魏萼清是位敢想敢做、富有事业心的女强人，她

心急如火，立即赶往杭州向省里请示。分管教育的省委宣传部长罗东表态：“教育集资，另当别论。”于是，市委书记袁芳烈旗帜鲜明地表态：“继续发！”

集资 249 万元

在市委、市政府的领导下，办公室全体同志在发行“三元券”的工作中积极主动、务实求效，还能在各种场合发表办温大的看法进行宣传推销。

我干过的单位多，认识的人也多，当我到机关、基层单位督察“三元券”发行情况时，一进办公室人家就以“金三元”相称，日呼广传，“金三元”就成为我的绰号。

实践证明，群众力量是无穷的，1985 年发行“三元券”，集资了 249 万元，由此推动个人捐资 104 万元，侨胞捐资 403 万元，共集资 756 万元以上。省府拨基建款 240 万元，市拨款 155 万元。筹措到 1151 万元，保证了学校第一期工程 4 万平方米校舍的顺利完成，为温大以后发展奠定了基础。

2006 年，经教育部批准，老温大和温州师范学院合并的新温州大学再次腾飞了。如今温州大学已被教育部确立为“卓越工程师教育培养计划”试点高校和首批国家级“大学生创业训练计划高校”，学校拓展对外合作交流领域，探索国际化办学之路，先后与美国、英国、德国、芬兰等 50 多个国家与地区构建了良好合作交流，是全国首批华文教育基地。

（作者时任温州市人民政府教育督导室副主任）

孔宪旦　一年建成宁波大学

20 世纪 80 年代的宁波，工业不发达，经济基础薄弱，交通不便，是铁路的终点站，也是交通的死角，宁波的教育更是落后。宁波虽说离上海很近，大家都熟悉上海，但知道宁波的人却不多。

1984 年，宁波被列为沿海开放城市，迎来了一个大展宏图的发展机遇。1984 年全国有 36 所高校的校长是宁波人，然而，当时的宁波只有宁波师范学院、宁波高等专科学校，再一个还有所浙江纺织学校。直到 1986 年前，宁波这座历史文化名城还没有一所综合性大学，这在一定程度上影响了宁波的改革开放和经济发展。

宁波要想发展，就得有人才，宁波城市要起飞，必须办高等教育，培养自己的人才，培养热爱宁波建设宁波的人才。于是，创办一所综合性大学，在宁波构织一个孕育人才的摇篮，成了宁波人一个共同的梦。从 1982 年开始，宁波市人大代表在市人代会上多次提出，建议创办一所综合性大学。宁波市政府也曾多次努力，终因财力有限未成功。

"要加快宁波改革开放的步伐，把全世界的宁波帮都动员起来建设宁波。"1984 年，邓小平提出了一个对宁波发展具有战略意义的口号。这一口号为实现宁波人的大学梦指明了一条路。

这年夏天，时为西安交大教授的俞茂宏在前往丹麦参加国际学术会议的途中，就“在宁波办一所综合性大学”一事给宁波籍侨胞包玉刚写信，在信中他诚恳地说：“在宁波新建大学，此义举的带头人非包先生莫属。”信件于当年7月寄至香港。此后，俞茂宏教授将此信略作修改，在参加各种全国学术会议上，拿出此信向众多宁波籍学者宣读，心系家乡的宁波籍学者纷纷在信上签名支持，随后这封签名信被送至宁波市政府。

当年，宁波市委、市政府决定派人到香港拜访包玉刚，请他回家乡考察、探亲，其中的第一目标就是想请包玉刚在宁波捐建一所综合性大学。这一想法得到了时任浙江省省长薛驹的同意。

1984年12月19日，时任宁波市市长耿典华与包玉刚先生在北京签署了捐资创办宁波大学的《洽谈纪要》。在决定捐资5000万元人民币（按当时汇率折合2000万美元）后，包玉刚给宁波出了一个有一定挑战性的题目，要求“宁波大学采取边建设边招生的办法，1986年秋季开学”。

当时的市委书记葛洪升说：“这绝对是一个考验，因为当时宁波各方面基础都非常薄弱，建一所大学，不仅涉及征地、建筑图纸设计、完成土建工程等，更为棘手的是师资队伍建设、纳入1986年招生计划等。”

搭班子选校址

1984年，我到市政府担任副市长，负责科教文卫工作。年底，市委、市政府将筹建宁波大学的任务交给我。市领导明确告诉我：包玉刚先生要求一年建好学校，要在1986年秋季开学。

1985年1月，市政府成立了宁波大学筹建处。当时，时间紧任务重，学校要选校址、征地、搬迁、建校舍，还要组建师资队伍。这真是一项艰巨的工作。当时也容不得我讨价还价，任务就是任务。

说干就干，2月，我和鲁彭年、徐峰等5位同志组建了宁波大学筹建领导小组，我任组长，办公地点在市委党校附近的两间房子里。当时那里很偏，几乎没有人去，这两间办公室设施也相当简陋，屋子破旧不说，办公设备也不齐全，冬冷夏热。但大家想到的是如何加快推进筹建，只要有一张桌子一把椅子能办公就行，没人想到改善办公条件。

我们采取齐头并进的工作方式，一人身兼数职，几项工作一齐推进。头两个月，我们 5 人下乡的下乡，调研的调研，一直忙到晚上才有碰头机会。

那时的头等大事是学校选址，办大学要有地方，没有地方如何办学。只有选好了校址，才能保证 10 月如期开工建设。

当时的指导思想就是给学子们一个安静的读书环境，因此，学校不能选在市区。还要有足够大的地方，以保证宁波大学的持续发展。我们考察的第一个地方是东钱湖。东钱湖有水有湖有山，风景优美，山清水秀，还有大面积的地方可建学校，是个读书做学问的好地方。但是，包玉刚先生明确表示，希望把宁波大学建在家乡钟包村附近。

考虑到包先生是世界船王，建学校必须要有水，估计包先生有搞航海的意愿，看到甬江旁边是师范学院，这样学校对学校，比较方便。根据包玉刚先生的意愿，我们特意在包玉刚先生老家附近的半路涨村选了一块地，甬江在此拐了道弯，校址南邻甬江，北靠公路，1000 亩左右的土地上蜿蜒着几条小河，环境宁静而不失灵动。当时我们想尽量把地搞大一点，为以后的发展做准备。1000 多亩的土地，面积足够大，符合建校的标准。但是，这块地一半属江北，一半属镇海，对于征用跨两个区的地块，相对来说事情要多一些，需要和两个区进行协商。好在当时的市领导非常重视征地工作，市领导出面做工作，征地工作进行得非常顺利。

当时有个规定，对于 1000 亩以上的土地征用，需要国家土地管理部门审批，千亩以下的土地征用只需要省里批就行了。当时半路涨村有一片坟滩，如果把坟滩部分加进去就超过了 1000 亩，要到国家去审批。

从时间上来说要耗费大量的时间，我们等不起，我们就打了一个擦边球，就把坟滩部分没有上报，按千亩以下征地上报到省里去批，省里支持办学，批起来

就容易得多，但是，征地的补偿款我们照给，这样办学的面积也有了，时间也不耽误。

地是征好了，但是，要把属于江北和镇海两个区的人都进行安置也是件不小的事情，镇海这部人想进到城里去，一定要满足他们进城的需求，还要给他们工作，经过协商，镇海部分的人全都迁到江北，并安排在江花玻璃厂工作。

村民们听说这块地是用来建宁波大学的，大多数人表示支持，对于市里给的搬迁补偿方案没有多大意见。

当然，也有少数人想不通，毕竟是祖辈都居住的地方，有的人就到筹建处来静坐，希望多要点拆迁款。

他们就坐在我的办公室里不走，我就好言好语地和他们商量，反复告诉他们：建宁波大学是市里的决定，我们一定会按照市里的搬迁补偿方案进行补偿。当然，对于特别困难的拆迁户，我们也考虑到了具体困难，进行适当的照顾。

当时的市委书记葛洪升听到有人在拆迁办不走。就打电话说：要不要派警察来？我说：没事，千万不要派警察来。

我反复劝那些人：包先生的钱赚来也不容易，你们也不要多要，我们会按国家政策办。并且和坐在办公室不走的人说：你们不走，我也不走，你们不吃饭，我也不吃。你们想坐到什么时候我奉陪到什么时候。

借着这个机会，我反复告诉他们，宁波要办教育，这是利国利民的好事。市政府已经给大家做了补偿，并且也把你们的生活给安排好了，你们还有什么意见？当然大家也理解政府的做法，说说也就没有意见了。

市政府专门为拆迁的村民建了房子。当时，我怕拆迁的工作影响到以后宁波大学的发展，对于所有的事情都想到了，就连当时的劳教人员出来后，如何居住，如何安排工作都考虑好了，没有为宁波大学的发展留下后遗症。

三上北京请校长

地征好了，办大学还需要校长呀，如果我们给弄好了，校长不满意可不行。找谁来当校长呢？当时也动了一番脑筋，考虑到包先生捐助修建的学校，不能随随便便找个行政领导来当校长，一定要请一位知名的，办过教育的人来担此重任。随便找个行政的人担任校长简单，但包玉刚先生肯定不会同意，包玉刚先生已经说过，下次商量的时候要带着校长去和他谈。

为未来的宁波大学物色校长真是迫在眉睫，不能耽搁。为此，我们多次去北京和安徽，邀请时任中国科技大学力学系教授的宁波籍人士朱兆祥回甬担当重任。当时朱教授人在北京，在中国科技大学做得好好的，突然让他回来，心里还是有些想法的，朱教授一开始有些犹豫，自己不敢接手，就推荐了中国科学院宁波籍人士郑哲敏先生。郑哲敏先生虽说没有多大的意见，但其夫人不同意。也是，他们毕竟在北京生活习惯了，有自己生活的圈子，想要让他们到宁波重新生活还是有想法的，此事也只好作罢。

记得有一次我们到北京找朱兆祥，先是找到朱教授的家，家人说他带着孙子正在北京天坛公园玩，我们又风尘仆仆地赶到天坛，朱兆祥也感受到了我们三顾的诚意，说：我同意不行，还要经过学校的同意才行。经过我们多次登门邀请，在中国科技大学的大力支持下，朱兆祥先生最终同意回家乡担任宁大第一任校长。

朱兆祥先生同意到宁波后，市政府的招待所给安排了住的，但是，朱兆祥不同意，说：我既然是来办学的，就应该到办学现场去。

1986 年 1 月 2 日，朱兆祥、裘克安等 5 人，进驻镇海清水浦渔业基地，建立了宁波大学校部。其他教师和行政人员也先后于 1 月 6 日至 8 日迁入清水浦办公。校部当时设了办公室、人事组、教务组、总务组、图书组、仪器设备组、计算机管理组等。

校长有了，但是，还要明确办学方向，要制定办学规划。办学首先要有师资

队伍，没有教师就是学校建成了也是一座空校。

在原国家教委的大力支持下，经与北京大学、复旦大学、中国科技大学、浙江大学、杭州大学五校反复磋商洽谈，最后通过“五校援建”完成了 7 个系的建设。这 7 个系是经济系、文学系、数学系、物理系、财经系、法律系、外文系，每班 40 人，首批招收学生 280 人。以系为基础，为将来办学院做好准备。

当时就考虑到，要办文学院、理学院、工学院、法学院等。五所大学也根据本学校最好的专业提出校系的建设，并且派出了本校最资深的、最优秀的老师来到宁波大学，所以第一届学生接受的是当时最好的教育。五校在援建的同时也把各学校的办学理念办学经验带到了宁大，让宁波大学得以高起点迈出办学第一步。

创造“宁波大学速度”

盖房子要先有设计，朱兆祥校长是浙大毕业的，认识浙大的人，浙大有建筑系，设计在全国还是有名的，所以就请浙大建筑设计院副总建筑师王德汉主持设计了校园一期工程。有了宏伟蓝图，施工单位的招标工作也如期举行。

我记得很清楚，施工单位是招标的，当时竞标的有宁波市第一建筑公司和宁波市第二建筑公司两个公司。宁波市场第一建筑公司是国营的，宁波市第二建筑公司是民营的。作为民营企业，第二建筑公司认为，国有企业家大业大，认识的人也多，他们肯定竞争不过宁波市第一建筑公司，就跑来找我。

我说：计划是什么样的，我们一定会按计划来办。

没想到最后还是民营的宁波市第二建筑公司中标。发标后，我们的工作就是监督宁波市第二建筑公司做好质量，并且是要保质保量按工程进度来完成任务。

1986 年 7 月 19 日，首批校园建设工程——1 号教学楼、学生宿舍 1 号楼、宾馆、东西餐厅、浴室、锅炉房 6 个单体竣工验收，建筑面积总计为 12400 多平方米，比常规工期缩短了 165 天。

7 月 25 日，学校校部进驻半路涨村新校园，朱兆祥校长电告包玉刚先生。翌日，包玉刚先生复电："宁波大学朱兆祥校长，接二十五日电，承告宁大上下之坚忍工作精神，不胜快慰，预祝顺利完成，鹏程万里。"

教学楼是建好了，在1000多亩土地上，只建了两幢教学楼和一幢学生宿舍，咋看都不美观，大面积空着，并且是杂草丛生，如果开学典礼，国家领导人和各级领导和包玉刚先生来了，我们如何交代？

当时，其他规划还没有弄，又不能随便乱建，看着大面积的空地，我们就想办法。当时认识奉化园林局一个负责同志，我就问他能不能在宁波大学空出来的地方栽些树，种些花。他欣然接受了任务。我们就在空着的地方种花种草，建花园，建绿地，建果园，既美化了学校环境，果园以后也可以让学生劳动。

我当时是管基建这一块的，其他工作都在紧张有序地进行着，招生组也在四处招生。1986年8月20日，招生录取工作也顺利结束，首届新生280名。其中来自本省学生有253名，来自上海、江苏、安徽、江西、福建的学生有27名。

9月10日，当包玉刚得知宁波大学将如期开学后，激动地说："中国（广东）有个深圳速度，宁波有个宁波大学速度。"

11月26日，宁波大学隆重举行开学典礼。国务院代总理万里和中央有关部门领导，薛驹、葛洪升、耿典华等省市领导，包玉刚夫妇及海外朋友等参加了开学典礼。

按照常规，建立一所大学从开工算起起码要三五年，而宁波大学从筹建到竣工使用不到两年时间，其中建设工期一年不到。

可以说，这是改革开放初期宁波人创造的"宁波大学速度"。要在一年内建成一所综合大学是个神话，但宁波确实创造了这个神话。

（作者时任宁波大学筹建处主任　谢芬德　万湘容/整理）

第三章

百花争艳，打造城市新名片

刘树琪　烟台——亚洲唯一的国际葡萄酒城

烟台的葡萄与葡萄酒产业的发展，始于1892年。张弼士先生创办烟台张裕酿酒公司，开创了中国葡萄酒产业的先河。现在，烟台是亚洲唯一的“国际葡萄·葡萄酒城”，葡萄与葡萄酒成为这座美丽海滨城市的重要象征。中国实行对外开放，烟台市的葡萄与葡萄酒产业实现了历史性跨越式发展，成为重要的支柱产业。烟台也成为中国第一大葡萄与葡萄酒产区。

“蓬莱葡萄海岸”脱颖而出

1996年8月，我上任蓬莱市市长。当时蓬莱市委、市政府提出，要加快实施农业产业结构调整，大力发展高效农业。怎么调？我带着一帮人深入农村调查研究。最后决定：从发展葡萄与葡萄酒产业起步。

蓬莱这个地方，发展葡萄与葡萄酒产业具有得天独厚的优势：

一是蓬莱有特征鲜明的气候优势。这里年平均气温是12.5℃，年日照时数为2825.1小时。葡萄生长季有效积温是1625℃、日光能系数为7.66，采收前两个月的水热系数分别是1.29和1.14，特别适宜酿酒葡萄生长。

二是蓬莱有培植国际一流产区的地理优势。这里位于北纬37°附近，山东半岛北部，属内海海岸，具备生产世界顶级海岸葡萄酒的“3S 法则”，即：阳光、沙砾、海洋。在葡萄生长季节，湿润的海风、和煦的阳光，赋予海岸葡萄特有的品质。尤其是蓬莱地势南高北低，在葡萄成熟的关键季节，南部群山可将大部分水汽阻挡，形成适应葡萄生长的小环境。

三是蓬莱有富有个性的土壤优势。这里的土壤构成多样化，尤其是丘陵地区土壤中性偏酸，以棕壤土最多，土质较轻、透气性好，矿物质含量丰富，营养吸收全面，极有利于发展酿酒葡萄种植。

四是蓬莱有丰厚的产业文化积淀。这里有近百年的葡萄种植传统。蓬莱是古登州府所在地，是一座历史悠久、文化底蕴极其丰厚的城市，具备打造葡萄与葡萄酒产业的良好文化环境。

市委、市政府决定把发展葡萄与葡萄酒产业确立为蓬莱“富民工程”和“百年立市”产业，列为政府工作的第一命题。根据这个决定，我们很快制定了《蓬莱市葡萄与葡萄酒产业发展规划》，目标是把蓬莱打造成“中国葡萄酒名城”和“亚洲国际葡萄酒城”。

按照既定规划，我拿出相当大的精力，抓了两件大事：一件是抓基地建设，一件是抓企业发展。

在基地建设方面，围绕发展酿酒葡萄种植，我总结探索出“公司 + 中介组织 + 基地 + 农户”的发展模式。主要采取两种生产经营方式：一种是成立酿酒葡萄生产合作社。公司与农户签订土地使用权合同，由公司向农民支付土地使用费；公司与合作社签订基地管理合同，由合作社按照公司标准搞好基地生产管理。另一种是建设紧密型生产基地，由合作社肩挑两头，一头挑着公司，一头挑着农户。“公司 + 中介组织 + 基地 + 农户”生产经营模式，从根上解决了农民与企业在生产经营中遇到的问题和矛盾，有效地促进了酿酒葡萄基地建设的科学化、标准化和规范化建设，有效地促进了酿酒葡萄原料与葡萄酒品质的提升，确保了农业结构调整和农民增收。

在企业建设方面，围绕发展葡萄酒生产企业，我提出了“政府引导、专家参

与、企业运作”的发展思路。这一招很灵。中粮长城、新天国际、金六福香格里拉等国内知名葡萄酒企业纷纷抢滩蓬莱；海市、瑞事临、华鲁等 20 多家本土民营葡萄酒企业加速上规模上档次；英国风格的苏格兰酒堡与法国风格的拉菲酒庄先后在蓬莱丘山山谷崛起；菲律宾康达、意大利罗迪、德国阿尔玛、英国登龙、法国瑞枫奥塞斯等 10 多家国外知名葡萄酒品牌也纷纷进驻蓬莱。

蓬莱葡萄与葡萄酒产区优越的自然人文优势和良好的产业发展基础，使国际葡萄与葡萄酒组织将蓬莱产区确定为“世界第七大葡萄酒海岸”。

2005 年 8 月，蓬莱市举办了“世界七大葡萄酒海岸高峰论坛”，来自法国波尔多梅多克、意大利托斯卡纳、美国纳帕山谷、智利卡萨布兰卡谷、澳大利亚布鲁萨山谷、南非开普敦与中国烟台蓬莱七大世界著名葡萄海岸代表，共同签署了《世界七大葡萄海岸合作意向书》，发表了“协作、创新、发展”主题的《蓬莱宣言》，向全世界宣示了蓬莱葡萄与葡萄酒产区的国际地位，“蓬莱葡萄海岸”从此跻身世界名优产区行列。

实施葡萄酒庄带动战略

2007 年，我担任烟台市委常委、烟台市政府副市长，仍一直关注着全市葡萄和葡萄酒产业的发展。围绕如何发展葡萄与葡萄酒产业，我曾赴意大利、法国、德国等新旧葡萄酒世界国家考察。看到西方发达国家延绵数千公里的葡萄长廊与星罗棋布的葡萄酒庄园，我感触很深：那里的农民世代从事葡萄与葡萄酒产业，生活异常富足。在那里农业不是弱势产业而是高效产业，所走过的村落都以葡萄酒庄为中心，渗透着浓郁的葡萄与葡萄酒文化，成为独具特色的休闲度假胜地。

西方国家发展葡萄与葡萄酒产业的经验和做法，给烟台产区以深刻的启示。烟台开始摆脱传统的葡萄与葡萄酒产业发展模式，走以酒庄带基地、以基地促发展的道路。

张裕公司、威龙公司、中粮长城公司等国内著名葡萄酒生产企业，先后率先在烟台建起了张裕卡斯特酒庄、龙湖黄金海岸葡萄庄园、中粮南王山谷君顶酒庄。之后又在新疆、宁夏、甘肃、辽宁等产区建立了新疆冰川雪山葡萄庄园、甘肃沙漠绿洲有机葡萄庄园和北京爱斐堡国际酒庄等。烟台酒庄覆盖酿酒葡萄基地达到30多万亩。

张裕、威龙、中粮长城等企业发展葡萄酒庄基地的实践经验，对推动整个烟台产区的葡萄与葡萄酒产业发展产生了重大影响。到2013年，全市已发展酿酒葡萄52万亩、葡萄酒生产企业152家，建成和在建葡萄酒庄50个。葡萄酒年产量达到33.14万千升，占全国葡萄酒年总产量的四分之一强，完成主营业务收入218.29亿元，实现利税34.63亿元。

现在，烟台市正在以滨海大道（G206）、荣乌高速（烟台段）为依托，建设“两横两纵”烟台葡萄与葡萄酒特色产业带。“两横”：即打造从牟平经蓬莱至龙口的“百公里葡萄海岸长廊”、从牟平经蓬莱到龙口和招远至莱州大泽山北麓的“百公里葡萄观光长廊”。“两纵”：即打造从烟台开发区到福山至莱山、牟平的环城公路两侧的“环城葡萄酒庄休闲带”、自蓬莱向南经南王镇、大辛店镇、村里集镇至栖霞的211省道两侧的“山地葡萄酒庄休闲带”。

品牌战略之一：打造产区品牌

品牌是优秀葡萄与葡萄酒产区的标志。要确保烟台葡萄与葡萄酒产业的持续快速发展和不断提升在国内外市场上的竞争力，打造良好的品牌形象至关重要。

产区品牌决定一个地区葡萄与葡萄酒产业未来发展的命运。这几年，为了努力打造烟台葡萄与葡萄酒产区品牌，我们主要抓了三件事。

一是加强葡萄与葡萄酒生产标准化与规范化建设。在全国率先推广了《蓬莱产区酿酒葡萄栽培管理规程》《蓬莱产区葡萄酒加工技术流程》等规章制度及控制标准，从酿酒葡萄的基地品种选择、苗木培育、栽培模式、施肥浇水、农药使用、采摘时间、产量控制等，在全市全面实行标准化与规范化管理。

二是加强葡萄与葡萄酒市场监管。烟台市于2010年12月成立了全国首家地（市）级葡萄与葡萄酒局，出台了《关于加快葡萄酒产业发展的意见》，制定了《葡萄与葡萄酒行业生产管理办法》，发布了《葡萄与葡萄酒质量宣言》。同时成立了由工商、质监、卫生、公安、葡萄与葡萄酒局等部门组成的葡萄与葡萄酒产业联合执法机构，对葡萄酒企业注册和生产销售进行全程监控，对假冒伪劣产品严肃查处。

三是创办大型国际性葡萄与葡萄酒主题活动。由国际葡萄与葡萄酒组织（OIV）、中国酒类流通协会、山东省人民政府共同主办的烟台国际葡萄酒博览会，是我们这些年来举办的最主要的也是最有国际影响力的葡萄酒专业大型活动，现在已经成功举办了七届，共有来自80多个国家和地区的2000多家葡萄酒企业和50多万人次参会参展。

这一活动的举办，为加强国际在葡萄与葡萄酒领域的交流与合作，推动烟台葡萄酒产业做大做强和提升烟台产区的国际形象，都发挥了重要作用。2004年以来，蓬莱市政府与“国际葡萄酒大赛联盟”相继成功举办了四届蓬莱“国际葡萄酒烈酒品评赛”（VINALIES CHINA）活动；成功举办了蓬莱“国际葡萄酒周”“世界七大葡萄酒海岸高峰论坛”“国际葡萄酒和蒸馏酒设备技术暨葡萄种植博览会”等一系列国际葡萄酒盛会。葡萄与葡萄酒产区品牌建设，有效地塑造了烟台“国际葡萄与葡萄酒城”的良好形象。

品牌战略之二：打造企业和产品品牌

国外葡萄与葡萄酒产业发展的成功经验告诉我们，好的产区发展必须靠好的企业和产品品牌带动。而要打造好的企业和产品品牌，加强科研开发能力是必由之路。

这些年来，烟台先后建立了国家葡萄酒质量监督检验中心、国家级葡萄酒企业技术中心、国家农产品技术研究中心葡萄专业分中心、张裕博士后研究工作站和山东葡萄与葡萄酒行业技术中心。驻烟台各高校还相继设立葡萄与葡萄酒学院或开设葡萄与葡萄酒专业，开展葡萄和葡萄酒的科研开发，培养葡萄与葡萄酒专业人才。烟台一大批优秀葡萄酒企业在科研开发的有力推动下，迅速成长壮大起来。

烟台张裕葡萄酒作为中国葡萄酒的标志性品牌，2006 年就在欧洲实现了五个首次：首次进入 3000 多家欧洲超市；首次进入欧洲邮购销售系统；首次进入欧洲葡萄酒专卖店；首次进入欧洲五星级饭店；首次进入德国汉莎航空公司头等舱。

2012 年，张裕集团公司实现的销售收入和实现利税，跃居全球葡萄酒行业第四位。2013“Brandz 中国最具价值品牌 50 强”调查结果显示，烟台张裕葡萄酿酒股份有限公司以 31 亿美元的品牌价值，名列榜单第十九位，也是葡萄酒行业唯一入选品牌。再如烟台威龙、烟台中粮长城、烟台君顶等，也都已经成为中国葡萄酒产业的第一团队企业。

强大的科研开发能力建设，使烟台这些年来推出一大批在国内外市场上具有较强竞争力的产品。张裕黄金冰谷冰酒（金钻级）2010 年夺得 SIAL China 全球唯一甜酒大奖。烟台威龙葡萄酒公司开发的有机葡萄酒，在国内有机葡萄酒生产领域持续保持绝对领先地位，成为世界有机葡萄酒的创新者与领航者。

品牌战略之三：打造文化品牌

为了打造烟台葡萄与葡萄酒文化品牌，主要采取了以下措施。

一是建设葡萄酒文化博物馆。1892 年张弼士先生创办烟台张裕酿酒公司以来 120 多年里，烟台积累了极其丰厚的葡萄与葡萄酒文化。为了向世界展示烟台丰厚的葡萄和葡萄酒文化，我们在 1992 年建设了张裕酒文化博物馆，这是一座全球为数不多的世界级葡萄酒文化博物馆。我们在这里运用多种形式和手段，展示出百年张裕的奋斗历史和中国葡萄酒业发展崛起的艰辛历程，翔实讲述烟台深厚的葡萄与葡萄酒文化。

二是举办葡萄酒艺术节。早在1987年，我们就开始举办“烟台葡萄酒艺术节”。在葡萄酒艺术节期间，我市专业、业余文艺团体和艺校，围绕烟台葡萄酒开展了专题创作和演出活动。同时举办了葡萄酒艺术节展览会，展出了以葡萄和葡萄酒为题材的绘画、摄影、书法、雕塑、工艺美术等作品，以及烟台著名书画家为张裕公司留下的200多幅书画精品。国内外20多家主流媒体的50多名记者前来采访，向世界报道了亚洲唯一“国际葡萄·葡萄酒城”的这一文化盛事。

后来，各地以及一些重点葡萄酒企业将葡萄酒艺术节演变成了丰富多彩的以葡萄酒为主题的各种文化活动。如中粮君顶酒庄“秋季采摘、自酿葡萄酒”、张裕卡斯特酒庄“风情采摘节”、蓬莱国宾酒庄“盛唐御酒采摘酿制大典”等不同主题、各具特色的葡萄与葡萄酒文化活动。

（作者时任烟台市副市长）

梁　强　中国首个海鲜美食之都诞生记

鲜从哪里来？鲜从湛江来。

“食海鲜，到湛江。”这是民间流传的一句话。湛江人依靠广阔南海，创新海鲜美食，从选材到烹饪，从菜式到文化，进行了一系列的梳理、提升，全力打造“中国海鲜美食之都”（以下简称“申都”）。使湛江海鲜美食有了质的飞跃，圆了700多万湛江人的梦想。

从2009年3月18日湛江市正式成立“申都”领导小组，到2010年5月14日正式授匾湛江为“中国海鲜美食之都”，历时421天。作为市“申都”领导小组办公室副主任、湛江市烹饪行业协会会长的我，为“申都”倾注了大量心血，每一步的跨越，每一次的拥抱、欢呼、击掌都无法表达我们心中那份欣喜。

精心谋划　形成合力

2007年9月19日，湛江市烹饪行业协会第二届会员大会在湛江海滨宾馆举行。出席大会的53家会员单位代表，以无记名投票形式，选举我为协会第二届会长，这是湛江餐饮界对我的信任。2008年1月，广东省餐饮服务行业协会在广州市召开第一届会员大会，我被选为省餐饮服务行业协会副会长。会议结束时，省

餐饮服务行业协会的领导语重心长地对我说，希望湛江餐饮界在当地党委和政府的支持下，申报中国海鲜美食之都这个国字号品牌。

从广州回来后，我脑子里不停地想“申都”这件大事。我既从事建材生意，又经营录丰渔村和新录丰大酒楼，解决千余人就业，每月仅支付员工的工资就100多万。如今我又是市餐饮行业协会的领头羊，协会是民间群众团体，没有经济收入，运作需要资金。申报中国海鲜美食之都更要筹措一大笔启动资金，几副担子一肩挑，压力相当大。

开始时，因怕影响生意，又要带头捐资，家里人反对我介入这些繁重的社会工作。有的会员单位的老板闻说要捐款，也有微词，说做好自己的生意就行了，管什么申都？“申都”是国字号品牌，规格高，标准严，申报程序多，而且要政府的领导和职能部门的支持。

面对这一系列的难题，是进还是退？当时思想斗争十分激烈。但是，一想到自己是乘着国家改革开放的春风，吸取了湛江大地滋润，才成为民营企业家，政府给予我很多荣誉，我身任湛江市工商联常委、湛江市霞山区工商联副会长，连续多届的市、区人大代表和政协委员，自己应该借“申都”机会多做贡献，回报社会，为推动湛江餐饮服务业发展尽一份力。

想通之后，我耐心说服家里人。大哥、儿女都支持，并且帮助我管理生意，让我腾出时间为“申都”工作忙碌。同时，我组织协会的理事单位开会，反复动员，讲清道理，使大多数会员单位提高了认识，转变了看法，都表示尽自己的力量支持“申都”工作。

2008年5月，应中国烹饪协会的邀请，我代表湛江市烹饪行业协会到北京参加2008年中国餐饮产业发展大会。还参加了中国餐饮企业品牌建设与认定工作研究会，并通过中国烹饪协会的资格考核，荣获“中国餐饮业认定师”资格。这是我市获得此殊荣的第一人，对我市餐饮业的品牌建设、申报“中国海鲜美食之都”将起积极作用。在北京期间，我拜会了中烹协的领导，主动汇报了湛江“申都”的设想，得到领导的支持，并提供申报的有关文件资料。

在筹划“申都”前期工作中，需要筹措一笔启动资金和抽调一批工作人员，加上申报材料条件高，要求严谨，个别政府部门开始也不理解，怕麻烦不愿意承担申报牵头组织部门。个别人还劝我少管这种“闲事”。但我没有动摇，坚信有市委和市政府的支持，必定成功。

有一次，时任湛江市市长阮日生参加民营企业经济工作座谈会。我趁机向阮市长汇报市烹饪行业协会拟申报中国海鲜美食之都的设想和碰到的实际困难。市长认真地听了我的汇报后明确表态，市委、市政府一定给予大力支持。还建议我向分管的副市长和主管的市经贸局汇报。

市长一席话，让我吃了颗定心丸，压力一下子就变成了动力。我立即召开市烹饪行业协会会员大会，向会员传达市长的指示，大家精神振奋，纷纷出谋划策，讨论研究起草“申都”方案。接着，我又组织副会长的会员单位上北京、去重庆、赴上海、到广州、走南宁等地取经学习，回来后草拟申请申报报告。没有原始资料，我们盛请广东海洋大学、湛江师范学院的专家教授帮助搜集资料，汇编成湛江餐饮历史资料。

一个月后，市烹饪行业协会正式向市经贸局呈送了一份关于申请申报中国海鲜美食之都的报告。报告中，列举湛江资源优势是海洋，湛江的文化是海洋文化，湛江餐饮最具特色的是海鲜美食。并建议应亮出“彩色湛江——中国海鲜美食之都”这一最具区域特色的城市品牌名片。

2008 年 12 月 22 日，市经贸局作为申报工作的牵头组织部门，认真履行职责，发挥职能作用，向市政府提出《湛江申报“中国海鲜美食之都”称号的工作方案》。2009 年 1 月 4 日，市委常委、副市长赵志辉在工作方案上批示：原则同意此工作方案，由市经贸局和湛江市烹饪行业协会正式行文向市政府报告，争取列入今年的政府工作报告。1 月 15 日，成立湛江市申报中国海鲜美食之都筹备办公室，设在湛江市国际会展中心，开展申报前期工作。

这期间，我和市经贸局刁岚副局长带领筹备办公室其他成员经常开会研究申报工作的要点、难点，然后市烹协与市经贸局按各自分工分头行动。3 月初，市

经贸局刁岚副局长和我亲自到省经贸委、省餐饮服务行业协会汇报申报工作，得到省领导和省餐饮协会的大力支持，并承诺派出专家到湛江进行具体指导。2009年3月12日，市经贸局以（湛经贸〔2009〕44号）向市政府报送《关于成立湛江市申报中国海鲜美食之都领导小组的请示》。一周之后的18日，市政府办公室以（湛政函〔2009〕45号）下发《关于成立湛江市申报中国海鲜美食之都领导小组的通知》，正式批准成立“申都”领导小组，由市委常委、副市长赵志辉任组长，黄寒副秘书长，黄戈副部长，刁岚副局长，陈振华副局长等任副组长。下设办公室在市经贸局，刁岚副局长兼任办公室主任，我任办公室副主任。日常工作由市经贸局和市烹饪行业协会承担。至此，湛江市申报中国海鲜美食之都工作正式启程。

时任市委书记陈耀光、市长阮日生十分关心和支持申报活动，多次主持召开会议研究布置申报工作，对申报工作进行具体指导。市财政专门安排了专项经费支持开展申报工作。市政府召开新闻发布会，让湛江各主流媒体大力宣传“申都”的意义，发动各行各业支持“申都”工作。

那段时间，我经常早起晚睡，工作日程安排得满满的，没有休息过一天，不是出差到北京、广州等地联系专家，就是与市经贸局的领导开会研究具体细节，还要到行业协会协商沟通，加班熬夜是家常便饭，十天半个月未能与家人见上一面。酒店经营遇到的问题，几乎都通过电话办公解决。尽管这样做对自己的酒楼经营和建材生意上有一定的影响，但为了能够早日“申都”成功，舍小家为大家，我觉得十分值得。

专家考察　帮助指导

2009年3月29日至4月1日，中国烹饪协会（以下简称中烹协）和省餐饮服务行业协会（以下简称省餐协）领导和专家一行10人，由中烹协副秘书长李亚光先生带队到湛江考察，指导我市申报中国海鲜美食之都工作。专家组成员还有邱庞同（扬州大学旅游烹饪学院教授）、童辉星（中国烹饪大师）、姚学正（广东商学院华商学院教授）等。考察组由市经贸局刁岚副局长和我陪同进行考察。他们参观了皇冠假日酒店、银海酒店、金辉煌酒店、新录丰大酒楼等餐饮企业，考察了国联水产、霞山水产品批发市场和特呈岛。市政府还邀请专家组参加我市申报“中国海鲜美食之都”座谈会。

根据专家组的提议和要求，市申报领导小组办公室在省餐协、广东海洋大学、湛江师范学院等单位的大力支持下，组织专家学者到各县（市、区）调研，深入基层，通过翻阅历史资料、与老百姓交谈、听取名店名菜衣钵子弟、专家汇报等方式，完成了《湛江打造中国海鲜美食之都前期调研报告》和《湛江海鲜美食，美在哪里》等调研结果，几经修改，最终形成申报材料。

5 月 23 日至 26 日，中国烹饪协会又一次派出专家组到湛江进行现场考察，认定“中华餐饮名店、中国名菜、名点、名宴”。这次来湛的中烹协专家组是业内重量级“美食家”组成。由中国烹饪大师、广西烹饪行业协会副会长何逸奎任组长，成员包括中国烹饪大师、温州瓯菜研究会会长周雄，中国烹饪名师、石狮市荣誉大酒店行政总厨胡满荣，上海市东湖集团公司餐饮总监施一斌和中烹协的崔明杰。

专家组一行走进湛江各大酒楼食肆的厨房、酒窖、包间，边看边吃边品评，对原材料、工序、做法、口感和菜式给予了很高的评价，其注重细节及个性化的服务也获得专家们的肯定。我市有 7 家酒店获得“中华餐饮名店”称号；9 个菜式获“中国名菜”称号；3 个糕点获“中国名点”称号；3 个宴席获“中国名宴”称号。这些殊荣展示了湛江海洋美食的独特风貌，为申报“中国海鲜美食之都”取得阶段性成果。

2009 年 6 月，我作为市烹饪行业协会特邀代表，参加了在北京举行的中国烹饪协会第五届代表大会，与各地代表交流切磋，大力宣传湛江海鲜美食，积极推动餐饮业和餐饮文化的发展与创新，促进湛江海鲜美食文化的发展。

8 月 10 日至 11 日，中国烹饪协会再次派出由中烹协副会长孙应武带队的专

家组到湛江进行现场认定“中国烹饪大师、名师”活动。湛江市有近 30 名符合条件的厨师申报认定，我在现场见证了气氛热烈的场面和参赛烹饪厨师的风采。经过专家组面对面的考察认定，湛江大海湾渔村董事长陈国兴，湛江小旺角酒楼行政总厨李君茂、李君雄等 3 人获得“中国烹饪大师”称号，湛江新录丰大酒楼行政总厨林胜江，湛江皇冠假日酒店行政总厨张安明，湛江中国城大酒店行政总厨林志来，湛江新新格里拉大酒店行政总厨黄光星等 4 人获得“中国烹饪名师”称号，他们积极推动湛江餐饮业和餐饮文化的发展，创新烹饪技艺所获得的荣誉，实至名归。

四海取经　上下联动

为了更好地吸取外地打造餐饮品牌的先进经验，推动我市餐饮服务业上水平，2009 年 9 月，由市人大副主任、市总工会主席陈亚德带队，市经贸局副局长刁岚和我以及“申都”工作人员组成湛江市代表团，参加由中烹协与苏州市政府共同主办的全国餐饮品牌考察交流会暨苏州美食节活动，拜会了中烹协会长苏秋成、省餐协常务副秘书长陈翔。

同年 10 月，副市长梁志鹏带队，市经贸局副局长刁岚和我陪同，参加了中烹协与扬州市政府共同主办的第十九届厨师节暨中国首届餐饮品牌市长论坛活动。我们虚心学习兄弟省、市的宝贵经验，充实我们“申都”内容。

10 月 9 日至 14 日，市委常委、副市长赵志辉带队，市政府副秘书长黄寒，市经贸局局长陈鹏飞，副局长刁岚和我陪同，到北京拜会中国烹饪协会领导，向中烹协的领导汇报我市申报工作进展情况。11 月 9 日，市政府在市政府 1 号会议室召开湛江市申报中国海鲜美食之都动员大会，会上市经贸局局长陈鹏飞通报申报工作情况，市委常委、副市长赵志辉做动员讲话，他介绍我市目前的社会、经济发展情况，特别是餐饮业、海产业以及相关行业的发展情况。

自 2009 年初我市提出打造“中国海鲜美食之都”这一构想以来，政府制定了一系列加快餐饮业发展的政策，用以推动城市餐饮品牌的建设，使我市餐饮业焕然一新。

最后，市长阮日生做动员报告。他说："这是湛江市有史以来最大规模的美食行业动员大会，意义重大。将对我市餐饮业的发展产生深远的影响。"阮市长号召湛江向"中国海鲜美食之都"冲刺。会上，阮日生、赵志辉为我市 7 家获得中华餐饮店的企业及获得中国名菜、名点、中国烹饪大师（名师）和"2009 年度中华金厨奖团体奖"代表授牌。我代表新录丰大酒楼从阮市长手中接过中华餐饮名店的牌匾。

我市这次申报工作得到了时任中共中央政治局委员、广东省委书记汪洋同志的肯定，还得到了广东省经贸委的大力支持。并将湛江申报"中国海鲜美食之都"列为 2009 年首次设立的广东省流通品牌扶持项目。省经贸委还拨出 70 万专项资金为我市申报工作做品牌宣传。

首度叩关　获得认定

2009 年 11 月 18 日，湛江市政府向中国烹饪协会提出《关于申请授予湛江市"中国海鲜美食之都"称号的函》（湛府函〔2009〕355 号）。

2009 年 12 月 11 日至 14 日，市长阮日生带队，市委常委、副市长赵志辉，黄寒副秘书长、市经贸局陈鹏飞局长，刁岚副局长和我一行陪同到北京拜会中国烹饪协会。我们冒着严寒冰雪，专程拜访中烹协苏秋成会长、杨柳常务副会长等领导和专家，详细汇报我市申报工作的进展情况，听取他们对申报活动的指导意见。在拜会期间，市领导向中烹协递交了湛江申报"中国海鲜美食之都"报告书。

申报书内容中阐述了湛江申报"中国海鲜美食之都"七大优势；湛江成为"中国海鲜美食之都"，具有强有力的经济发展实力做支撑；并阐述提升湛江海鲜美食品牌形象的措施等。申报书结束语写道：对照中国烹饪协会《"中国美食之乡"认定管理办法》的要求，我认为湛江市已具备申报"中国海鲜美食之都"的

条件，特呈送此申报书。

2010年1月11日，中烹协组织专家组莅临湛江。当天，市委书记陈耀光，市委常委、副市长赵志辉，市人大副主任陈亚德，副市长梁志鹏等领导亲切会见了中烹协专家认定组组长李耀云一行。我有幸参加了会见会。陈耀光书记代表市委、市政府热情欢迎各位专家，表达了我市申报中国海鲜美食之都的优势，希望专家组对我们“申都”工作多提宝贵意见。

在会见会上，陈耀光书记特地表扬了市烹饪行业协会为“申都”工作做出了很大的贡献。听了市委陈耀光书记的表扬，我激动地说，还做得不够，还要继续努力，与政府相关部门以及市饮食服务业商会、市水产进出口企业协会等行业协会携手合作，争取早日“申都”成功。

1月12日，中烹协专家认定组召开了首次认定会议。当天，市委常委、副市长赵志辉，市政府副秘书长黄寒，广东省餐饮服务行业协会常务副秘书长陈翔，广东海洋大学水产学院教授叶富良，广东海洋大学食品科技学院副院长、教授王维民，湛江师范学院人文学院教授刘佐泉，湛江师范学院生命科学与技术学院党委书记、教授陈道海，湛江市商业技工学校副校长、高级技师、烹饪师高级考评员谭小敏等湛江专家组成员和湛江市经贸、劳动保障、旅游、统计、海洋渔业、食品药品监督、文广新、宣传等部门领导同志，以及行业协会、有关餐饮企业代表数十人参加了会议。

会上播放了湛江市申报“中国海鲜美食之都”专题录像片，湛江市委常委、副市长赵志辉做了关于申报“中国海鲜美食之都”的陈述报告。认定组与湛江专家组成员进行了对话交流。随后，认定组考察了湛江美食街区，前往湛江霞山水产品批发市场，新录丰、新大天然、海上世界等知名餐饮企业和国联公司、特呈岛、硇洲岛、广东海洋大学等单位进行了深入考察调研。

1月13日下午，经过两天紧张的实地调研考察后，中烹协专家认定组在皇冠假日酒店召开考察总结会议，对这次考察湛江市申报“中国海鲜美食之都”工作进行总结。专家认定组对湛江申报“中国海鲜美食之都”所开展的各项工作给予了充分的肯定，认为：湛江具有得天独厚的海洋优势，拥有丰富的海鲜美食资源基础；海鲜美食产业发展取得了显著成效，特色突出烹饪技法鲜明；悠久的历史文化渊源不断得到挖掘传承；发展海鲜美食产业具备可靠的人才保障；政府高度重视，大力支持产业发展；海鲜美食品牌建设取得了显著成效。同时，认定组认为按照中国烹饪协会《“中国美食名城”认定管理办法》规定的条件与标准，湛江市达到了主要指标要求，具备了“中国海鲜美食之都”的基本条件，可以提交中国烹饪协会予以审核。

“申都”成功　全国唯一

2010年1月15日至30日，中国烹饪协会在网站上予以公示，中国烹饪协会将授予湛江市“中国海鲜美食之都”称号。

2月2日，中国烹饪协会授予湛江市“中国海鲜美食之都”称号。喜讯从北京传来，令人激动。回顾申报的历程，在市委、市政府的正确领导下，全市上下做了大量的工作，付出了艰辛的努力，终于迎来了收获的日子，我流下了幸福的泪水。

5月13日，中国烹饪协会常务副会长杨柳等中烹协领导，以及广东、广西、海南烹协领导、专家一行莅临湛江。下午，中烹协常务副会长杨柳一行前往国联水产公司、特呈岛、红嘴鸥海港渔村等进行考察，亲身体验中国海鲜美食之都——湛江的独特魅力。市委常委、副市长赵志辉等陪同考察。

在考察时，杨柳常务副会长对我说，湛江的海鲜美食的特点就是原汁原味，健康营养，总结一个字，就是鲜。当晚，市政府在红嘴鸥渔村举行欢迎晚宴，市委常委、副市长赵志辉出席。我光荣地被邀出席晚宴并安排在主台席位。晚宴上，最吸引人的就是现场种类繁多的海鲜美食，让来宾领略了湛江海鲜美食原汁原味的特色。来宾吹着海风，品着美食，听着音乐，陶醉在其中。中烹协常务副会长杨柳更是盛赞湛江海鲜美食产业大有可为！

5月14日上午，“中国海鲜美食之都”授牌仪式暨北部湾经济区餐饮产业发展论坛在湛江市隆重举行。在隆重的授牌仪式上，市长阮日生从中国烹饪协会常务副会长杨柳手中接过“中国海鲜美食之都”的牌匾，这标志着湛江的海鲜美食正式挂上金字招牌，这是经全国行业协会认可、代表着湛江城市特色的品牌——全国只授予一个城市，具有唯一性。湛江也因此成为全国唯一获此殊荣的城市。

市领导赵志辉、刘菊、李连、徐志农等出席授牌仪式。在这里，我透露授牌仪式上的一个小插曲。开始授牌前，我坐在台下前面，阮市长在台上见到我，立即点了我的名字，梁强，你快上来，今天你是授牌仪式的主人之一，不能没有你！我被邀请上了授牌仪式的台上，与市领导一齐见证和分享了这一喜悦的历史时刻。

授牌仪式上，阮日生市长向关心、支持和帮助湛江获得“中国海鲜美食之都”的全体人员表示感谢。他指出，“中国海鲜美食之都”美誉是对我市传统餐饮文化的肯定，为湛江增添了一张亮丽的城市名片，进一步提升了城市品位。希望我市要培育出更多的海鲜名菜、名店和名师，加强餐饮行业与外界的交流合作，引领湛江的餐饮服务业与国内外接轨；要推动我市餐饮业品牌化、特色化、规范化、规模化发展，把湛江的海鲜美食打造成为中华饮食文化的一面旗帜！

中烹协常务副会长杨柳在授牌仪式上对湛江获得“中国海鲜美食之都”荣誉称号表示祝贺。她说，湛江是名不虚传的南海鱼仓，湛江独特的海鲜美食文化源远流长。在市委、市政府和社会各界坚持不懈的共同努力下，湛江成功获得了“中国海鲜美食之都”的荣誉称号。希望湛江今后能够继续把这块金字招牌做大做强，把湛江的海鲜美食推向全国、推向世界。

当日，中烹协与湛江市政府还共同签订了关于推动湛江市餐饮企业发展战略合作框架协议。在当天举办的泛北部湾经济区餐饮产业发展论坛上，来自中国社科院、暨南大学和广东、广西、海南三地餐饮行业协会的专家学者分别从不同的角度对泛北部湾餐饮产业的发展做了演讲。市委常委、副市长赵志辉也就“中国海鲜美食之都”这一品牌对湛江的意义和作用进行了阐述。广东、广西、海南三地餐饮行业协会共同签订了泛北部湾餐饮合作联盟协议。

当晚，庆祝“中国海鲜美食之都”申报成功暨“茂德公之夜”中国海鲜美食盛宴在新大天然酒店举行。来自广东、广西、海南等地的烹饪专家，以及湛江餐饮界等500多位嘉宾欢聚一堂，品尝海鲜美食。市长阮日生，市委常委、副市长赵志辉出席。我被安排在主宾席上，与市领导及中烹协的领导同台齐庆这难忘的盛事。中烹协常务副会长杨柳做了热情洋溢的讲话，市委常委、副市长赵志辉致辞。现场还举行了“中国海鲜美食之都”网站开通仪式和精彩的歌舞表演。

2010年5月14日，湛江作为“中国海鲜美食之都”在世人面前闪亮登场，是湛江餐饮界值得纪念的日子。对于湛江人来说，这不是终点，而是我们的另一个起点。市领导和中烹协领导要求我们用世界眼光、国际标准来打造湛江海鲜美食品牌，进一步让湛江海鲜美食走向世界，让湛江早日成为“世界海鲜美食之都”。

（作者时任湛江市新录丰大酒楼董事长　谭启滔/整理）

尹奉廷　青啤股票发行，盛况空前

1993年7月中旬至8月中旬，青岛市发行了青啤股票。这是改革开放以后，青岛发行的第一只股票。作为参与者之一，至今记忆犹新。

股改上市，青啤成首选

东方风来满眼春。1992年初春，邓小平南方视察时明确指出：证券、股市，这些东西究竟好不好，有没有危险，是不是资本主义独有的东西，社会主义能不能用？又说，允许看，但要坚决地试。正是在这个背景下，企业股份制改制、股票发行上市交易成必然。

青啤始建于1903年，由英德商人创办，最初年生产能力为2000吨。1949年6月青岛解放，名称为国营青岛啤酒厂。后历经几次大的投资扩产，至上市前一年已形成年产啤酒13万吨生产能力。

自20世纪60年代以来，青啤高度重视质量管理，因此青岛牌啤酒曾先后多次获得国家部委和行业协会金质奖、“国家著名商标”“中国十大驰名商标”等。

在国际上，1981年和1985年两次在美国华盛顿举行的国际评酒会上获得冠军，1987年5月，在美国密西西比州杰克逊市举行的国际啤酒评比中名列榜首，

1991 年 9 月，在比利时布鲁塞尔举行的蒙顿国际评比大赛中获得金奖。这样一个国内外久负盛名的品牌啤酒企业，理所当然地成为股份制改制和发行上市首选。

1992 年，青岛啤酒厂被列为国家体改委全国首批 9 家“规范化股份制试点企业”之一。经过各方面的前期工作，1993 年 6 月 4 日经国家体改委发文批准，6 月 11 日在海天大酒店召开公司创立大会。由青岛啤酒厂作为独立发起人，在吸收合并原青岛啤酒第二有限公司、第三有限公司及青岛啤酒四厂的基础上，创立了青岛啤酒股份有限公司。6 月 16 日，青啤公司正式注册成立，全资拥有青岛啤酒一厂、二厂、四厂、麦芽厂和青岛啤酒广发实业公司、青岛啤酒实业开发公司。啤酒厂的改制为其上市创造了先决条件。

另一方面，时任青岛市委书记俞正声带领一班人，思想开拓，锐意进取，敏锐地捕捉机遇，率先实施名牌发展战略，积极支持青啤改制和上市工作，这也是全国选择青岛先试的重要条件。

记得当时为支持青岛啤酒厂股份制改造，俞正声书记多次主持有关会议，协调市政府各个部门为企业改制扫清障碍，并且亲自带队赴京与国家有关机关请示协商，争取工作支持。由此可见，国家选择沿海开放城市、计划单列市青岛，作为第一个 H 股和 A 股并行的试点，是顺理成章的事情。

香港上市 H 股先行

1993 年 6 月 26 日，国务院证券管理委员会批复同意青啤股份公司关于 A 股 1 亿股（每股面值 1 元）和 H 股 3.176 亿股的发行额度的申请。此前，青啤按照国际上市惯例，聘请了有资格的中介机构，分别进行了财务审计、资产评估、吸收合并和法律文书以及上市公司制度制定等工作。后又经过香港联交所聆讯、招股书定稿、公关推介、签署相关协议、举行新闻发布会等步骤，于 1993 年 6 月 29 日至 7 月 2 日在香港成功进行了招股工作，发售价为每股 2.8 港元，超额认购 110 多倍。

同年 7 月 15 日上午 10 点整，在香港联交所的大厅内，当彩色显示屏上跳跃出一个崭新的证券代码“168”时，大厅内的气氛沸腾了，第一家来自中国内地的国有企业按照国际惯例改制并上市的企业——青岛啤酒股份有限公司的股票正式挂牌上市。

毫无疑问，香港市场比较成熟，且与国际市场接轨，而国内证券市场尚处在关键时期的试点阶段。先在香港发行 H 股，也是按现代企业制度改制并发行外资股的重要步骤，因而青啤成为走向国际市场的首家。同时，也为国内证券市场发行积累了经验。

青啤 A 股隆重登场

继青啤 H 股顺利发行上市之后，青啤 A 股的上市发行工作随后也随即启动。经中国证监会批准，自 7 月 21 日至 8 月 17 日历时 28 天顺利推进。

A 股由申银证券公司为主承销商，青岛市万通证券、工行、农行、建行、中行山东省的信托公司为副主承销商，组成承销团负责包销青啤股票。交通银行、中信银行及国债服务部为分销团，工行信托公司为财务总代理。

承销团又分别委托各金融机构在市内五区（不包括崂山区）设立 200 个分销点（包括各银行储蓄所、分理处以及信托公司、证券公司营业部等自身设立的分销点），具体负责办理申请表的销售和股金的收取等工作。确定发行额度为一亿股，其中社会公众股为 9000 万股，内部职工股为 1000 万股。每股面值一元。

根据国务院《股票发行与交易管理条例》，内部职工股按公司规定，以工龄等因素为依据进行分配认购数量，社会公众股采用在规定时间内无限量发行认购申请表与摇号中签相结合向社会公开发行。公开发行地区为青岛市，济南市只办理团体预约认购，不向社会公开发行。

正因为不限量发行认购申请表，所以，无论是谁，都不可能事先预知认购申请表实际发行量和中签率。所有与此次股票发行有关的信息都必须事先通过各种媒体公开披露。这就把所有人都摆在一个公平的位置上，确保了投资者的合法权益，防止了内幕现象发生。

青啤股票发行，是国务院颁布《股票发行与交易管理条例》后第一家采用无限量发行认购申请表与摇号中签相结合的办法发行的第一只股票，能否成功发行，关系到我国股份制改革和证券市场继续实验能否顺利推进，关系到青岛改革开放在国内外的形象。从中央到省市各级领导，对青啤股票发行工作都给予了高度重视。特别是市委、市政府领导多次专题研究，强调青啤股票的发行是青岛市经济体制改革的重大举措，必须确保试验成功。

7 月 21 日，青啤股票认购申请表正式发售的当天，市委、市政府召开全市各级干部大会。市委书记俞正声同志在大会上讲话，着重讲明了青啤改制和公开发行股票的意义，发行工作可能遇到的问题以及为防止这些问题的发生而采取的相关措施，强调了加强领导、严肃纪律等问题。这就为组织青啤股票顺利发行奠定了坚实的基础。

后来，在铺开发行的日子里，俞正声书记每天晚上 9 时都能准时收到当天领导小组办公室编写的综合反映全市动态等内容的简报，对简报所反映的问题，他都是及时阅示，或是强调，或是补缺，或是调整。

为保证青啤股票顺利发行，全市组织建立了“一个中心”（成立由市委、市政府主要领导挂帅的青岛市青啤股票发行工作领导小组，负责一线指挥、直接调度、督促检查。领导小组下设办公室，负责日常工作）、“三大系统”（安保系统——制定票证押运与守卫、网点保卫和应对突发事件等方案；发售网络系统；纪检监察系统）、“六个专业组”（办公室下设文字综合组、发售网点组、安全保卫组、监察检查组、新闻宣传组、财务监察组）。

在申请和发售环节上，先是团体预约登记，尽可能连号发售，实行专用票据，采用备用金措施等。为了防止意外，选择中国人民银行印钞厂用印钞纸印制认购申请表和股票凭证，采用了严密防伪措施（例如荧光、水印、暗记、碳印、羊毛纸、金属细丝，并打有流水号，每张认购证都是唯一的，这使得投资者的利益受

到了保护），杜绝了伪造、冒领现象的发生。

为了网点分布合理和方便群众购买，青岛市设立了中心库、分中心库、备用网点和股权登记点。采取均衡随机的摇号办法，经测算，共印制申请表 3 亿张，发售出 2.87 亿张，中签率为 6.26%，每股购买综合成本价为 12.77 元（每股发行价为 6.38 元，每股发行成本为 6.39 元）。

申请表印制出来后，要在规定的时间内全部运来青岛。武警押运，公安护送，从济南到潍坊再到青岛，每到一地都由当地公安进行交接。深夜运进青岛，存放在警备区库内。

市中心库向各分中心库送票证时，要对票证进行清点、检查，安排干警执勤，由交警开道，武警押运，治安警维护秩序。由各分中心库向各销售网点运送票证时，主要由主管部门组织保卫干部负责武装押运，每一辆车上都要有金融部门安排武装保卫干部护送。对运送路线，交警支队和治安处都提前进行勘察，拟定行车路线，启用专用标志，所有运输车辆均要配备灭火器。市公安局组织防暴队，专职负责处理票证运输、装卸过程中发生的抢劫、哄抢等突发事件。

为了确保各银行及其分支机构和各证券公司及其分支机构的业务统一，不出任何差错，主承销商就发行工作制订了五个业务流程，例如申请表预约认购业务流程、申请表兑付业务流程、交纳股款业务流程、新股东账户开户业务流程和股权登记业务流程。每个流程又包括流程示意图、流程注释、柜台设置等三部分。这些流程及其样表、各种票据及其样本全部印发至所有网点和机构人员。

为了防止舞弊行为，市委专门成立了在青啤股票发行领导小组之下的发行工作监察委员会及其办公室。办公室在市内五区各设一个督察组，每个督察组根据该区发售网点的分布情况，设立 2 至 4 个督察小组，主要负责对市委、市政府《关于购买青啤股票及其申请表的若干纪律规定》的执行情况进行监督检查。通过新闻媒介向社会公开监察委员会名单和职责，公布举报中心的地址电话。

青啤 A 股发行，投资者涌入岛城

在股票发行的日子里，青岛因青啤品牌而扬名，因发行股票而沸腾。投资者从四面八方涌入岛城，各银行网点、证券营业厅，门庭若市。投资者带着马扎、凉席、塑料布、帐篷彻夜排队。皮包、手提箱甚至麻袋装满现金。大小宾馆人满为患，真乃是一房难求、一床难求。这段时间里青岛的交通业、餐饮业、住宿业实实在在发了一把财。

为了确保社会稳定和发行安全，网点安保力度前所未有。市公安局突出强化点上的保卫措施，组织执勤干警昼夜维护安全。各分局组织有关派出所提前对销售点勘查，确定排队区域，既要方便群众顺序排队，又要避免交通堵塞、挤占人行道及发生挤伤人等事故。各点公安干警配备高音喇叭和对讲机。各分局将辖区内的销售点划分为四个警区，相应组织四个巡逻组，由分局领导带队以销售点周边区域为重点进行昼夜巡逻。执勤干警严守纪律，依法管理，文明管理，执行"四个严禁"：严禁自己购买、严禁为他人代买、严禁安排熟人插队、严禁打人骂人。此外还专门制订了处置突发事件的预案和摇号现场的保卫方案。

摇号那天，现场安排有纪检监察、承销商、团体投资者、个人投资者的代表约 50 多人。全过程由青岛市公证机构现场公证监督，聘请专门摇号队进行摇号抽签，从而得出中签号码。电视台全程直播，摇号程序环环相扣。大小宾馆、市民家庭的电视机全部打开，固定在青岛电视台的频道，大家目不转睛地盯着屏幕，每公布一个号码，就牵动若干人的心。这次发行确保了 2000 张连号有一个中签，10000 张连号有六个中签，18 万张中签表全部中签。

事实证明，由于思想重视，组织严密，那么多人参与的青啤股票发行大事，全程并没有出现大的治安问题，没有出现任何营私舞弊行为。发行首日，俞正声书记亲自到新疆路 8 号（工行信托网点之一）现场察看情况，对全市社会秩序比较满意。

认购所余申请表销毁值得一提。在结束认购还未摇号中签前，已经印制而尚未发出的剩余1300万张申请表，按计划，必须当晚处置。晚上由纪检监察组派人监督，武警押运到造纸厂。起初把成捆的申请表全部散开，逐把投进燃烧的锅炉，由于申请表是币纸，很难烧透。经请示，又在锅炉内喷油助燃，还要不停地搅动，确保烧透成灰，最后由纪检监察人员和经手人员联合在销毁证明材料上签字确认，交回到领导小组办公室交差。

（作者时任青岛市体改委生产体制处处长）

温　鹏　“中国电饭锅之乡”实至名归

2006 年 4 月 26 日，廉江市在九洲江经济开发区举行“中国电饭锅之乡”授匾仪式，用廉江电饭锅煮“天下饭”的口碑实至名归。近日，我深入到廉江市九洲江经济开发区，走进部分电饭锅企业，了解廉江电饭锅产业的发展情况及辉煌历史。

从廉城出发，沿着新扩建的宽阔笔直的廉江工业大道向九洲江经济开发区方向一路驱车，放眼望去，大道两边一座座宽敞、整齐的厂房拔地而起、气派大方。这些厂房，便是廉江各大电饭锅企业的生产所在地，它们全部坐落在佛山顺德（廉江）产业转移工业园内。这里，汇聚了全市品牌最多、质量最好、规模最大的电饭锅企业，如威王、华强、强力、粤海、威多福、喜红等，成为廉江电饭锅产业最集中的集约地。

广东华强电器有限公司坐落于工业大道的右边，刚进入公司，董事长陆锡章热情地招呼我，并带领我沿厂内转了一圈。高大气派的厂房，紧张繁忙的流水线作业工序，让我着实为之一震。

陆锡章高兴地告诉我：“改革开放以来，像我这样的家电企业在廉江越来越多，不断发展壮大。廉江，已拥有中国最大的电饭锅产业集群，成为闻名遐迩的‘中国电饭锅之乡’。”

陆锡章还介绍说，除了生产电饭锅外，他们还配套生产电磁炉、微波炉、电炒锅、电压力锅等。从2010年开始，部分企业还生产电冰箱等高端家用电器产品，朝着上规模、上水平、上质量、上档次方向发展。

经过多年的发展，廉江已经发展成为全国电饭锅生产企业最多、规模最大、配套能力最强、知名品牌最多的县级市，全市电饭锅企业超过600家，从业人员超过3万人，电饭锅产量占全国三成，配件则占全国七成，廉江已发展为全国最大的电饭锅生产基地。2006年4月被中国轻工业联合会授予“中国电饭锅之乡”称号。以电饭锅产业集群为主的廉江经济开发区先后被授予“广东省小家电产业集群升级示范区”和“智能化节能电饭锅特色产业基地”称号。产品销往东南亚、欧洲、非洲、中国香港、中国澳门、中国台湾等地，成为我国重要的电饭锅出口基地。

全市电饭锅生产企业共有品牌1500多个，拥有中国驰名商标2个、中国名牌产品2个、广东省著名商标14个、广东省名牌产品6个。威王、强力、美满等家电产品获准国家家电下乡产品，在消费者中享有较高的知名度。“廉江造”家电正一步步实现“廉江电饭锅煮天下人之饭，天下人用廉江电饭锅”的目标，廉江家电品牌饮誉全球。

敢为人先：廉江家电从无到有从稚嫩到成熟不断发展壮大

20世纪70年代末80年代中期，是廉江人接触电饭锅行业的初始阶段。这一阶段，廉江人以家庭作坊式企业为主，主营发热管、天线架、电茶壶等小电器产品，大多数企业采取前店后厂形式经营，后来才发展到电饭锅配件生产、电饭锅成品生产。

从20世纪80年代中期起，廉江人专门从事推销湛江“三角牌”“半球牌”电饭锅行业，并在全国大中城市建立起自己的销售队伍。据统计，当时全市从事电饭锅推销的人员达3万多人，他们从推销电饭锅产品过程中开始生产配件，依靠一把把螺丝刀组装电饭锅，形成最初的本土“廉江造”家电产业。

广东粤海电器有限公司董事长钟永海当年就是依靠一把螺丝刀起家的。他告诉我："那时，我从事推销天线架生意，但发现电饭锅供不应求后便把目光转向电饭锅，开始试着组装电饭锅。当尝到第一只电饭锅卖出就赚 40 元的甜头后，我就专门干起了生产电饭锅这一行。没有当初的那份执着，就没有我今天的发展。"

钟永海言罢显得颇为高兴，自豪之情溢于言表。这位五十出头的土生土长的廉江汉子，凭借昔日艰苦、坚韧的创业精神，硬是将"粤海"打造成全国一流的电饭锅生产企业。

像钟永海一样，从销售电饭锅产品或生产电饭锅配件中起家的廉江企业家有很多，如梁武、许平、陆锡章等。他们这种敢为人先的精神，让廉江电饭锅产业从无到有，从稚嫩到成熟，不断发展壮大。

到 20 世纪 90 年代初，廉江人组装电饭锅企业不断增多，专业生产电饭锅企业已达 150 多家，生产电饭锅配件有 200 多家，产品销售额达 30 亿元，涌现出"粤海""威王""华强""美满"等著名电饭锅生产厂家。这个时期是廉江电饭锅行业发展最快的阶段，也是 20 世纪廉江电饭锅生产最辉煌的时期。

规范管理：廉江家电从打假治劣中走出低谷走向辉煌

20 世纪 90 年代中期，正当廉江电饭锅发展充满生机活力的时候，个别老板由于只顾眼前利益，生产销售假冒劣质产品，给廉江家电行业造成致命打击，"廉江造"产品因而出现"滞销"，劣质产品被查封，部分电器企业纷纷迁往珠三角等地，廉江电饭锅行业遭受重创，廉江声誉遭到极大损害。

对廉江电器老板来说，2000 年 8 月所发生的"假冒劣质电器事件"可以说是切肤之痛，刻骨铭心：廉江个别厂家生产的劣质电饭锅运抵各地车站、码头后被封杀；全国不少交易会、订货会上赫然写着：廉江电器不得进内；不少电器厂家生产的劣质产品被一批批退回。

"真是一粒老鼠屎，搞浑一锅汤！我当年生产的电器在全国销售中大受影响，

销售额创历年新低。”提起当年的“假冒劣质电器事件”，广东强力电器集团有限公司董事长许平仍痛心疾首，对我说出了他的无奈和愤慨。

“长痛不如短痛。只有从无序的竞争中杀出一条血路，对电饭锅进行打假整治，规范行业管理，狠抓产品质量，廉江电饭锅才有出路！”痛定思痛，当时廉江市主要领导态度十分坚决，决定拿假冒劣质产品开刀，决心以实际行动为“廉江造”家电正名。

2000 年 8 月，廉江市在电器行业中掀起了一场声势浩大的打假整治行动，先后查获不符合标准的电饭锅近 6 万只及配件一批，标的值 200 多万元；制定电饭锅及配件的产品标准，对重点企业进行扶持；全面加强质量管理，推行质量体系认证，实施标准化生产。

通过专项行动，廉江市电饭锅质量大大提高，涌现一批叫得响、深受消费者欢迎的牌子，整个行业很快出现了产销两旺的好势头。据统计，此后全市年生产各种电饭锅达 1000 万只以上，产值达 5 亿多元，产品畅销全国各地并出口东南亚、中东、欧洲等国家和地区。

打假治劣，廉江家电可谓凤凰涅槃，浴火重生，从低谷走向辉煌，迎来了蓬勃发展的艳阳天。

自主创新：廉江家电不断突围升级推动产业集群强势发展

“没有创新，就没有生命力。要想让‘廉江造’产品走向全国，冲出亚洲，走向世界，就必须走自主创新和品牌发展之路。”许平董事长这样对我说。当时，廉江电器老板纷纷意识到这一点，并在自主创新和品牌发展方面狠下功夫，寻求发展突破口。

在市政府和有关部门的扶持和引导下，威王、华强、强力、粤海、威多福、万嘉福等一大批廉江电器企业率先加强产品研发设计，实行自主创新，走品牌发展之路，开始从“廉江制造”向“廉江创造”迈进，不断突围，推动产业集群升级发展。

广东威王集团有限公司是廉江市家电龙头企业，早在十年前公司董事长梁武就立下了“要做就做最好的产品，与世界先进企业同台试比高低”的宏愿。

梁武对我说：“威王的目标，就是致力打造全球最佳电饭锅产品，目前我们正努力为实现这一目标而奋斗！”

据梁武介绍，该公司曾投资500万元建设工程技术研究开发中心，并投资3亿元筹建近200亩的现代化大厂房，目标是突破15亿元销售大关。该公司已通过ISO9001国际质量体系认证等，其电器已荣获“中国驰名商标”“中国名牌产品”等称号。而凭借一向坚持“质量树品牌，品牌创效益”的经营理念，广东华强电器有限公司生产规模不断发展壮大，市场竞争力越来越强，获得了“中国驰名商标”“中国最具市场竞争力商品商标”“中国节能产品”等荣誉称号。

廉江电饭锅行业在争创品牌的同时不断开展技术创新，近几年来先后投入5.37亿元进行技术改造和技术创新，取得创新成果400项，开展技术改造530项。为培育电饭锅产业，廉江市财政每年预算安排扶持中小企业发展专项资金200万元，主要用于扶持企业技术创新和技术改造。

为发挥好廉江电饭锅产业的集聚效应，廉江市还把建设廉江经济开发区民营工业园作为电饭锅产业集群的重要载体，促进电饭锅产业集群的崛起与发展。目前园区共拥有180多家电饭锅规模企业，工业产值占全市电饭锅产业的70%以上，工业园区已成为廉江市打造电饭锅产业集聚的良好平台。

从20世纪80年代起为他人生产配件，到如今拥有多个自主品牌、年生产能力达5000多万只电饭锅并形成完整产业链条，廉江家电靠自主创新，摆脱了昔日低档次小规模经营，走上了发展自主品牌之路，产业集群发展强劲。

组织经贸：廉江家电由国内市场到占领国际市场誉满全球

随着廉江经济的迅猛发展，廉江家电地位愈显重要。为进一步提高廉江家电

的国际声誉，廉江市通过政府引导、市场运作、企业参与等形式，多次组织企业老板到各地参加经贸活动，使廉江家电产品由国内迅速打进国际市场。

2006 年，廉江市组织 200 多名企业老板和 100 多个电饭锅系列产品参加在北京举办的中国国际家电博览会，并在人民大会堂广东厅举行了新闻发布推介会，叫响“中国电饭锅之乡”品牌。

2008 年，廉江市组织 20 多家企业老板和部分家电产品参加在上海举办的中国国际家电博览会，进一步打响“廉江造”家电品牌。

2009 年，廉江市组织企业参加东盟国际家电博览会和阿联酋迪拜国际家电博览会，大力拓展海外市场，实现产品从国内走向国际的跨越。

同时，廉江市还举办每年一届的“廉江红橙·旅游文化节”，组织家电企业参加“东盟博览会”“泛珠三角洽谈会”“山洽会”“广交会”等，推动企业的对外交流和合作。通过开展系列经贸活动，廉江电饭锅产品不断由国内向海外扩张，产品远销东南亚、中东、欧洲、非洲及中国港澳、中国台湾等地。

为继续将廉江家电产业做大做强，廉江市加强与中国轻工业联合会和中国家电协会的合作，在佛山顺德（廉江）产业转移工业园规划 1000 亩土地共建现代生活家电生产示范基地，共同举办全国电饭锅产品展销会和全国电饭锅产业升级研讨会等活动，再次擦亮“中国电饭锅之乡”品牌。

目前，威王电器已在该工业园开展了电冰箱等生产项目，致力将廉江打造成南粤新兴的电冰箱生产基地。同时，加快工业用地征用，加大佛山顺德（廉江）产业转移工业园的招商引资力度，促进珠三角家电产业的转移，做大产业集群发展平台，提高企业的聚集度，形成有特色、有规模、体系完整科学的家电产业集群。

（作者时任廉江市新闻中心副总编辑）

李雨岷　**国际服装节，助力大连走向世界**

服装节应运而生

1988 年时的大连，正处在腾飞升级、转身向海的节点。如何在经济战线与文化战线的合作契机中，寻找促进大连经济腾飞特别是服装业转型跨越的途径上，觅求一个突破口，成为当时市委市政府领导和专家学者探寻的课题，于是，“服装节”的概念油然而生。

方案提到市委常委会上，当时的市委书记毕锡桢、市长魏富海，顺应民意，审时度势，毅然拍板；时任市领导于学祥、林庆民、卞国胜等也都做了肯定性表态。毕书记说：“我觉得服装节值得搞。”魏市长说：“通过服装节，发挥大连总体优势，取得综合效益，应该大做文章。”于是，1988 年 6 月 11 日，《大连日报》头版第一次透露大连要举办服装节的消息，大连服装节就这样应运而生。

1988 年 8 月 20 日下午 4 点，首届大连服装节在大连市人民体育场隆重举行，从此，揭开了这个举办 25 年而经久不衰的城市节庆的帷幕；从此，开幕式晚会、服装博览会、游园会、彩车巡游表演、名师名模展演、服装设计大赛、服装论坛和地方服装展卖会等十余项丰富多彩的活动，让百万大连市民沉浸在节日的狂欢

之中，让无数海内外嘉宾目睹这座城市和这个节日魅力绽放的丰采。

开幕式艺术晚会首开先河

置身于大连国际服装节，能感受到一种海纳百川的开放，能获得一种透心彻骨的愉悦，这种开放、这种愉悦，正是通过一个文化载体具象地宣泄出来，这就是每届服装节的最亮点——开幕式艺术晚会。

我是一名词作家，从第三届开始，就作为大连国际服装节开幕式艺术晚会的主创人员之一，亲历了这个中国演艺界盛事的始终，也目睹了它一步一步走向成熟的全过程。

1992 年 9 月 20 日晚，脚步迈到第四届的大连国际服装节，第一次以广场艺术晚会的形式举办开幕式，它带给人们的是惊喜，是震动。带来惊喜和震动的便是晚会在艺术上最鲜明的特色——将舞台艺术与广场文化完美地融在一起，并逐步完善成一种全新的艺术表演形式。这种结构与模式上的突破，是大连国际服装节对中国表演艺术的创新和贡献。

在中国，在广场晚会中融入插部节目，从而将舞台艺术与广场文化完美结合，大连国际服装节首开先河。所谓插部节目，就是在大型的团体表演之间，加入 20 分钟左右的纯艺术家表演内容，这在当年是一个轰动性的举动。因为，当时的广场演出就是单纯的团体操表演，纯粹的舞台表演一般在室内，二者分得很清楚。很多人甚至质疑：哪有像大连这么搞的？

可事实证明，这个大连独有的模式不仅非常有创意，而且具有很强的可操作性：首先调动了数万名观众的情绪，他们在整场表演的间隙不会产生疲劳感；另外，参加团体表演的演员可以有充足的时间更换衣服，大大减少了参加演出的整体演员数量。正是这个与众不同，在全国这样做广场晚会，大连独一无二！

大连国际服装节开幕式艺术晚会宏大的场面、绚丽的色彩、灿烂辉煌的艺术氛围，万民同乐的热烈气氛，都使观众获得一种强烈的艺术美感。

服装节是大连的亮丽名片

服装节并不局限于服装这个概念，一个城市在转身向海、走向世界的过程中，需要一个平台，需要一个窗口，尽情展示自己的精气神。大连是一个服装名城，正是服装节为它扬了名。

今天，当我们迎接“夏季达沃斯”的八方宾朋光临大连之时，不应该忽略大连国际服装节所起到的名片作用；今天，当我们看到大连正以“新领军者”的形象，亮相于世界城市之林的时刻，更不应该忘记是大连国际服装节为它扬了名。

一些世界政要对此都有过评价，美国前国务卿基辛格博士就曾这样说过：“大连国际服装节不仅在中国有名，在世界也有名，办得很好。大连把服装节作为对外文化交流的桥梁和纽带，作为发展对外经济、走向世界的窗口，很好。”从这个意义上来讲，称大连国际服装节是城市的一张亮丽名片，既不过分，也不算是夸张。

（作者为词作家，时任辽宁省音乐文学学会副主席）

汪国珍　**滩涂上跳起了“海上迪斯科”**

地处南黄海之滨的如东县，有一片大自然赐予的得天独厚的资源，那就是总面积达 104 万亩的大滩涂。在这片滩涂上，不仅盛产着文蛤、四角蛤、西施舌、竹蛏等数十种珍稀贝类和其他海产，而且，这里对贝类独特的获取方式别有情趣，千百年来，南黄海的渔家风情“养在深闺人未识”。自从沿海改革开放，她终于向世人撩开了那神秘的面纱，吸引了成千上万的中外游客慕名而来。“海上迪斯科”成为如东对外开放的大舞台。

“这里的景色太美了！”

如东是全国闻名的妇幼卫生示范县，早就开展了联合国儿童基金会的合作项目。1986 年，我刚到新成立不久的县外事办公室工作。记得这年夏季，一个加拿大电视摄制组来我县拍摄妇幼卫生的镜头。临走前，我们安排他们去海边观光。

无边的滩涂，深深的车辙，悠悠的渔歌，习习的海风，点点的帆影，使大洋彼岸的客人感到兴奋异常。

高鼻子、金发碧眼的导演王那指着逶迤而去的水泥护坡，指着那广阔滩涂上一群群、一簇簇捕文蛤者的身影赞叹地说：“这里景色太美了！”

加拿大客人的这番话，引起我的联想：将观赏滩涂风光与下海踩文蛤结合起来，不是可以开辟一个富有特色的旅游项目吗？

踩文蛤真像跳“海上迪斯科”

1987 年 5 月 19 日，在南通市外事部门的支持下，黄海滩涂迎来了 35 名外国专家和留学生。这些在大都市高楼的狭小空间里住厌了的西方人，一来到天高地阔的中国东方大滩涂，立刻活跃起来。

习惯于乘坐轿车和飞机旅行的洋人，一坐上晃晃悠悠的牛车，不由自主地回想起儿时摇篮的梦境。他们来到滩涂腹地的踩蛤场，光着脚丫在积满浅水的沙珩上畅快地踩蛤。一位意大利女士踩着踩着，一只脚竟陷进了沙泥，怎么也拔不出来，引得同伴们呵呵大笑。

当地的渔民按照传统的踩蛤方法，向客人们作了一番示范表演：两脚分开，晃动腰肢，均匀移动，待沙土踩活之后，脚板底四周那泥乎乎扁平圆的文蛤便一只只露出滩面。洗去泥沙，壳上色彩斑斓的花纹便显露出来，令人爱不释手。

踩文蛤的动作极富韵律感。于是，他们分开双脚，晃肩，摆腰，扭胯，饶有兴趣地在沙滩上踩踏起来，和着这富有乐感的踩踏动作，几位美国留学生情不自禁地哼起流行歌曲：“阿里，阿里巴巴，阿里巴巴是个快乐的青年……”洋学生们也边唱边扭动腰肢，不知哪位机灵鬼喊了一声：这踩文蛤真像跳“海上迪斯科”呢。谁知这一喊，竟把海上踩文蛤旅游喊出了名。于是渔民祖祖辈辈沿袭下来的踩文蛤动作，在当今风靡世界的现代舞迪斯科身上找到了它新的归宿。

1988 年 8 月，由南通市对外交流中心组织日本工商界旅行团来到如东。这个团的成员是在上海和南通工作的日本专家。在县政府的支持下，县外事办协调有关部门，接待了这个大型旅游团组。北渔乡政府特意装饰了两辆牛车，文化部门排练了如东渔民号子歌舞。

那天早晨，两辆日野中巴车从南通开到掘港镇，由外办两位同志分别担任导

游，通过翻译译成日语进行介绍，日本游客不停地点头赞许。到了海边后，18 辆拖拉机一字排开，彩旗在海风中哗哗作响招展，日本客人分若干个组秩序井然地登上拖拉机。

总指挥用电喇叭指挥，第一辆插着红旗的拖拉机载着摄影师在前开道，十几辆拖拉机同时奏响“协奏曲”，向大海滩涂进发。一辆辆拖拉机在浅浅的丫子里溅起一朵朵白色的浪花。

这时正有两头海子牛拖着牛车，载着天真烂漫的小顽童，在客人们面前停下来，一群孩童跳下牛车，光着脚丫在无垠的沙滩上自由地奔跑，独具魅力的景色使人陶醉。这组多姿多彩的画面立即被旅行团人员摄入相机。

旅行团成员到了踩蛤场，大家跳下拖拉机。他们三五人一组，分别占领各自的地盘，踩的踩，扒的扒。十几个渔村姑娘们围成一圈，一边为客人做踩蛤示范动作，一边欢快地唱起《十二月鱼儿鲜》:“万里黄海水连天，我家住在黄海边，一年四季十二个月，月月的鱼儿离水鲜……”

沙滩上众多的录像机、照相机、录音机立即对准她们。不一会儿，县文化馆江正林老师带来的一班文艺骨干演唱起粗犷的渔民号子。此时，歌声、欢笑声和着海子牛的鸣叫，组成一个欢乐的海洋。一位跳遍国内一流舞厅的日本朋友说：“想不到中国南通如东的舞厅最大，海上迪斯科最有味，令我终生难忘。”

一个不同寻常的日子

1989 年 7 月 23 日，这是如东县南黄海滩涂一个颇不寻常的日子。市外事部门在北渔黄海村临时设立一个接待中心，并对外开放。

这一天，天高云淡，艳阳高照。黄海村新落成的大楼上彩旗飘扬，“踩文蛤旅游基地开放仪式”的大红横幅高高挂在大楼上。来自南通市和如东县的各级领导，与一批来自北美、欧洲的客人在北渔乡黄海村举行了特色旅游项目开幕仪式。

市外事办主任施贻祥主持开放仪式，由美国驻沪总领事侯一瑞带领的 30 多位美国专家来到海边，作为外宾参加典礼。

仪式结束后，美国客人先后参观了海洋资源陈列室、旅游工艺品销售厅、风味餐厅和望海楼，然后分别乘坐 15 辆手扶拖拉机和数辆牛车，载着中外来宾驶向大海滩涂踩文蛤现场。

经过数十分钟的踩文蛤活动，每位来宾都收获了文蛤和喜悦，惬意写在脸上。踩文蛤旅游结束后，侯一瑞总领事非常动情地说："踩文蛤太刺激、太迷人了，今后有机会我还要来。"

"海上迪斯科"名扬中外

随着越来越多的中外客人来黄海滩涂参加踩文蛤特色旅游，如东的知名度也在逐步提高。1990 年 3 月，南通市在如东举办首届南通国际风筝会暨第二届"紫琅杯"全国风筝邀请赛，地点定在黄海滩涂上的北渔黄海村。3 月 26 日，北渔乡黄海村和广阔的滩涂热闹非凡、喜气洋洋，大客车、小轿车、卡车、摩托车、自行车汇成车流向黄海村集结。闻讯而来的 10 万中外宾客和观众将风筝放飞场围得水泄不通，观看中外风筝的放飞表演。9 时 30 分，组委会举行了简短的开幕仪式，随着一发绿色信号弹腾空而起，风筝邀请赛拉开序幕。从此，踩文蛤名为"海上迪斯科"，放风筝名为"空中交响乐"，成为如东滩涂上珠联璧合、最令人注目的两大旅游项目。

1991 年 10 月 9 日上午，在市外事办公室负责人陪同下，伊朗、美国、波兰、印度、韩国、日本驻沪六位总领事、两位领事及随员共 13 人，慕名前来如东踩文蛤旅游。他们分乘六辆拖拉机驶向滩涂深处的踩蛤场，跳起"海上迪斯科"。这一天，阳光和煦，秋风送爽，天高海宽，滩涂辽阔，景色分外迷人。平日庄重、矜持的异国外交官们，此时纷纷脱去鞋袜，露出双足，摆腰扭胯，在松软的积着浅水的沙滩上踩踏文蛤。他们在这远离都市喧嚣的海滩上，尽情地领略着大滩涂粗犷的美感和东方文化的神韵，几乎进入了如诗如画的境界。中午，在如东碧霞饭

店二楼会议室，美国驻沪总领事，身材魁梧的滕祖龙先生兴致勃勃地朗诵他即兴创作的一首诗："拖拉机客来东海，沪宾开怀好自在。沙内赤足踩文蛤，滩外痛快开舞赛。"因为我从小就喜爱唱歌，于是，我利用如东饮泉民歌的曲调将这首诗唱出来。紧接着，波兰驻沪总领事白维之先生也用中文诵读他的诗作："早发南通城，汽车驰如风。一瞬至北渔，踩蛤如做梦。"——想不到他国的外交官们竟然在此举行起赛诗会来，一时激起满堂的掌声。驻沪外交官及其家人们在如东受到热情的接待。县长张毓余热情致辞，希望各国朋友多来如东走一走，看一看，或旅游，或参观，或投资，如东的大门将永远敞开。

如今"海上迪斯科"已经成为名闻中外的特色旅游项目，到 2012 年底，到如东来的游客已经有来自五大洲 40 多个国家和地区的 400 多万人次，他们中间的许多人都是为跳"海上迪斯科"而来的。

每当想起那些晃肩扭胯的外国朋友如醉如痴，载歌载舞，特别是踩拾到文蛤而引起的阵阵欢声笑语的情景，我就由衷地感叹：要不是改革开放，"海上迪斯科"可能永远沉睡在南黄海的滩涂下面。

（作者时任如东县外事办公室主任）

王　铎　即墨路小商品市场　青岛的文化符号

即墨路原来就是老青岛的一条很小的商业路。1978 年之前，这里除了街面上有几家理发铺、缝纫铺、旧货店、小饭馆、烟糖店和茶炉之外，根本就没有在马路上摆摊的。

后来，这里出现了十几个摆摊的人。在马路的人行道上铺上几张废报纸，什么广州的时装、皮鞋，上海的羊毛衫、丝巾、大白兔糖和杭州的残次品丝绸、缎子，都会摆在上面叫卖。当时，青岛人还不理解这种新型的自由市场经济。人们往往以讥讽的话语来谈论即墨路，认为凡是在这条路上摆摊的，都是些来路不明的人。

最早的“个体户”

1980 年 11 月 12 日，青岛市政府批转了市工商局《关于发展合作社和个体工商户试行办法》的通告。虽说这在今天看来，仅仅是一纸不起眼的“试行办法”，但在当时，却是一声晴天霹雳，是青岛的待业青年、退休职工、民间艺人和社会闲散人员走上从业之路、自食其力的一个契机。

还记得，即墨路靠近中山路这段，破天荒地出现了 40 多个用砖砌的水泥台

子。水泥台子分列马路两边，台面上都有编号。没有市场管理费，也不用市场登记。谁愿意卖什么，就卖什么，愿意摆多长时间，就摆多长时间，完全是一种自由市场的形式。

就是这年的冬天，有 27 个摊位经营了起来，他们就是青岛最早的“个体户”。这些“个体户”多数是卖年货的，当然也有广州和上海的服装、皮鞋。当时青岛市民间流行自己包沙发，做大衣橱、木床、写字台、方桌、小方凳和脸盆架。就是这些东西，也摆上了即墨路。真正的即墨路小商品市场，就是从这些商品的买卖中起家的。

直到今天，我与即墨路老业户谈起当年的事情，他们的眼睛里还转动着感激的泪花。有人说，眼前的这一切，在当时，真是不可想象的。

青岛恒利皮具店老板冷延乐回忆道：“1980 年即墨路建立市场那阵子，我在海泊路上摆摊儿。见到工商所的人就乱躲乱藏，就像现在马路上推着车子的小贩一样，怕政府管起来没饭吃。岂不知，这是对当时改革开放政策的误解。后来，像即墨路的第一代‘贩子’一样，我最终还是被工商所的人从海泊路‘抓’到了即墨路上，从此开始了我的正式经商生涯。到现在，几十年过去了，什么苦都吃过，什么累也受过了，买卖越做越大，日子越过越红火。”

我一直在青岛日报社工作。几十年来，多次采访过即墨路小商品市场。即墨路市场管理所的人对我说：“冷经理是从一个当初被工商所追得到处藏的小摊贩，发展到了今天这样的守法先进业户，还当上了青岛市市北区个体劳协的副会长。从他身上的这种变化，透视出了我们国家新时代的富民政策。其实，即墨路市场一开始时，许多业户到南方进衣服，火车一坐就是三天或一个星期。遇上春运高峰时，他们一站就是好几天，根本买不到座位票，这种苦不是人受的滋味。有时，刚下火车还要坐汽车，下了汽车，就只好步行，不管刮风下雨下雪，他们都顽强地挺过来了。他们活跃了青岛的小商品经济，他们在艰苦中发展了自己，他们找回了自我。所以说，他们实际上是改革开放的探险者和实践者。”

这些“个体户”大都有这样的经历：20 世纪 80 年代初他们在即墨路摆摊的

时候，手里并没有多少钱，连1000块钱也拿不起。如果能够凑得起三五千块钱，都是全家人再加上亲戚朋友凑的钱，供他们到上海，再到广州、石狮等地去进货的。有时到上海进货，只能到大港客运站买一张六块一毛钱的“散席”船票。接下来，就要一连两天都颠簸在船上。饭吃不好，觉睡不着，晕船呕吐都是经常的。当时，大多是现金进货，只要带上一万块钱，这些“个体户”们就风光得睡不着觉了。每天还要把这钱在船上“转移”好几个地方，生怕丢了。要知道，这些钱都是亲戚朋友的血汗钱，是好几个家庭几十年的一点点积蓄。

事实也确实是这样。这些即墨路最早的创业者，当初是顶着“个体户”“二道贩子”的名字，上北京、下广州、奔义乌、闯深圳的。

青岛市最大的小商品市场

十几年的风雨兼程，十几年的辛苦经营，到了20世纪90年代中期，即墨路小商品市场从原先的一个零散的小商品和旧家具交易市场，逐步发展成为拥有六条道路（即墨路、潍县路、博山路、易州路、芝罘路和李村路）占地1.48万平方米，固定摊位958户，日客流量数万，交易品种达12万多个的青岛市最大的小商品市场和全国各地小商品交流的重要中转站和集散地。

为了适应露天市场经营的需要，青岛市市北区政府还将即墨路小商品市场整体规划改造，加盖了遮阳防雨棚、储货柜和门楼。并请青岛著名书法家杨曾涛题写了市场名号。

至此，即墨路小商品市场的商业业态，已经日趋完备。除拥有形色各异的小商品外，还有服装、鞋帽、家用电器、小百货、自行车和小家具。而最受欧美、日韩和非洲朋友欢迎的青岛特产草编制品、贝雕工艺品、手工毛衣和毛线织品，以及床上剔花、勾花、绣花制品，都成了每年夏天的抢手货。

这期间，党和国家领导人曾多次前来视察，给予了极大的关心和肯定。一些欧美国家的政府首脑、要员、商人和游客，也慕名来到即墨路小商品市场访问、

购物。其间，青岛市政府和市北区政府多次给予政策上的倾斜和财力上的支持，使其一直享有很高的美誉度。

现在，即墨路小商品市场已经是青岛市小商品经济的一个划时代的标志。试想，当年如果没有即墨路小商品市场，青岛人也许穿着就不会那么五颜六色、斑斓多彩。如果没有这种南北物产的大交流，也许青岛人也不会在“逛即墨路”中寻找到那么多的情趣。如果没有即墨路上低廉的价格优势，当时仍处于计划经济束缚的青岛人，也就不会学会“砍价”。一句话，即墨路给青岛人打开了一扇通向商品经济的大门。

有趣的是，当时的青岛人把逛即墨路，戏称为“去磨鞋底”；还有人把在这里购物，称作是“滑溜眼珠子”。反正，青岛人时时拿即墨路当“朋友”、当“景点”看待。比如，“到即墨路散散心去”，又比如“我今天要请外地的朋友去逛即墨路”。说实话，那时的即墨路，简直成了青岛的一种文化符号，是青岛人引以为豪的一种荣耀。

第二个春天的到来

但是，随着市场的一天天扩容，交易量的逐年递增，客流量的不断增加，原先的“马路市场”已经不能适应形势的发展和要求。于是，青岛市政府在 1995 年发布了第 199 号文件，对即墨路小商品市场进行了“退路进室”的总体安排。

一石激起千层浪。当时，许多业户对于这项政策的出台，褒贬不一。原因是原先的即墨路小商品市场具有得天独厚的地理优势，与中山路、胶州路商业中心相邻，客流量大，交通便利。而“退路进室”后，环境变了，供货地址变了，摊位费用增加了，经营难度增大了，市场会不会像以前那样红火呢？业户们一时说不准，拿不定主意。

即墨路小商品市场管理所的人，心里也非常着急。他们不得不多方做工作，替业主算经济账，帮助业户转变经营思路，以适应新市场的规模发展。

市场管理所的孙所长回忆起当年的情形时说："'马路市场'和室内市场的优势是不能比拟的。'马路市场'是露天经营，不能遮蔽风雨，冬天冻死人，夏天一身臭汗，货物折旧率高，而且还影响街区市民的正常生活，不利于商品经济的飞速发展。这一点我们不知向业户重申过多少次。再说，政府号召'退路进室'，是从青岛市的大经济来考虑，是从业户的自身利益来考虑，这是即墨路小商品市场长远发展的必由之路。这一步不迈出，文明经商、规范市场就是一句空话。所以，工作再难做，我们也要做好。要说服业户从原来的零售模式，转变为大宗的批发模式。经过多项测算、评估，我们认为摆在每个业户面前的最新课题是，一本万利的时代已经过去。'做千万生意，赚毫厘利润，赢得客户的信任，共同培育市场'是我们重新打造商业模式的思路和法宝。认识统一了，工作上去了，业户们思想转变了，'退路进室'取得了'软着陆'的良好效果。"

当 1997 年 10 月 18 日，即墨路小商品市场正式退入地下中心商业街的时候，在红旗、锣鼓、鲜花和彩带中，即墨路小商品市场重新开张纳客，迎来了第二个春天。

"退路进室"后，即墨路小商品市场的摊位得到了迅速发展。原先还有些犹豫的业户，也随着商品经济大潮的一浪高过一浪，迅速来室内"抢滩"，占领有利位置。他们的经营思路也随着时代的变化，越来越灵活，越来越新颖，越来越受到顾客的青睐。

有一件令人难忘的事情，至今业户们还是记忆犹新。

2004 年 6 月 21 日青岛举行了盛大的 22 国外长会议。当会议于 22 日结束时，众多外长夫人们一起向青岛主办方提出，一定要安排她们"逛一逛即墨路小商品市场"。结果，她们 23 日一逛就是一整天，买了很多丝巾、皮包、草编和工艺品且不说，还对于市场的服务，给予了高度的评价。此可以作为市场"退路进室"成功的一个花絮。

（作者时为自由职业者）

湛汝松　从“粤中荔枝之最”到“中国牛仔第一城”

四望岗，家乡新塘一个人所共悉的小山冈，可是，它标不上地图，高不过百米。

四望岗，我国南方一个普普通通的小山冈，可是，它曾名上旧经典，誉及粤中，榜列京城，名扬四海。历史在这个小山冈上，演绎着一个又一个传奇。

几百年前，四望岗古木茂密，山花烂漫。登上冈顶，眼前东江若练，缓缓西流；举目四望，更见田园阡陌，河涌纵横。四望岗因此得名。昔日，山里有一座名叫“皆山寺”的寺庙。寺内亭台楼榭，书斋画廊。花园曲径，雅致而清幽；寺外满山青松丹荔，遍野奇花异草，是一个令人向往的游览胜地。

历史上的“荔枝之乡”

四望岗在时光隧道中行走，家乡人在生活的长廊里奔波。人们可以遗忘四望岗曾是文人雅士聚集的游览胜地，然而人们却不会忘却四望岗曾是历史上著名的荔枝产地，四望岗荔枝曾为新塘、为增城创造过历史辉煌。

清初《广东新语》道：粤中“荔枝以增城沙贝所产为最”。沙贝，就是今天的新塘。

清乾隆年间《增城县志》载："粤中荔枝以增城沙贝四望岗所产为最。"

四望岗的荔枝在清代享有盛名，来由还得从明代说起：明代嘉靖年间，官至南京礼、吏、兵三部尚书的增城人湛若水结束仕途生活，取道江、浙、闽返回故乡沙贝。当他在福建仙游枫亭品尝荔枝时，发现了一个优良的品种，便怀核而归，让乡人在四望岗里培育。

经过一代又一代乡人的精心栽培，四望岗一带很快就成了一望无际的荔枝林；而且沙贝的山冈土岭，基围田埂，处处都是荔枝，出现了"家种荔枝三百树，年年果熟问收成"，"凤卵龙丸多似谷，村村箫鼓庆丰年"的兴旺景象。

四望岗培植出来的荔枝清甜多汁，高产易种，很快被推广至岭南各地，从而结束了岭南只产早熟酸荔枝的历史。此后人们为了纪念尚书湛若水，就把这种荔枝称作"尚书怀"。"六月增城百品佳，居人只贩尚书怀。玉栏金井殊无价，换尽蛮娘翡翠钗"（屈大均诗）。四望岗"尚书怀"出名了；新塘不但成了远近闻名的荔枝产地、荔枝市场，而且作为商品集散地也从此露出了头角。

"不须夸署尚书衔，怀核归来味共参。此是白沙真种子，甘泉浸得水枝甘。"清代乾隆年间的两广总督阮元的《岭南荔枝词》一出，从此尚书怀不再挂上尚书的头衔，简称为怀枝。于是，怀枝很快便成了岭南荔枝最普通的品种。

四望岗不但哺育出荔枝的大众品牌怀枝，而且还哺育出荔枝的稀世珍品挂绿。清代同治《增城县志》记载，增城"邑南八十里甘泉都沙贝四望岗上植荔枝十数，本名挂绿"。一代接一代的乡亲父老，在四望岗的土地上辛勤耕耘，用自己的心血和四望岗的乳汁，终于炼冶出人间的仙果。

"林中丹荔尽，尚有火山枝。欲问新塘去，频乘挂绿时。""有物于此，合英挺淑。岭海之珍，离支之族……与维岗四望，维时三伏，厥根斯繁，厥实所熟。"

四望岗，为新塘大唱赞歌的又何止清初著名诗人屈大均和增城知县管一清呢。嘉庆年间番禺崔弼更说，"挂绿出增城沙贝，荔中第一品也"。从此挂绿身价一跃百倍，增城也成闻名中外的荔枝之乡。

清初，沙贝有产业的族群都会从宗产中拿出部分钱财，资助族人在四望岗种

植荔枝，因此荔枝发展很快。初时，荔熟时节，人们总会邀请一些族亲世叔共尝岭南佳果，分享四望岗荔枝带来的欢乐。

后来，四望岗荔枝誉满岭南，挂绿成了珍品，达官贵人都把品尝四望岗荔枝和用荔枝馈赠亲友及奉承上司视为荣耀之事。每年荔枝才开花，官府就派役差到荔枝林看花圈树，象征性地付点定金。

荔枝一熟，贪官污吏及其猪朋狗友就鱼贯而来。果农们不但要向他们进贡优质荔枝，还要宰猪杀鸡宴请他们大吃大喝。年复一年，定金越付越少，圈树越圈越大，来人越来越多。树上的荔枝刮光了，祠堂的积蓄花光了，到后来还要挨家挨户去筹钱。为了免受祸害，果农们忍痛砍掉挂绿。幸好他们曾在挂绿上驳接过很多新苗，移到各地种植，要不就没有今天的稀世奇珍增城挂绿了。挂绿没有了，可四望岗还有怀枝和其他荔枝，官吏的掠夺依旧不止。最后，果农们连其他荔枝也砍伐了。

请听听崔弼在《珍帚集》中的控诉吧：

“广州荔枝以挂绿为上，增城大墩、沙贝诸村所在多有。开花时，长吏使标志之，岁畏其扰，斧之无遗类矣。”

可见，当时果农不堪官吏滋扰而砍伐荔枝的现象十分普遍。嘉庆以后，这种现象更变本加厉，因此四望岗的荔枝越来越少了。到了日寇侵华时，由于煤炭短缺而新塘又靠近铁路，日军便以荔枝木代替煤作为火车的燃料，四望岗荔枝更遭到毁灭性的砍伐。开始是挂绿被迁走，接着是怀枝遭砍伐，最后所有的荔枝连同根须都被刨光。四望岗从此进入荒凉空寂的境地，有谁还能看出它曾在荔枝王国里扮演过重要的角色呢?

从“荔枝之乡”到“牛仔之乡”

月圆月缺，冬去春来。以经济建设为中心的号召使古老的中国走进一个伟大的新时代，改革开放的春风使沉寂了数十年的四望岗重新焕发青春。1988 年初，适应时代发展需要的增城县新塘工业加工区诞生了。四望岗下的丘陵地带，成了工业加工区开发的第一块土地。四望岗从此抹去了荒凉与寂寥的尘封，脱胎换骨地进入了另一个美丽的传奇。

20 世纪 80 年代，改革开放的春风刚刚吹到四望岗，四望岗山下的新塘人便从香港引进第一间“来料加工”的牛仔服装厂。这就是牛仔服装的种子，它像 400 多年前的荔枝种子一样，在四望岗脚下的土地发芽繁衍。一间、两间、三间、十间、百间……牛仔服装厂越开越多了。

从“来料加工”“来样加工”的制衣小厂到采购、设计、生产、销售分工精细的服装公司；从单一的服装生产工厂发展到纺织、染整、印花、洗漂相互配套的大型服装企业。新塘人经过了 20 年的辛勤耕耘，终于使当年“岁产千万斛，远销他方”的著名荔枝产地，成了全国最大的牛仔服装生产基地，成了人们公认的“牛仔之乡”。

最难忘的是 2002 年夏天，当一颗增城挂绿荔枝拍卖出 55.5 万元的消息使国内外媒体为之震惊和躁动的时候，这颗天价荔枝的得主——新塘国际牛仔服装纺织有限公司正在挂绿的原产地四望岗紧锣密鼓地建设“中国牛仔服装第一城”。

当记者问他们为什么要以如此高的价格拍下这颗荔枝时，公司的代表响亮地回答：

“我们拍下的并不是一颗单纯意义上的荔枝，而是一个经久不衰的响亮品牌；我们要利用这一效应，把牛仔服装造到像挂绿荔枝一样，永远驰名天下。”

四望岗听到了这个响亮的回答，新塘人也听到了这个响亮的回答。千千万万人通过几十家媒体也听到了这个响亮的回答。

“中国牛仔服装第一城”的诞生

言必信，行必果。年底，一个全国最大的现代化牛仔服装城在有过辉煌历史的四望岗建成了。中国首届国际牛仔服装城节也在这个新的牛仔服装城广场举行。

开幕那天，《羊城晚报》用通栏标题《新塘为国际牛仔节狂欢》报道了这一盛况。金碧璀璨的建筑，千姿百态的服装，青春美丽的模特，使四望岗添上从未有过的绚丽色彩。

2003年初，新塘人终于在北京人民大会堂领到了“中国牛仔服装名镇”的金牌；“新塘国际牛仔服装城”把夺目的“牛仔”桂冠戴在钟灵毓秀的四望岗上。

人们说新塘人杰地灵，四望岗充满灵气。在封建社会农耕年代里，家乡人引入一颗荔枝的种子，在四望岗培育推广，使沙贝戴着耀眼的光环，走上荔枝王国的顶峰；在社会主义进入工业现代化的今天，家乡人又引进一颗牛仔服装的金蛋，在四望岗下孵化繁衍，使新塘成了“中国牛仔服装名镇”。

然而，“路漫漫其修远兮”，荣获中国牛仔服装名镇殊荣，只是新塘服装产业新里程的开始；新塘牛仔服装城的建成，只是为新塘牛仔服装行业在激烈的市场竞争中提供一个发展的平台。

创业容易守业难，新塘要在牛仔服装产业之路上永远领先，就必须营造一个良好的产业大环境，变企业的恶性竞争为企业的团结协作，变传统的“薄利多销”为当代的“名牌效应”，变“劳力密集”为“科技密集”，变“万千星星”为“几个太阳”……

我们千万不要忘记当年四望岗使新塘荔枝登上“粤中之最”的舞台，最后却以稀世名果挂绿迁走，大众品牌怀枝消失而谢幕的历史。新塘要把牛仔服装产业造大造强，应该从四望岗荔枝的荣衰历史中，寻找有益的启示。

（作者时任广州增城市新塘加工区管委会副主任）

李书和　家庭旅馆，精彩绽放的海滨之花

享誉全国、独具特色的北戴河家庭旅馆，已经成为一个品牌为大家称道。兴办家庭旅馆使不少城乡居民致富，同时也极大地方便了到北戴河度假休闲的游客。那么，北戴河家庭旅馆是怎样兴起的呢？

1978 年，党的十一届三中全会以后，全党工作重心转移到“四个现代化”建设上，经济和社会建设迅速恢复发展，人们的思想解放了，心情舒畅了，生活改善了，沉寂了十几年的北戴河休疗旅游业又恢复了生机活力。

从 1979 年到 1984 年，每年暑期，北戴河都人满为患。一个只有四万多人口的小城，本来只有十来家国营和集体旅馆，竟然要接待八十万旅游者，谈何容易？不仅住宿、就餐非常紧张，连供水、供电、交通都很困难。许多游人找不到旅店，只好露宿海滩；坐不上汽车，只好从火车站步行十几里到海滨。市里领导同志很犯愁。

当年，我（任市革委办公室主任）受市革委主任王维奇同志委派曾几次组织车辆和厂家为北戴河运送面包、香肠、汽水等以供游人，但杯水车薪，解决不了根本问题。这种局面持续了两三年，到 1982 年，中共中央总书记胡耀邦同志在一份反映北戴河暑期接待紧张状况的《国内动态清样》上批示，要把旅游区建设好，要解放思想，发动群众，实行国家、集体、个人一齐上，不能只依靠国家投

资解决问题。

到 1983 年 9 月，时任国务院最高领导人到秦皇岛市调研时，告诉市领导，内蒙古的呼伦贝尔草原，每年的那达慕大会，由于去的游人多，当地牧民就用自家的帐篷接待游人，既解决了住宿，又增加了收入。

省、市委的领导同志及时传达了中央领导的指示精神，北戴河区委、区政府认真贯彻执行了这个指导方针，实行国家、集体、个人一齐上，改善接待紧张的困难局面。

我是 1983 年 11 月调北戴河区任区长的。1984 年初，在区委常委会上，我们认真讨论研究了发动群众、发展第三产业的意见，提出机关、学校、个人都可以兴办旅馆业、交通运输业，并且要放手引进全国各地的风味小吃，解决旅游者吃、住、行难的问题。

那年春节刚过，我们便根据“三个一齐上”的精神，研究了大力支持城乡居民利用自家住房兴办家庭旅馆的意见，包括卫生管理、物价管理、户口申报制度、治安管理等一些具体问题也都交有关部门去提出意见，保障家庭旅馆的顺利发展。结果当年就见了成效，1984 年暑期到来之前，全区就新办了一批集体、个人的旅馆，床位一下子增加了四倍，同时还增加了一批风味小吃店、出租汽车等，吃住行的困难局面得到一定缓解。

城市中出现了个人开办的家庭旅馆，这是新鲜事，当时引起了大家的关注。

1984 年 7 月胡耀邦总书记在北戴河听取我们（区委书记李福贵同志和我）汇报时，与国家旅游局局长韩克华同志一起充分肯定了我们的做法。当年 8 月，时任国务院最高领导人又在北戴河亲自视察了“海东”“兴滨”“庆和”三个家庭旅馆，认为这符合发展需要，方便了游客，增加了收入，证明个体经济是有发展前途的。接着新闻媒体报道了这些消息，使广大群众更加坚定了兴办家庭旅馆的信心和热情。到 1987 年，北戴河个体旅馆发展到 686 家，从业人员达到 2065 人，床位达到 17303 张，开办家庭旅馆的赵凤兰、鲍兆亿曾高兴地对我说：“我们一辈子也没挣过这么多钱啊！”

如今北戴河家庭旅馆更加兴旺了，不少家庭旅馆盖起了三四层、五六层的新楼房，旅馆内，电视、冰箱、空调、洗衣机齐备，装修考究，房价便宜，服务热情，深受广大游客欢迎。

（作者时任秦皇岛市北戴河区区长）

吴卢金　**合浦南珠，驰名中外**

首届中国合浦采珠节的诞生

1988年，是北海进一步对外开放第4个年头，北海的各项基础设施建设正如火如荼。这一年，也是合浦划归北海的第二年，全县的发展纳入了北海的总体规划。当年10月，我从县农委调到营盘乡工作。

珍珠界素有“西珠不如东珠，东珠不如南珠”的美称。营盘是盛产南珠的地方，古代合浦7大珠池就在营盘一带的海边。如何发挥这个优势，造福珠乡？我到任后一直都在考虑这个问题。

1991年10月18—24日，北海市成功举办了第一届北海国际珍珠节。这对我的启发和触动很大，我一直在琢磨，营盘也可以办一个什么节日。以此来带动经济发展。我多次向县委领导聊起这个话题，但当时也仅仅是闲聊而已。

直到1992年3月初，在营盘乡的农村经济工作会议上，我在谈到如何发挥优势，振兴营盘经济的问题时正式在会上提出：当今各地都在寻找自身的发展优势，振兴自己的经济。有的举办这个节，有的举办那个节。广东靠“一瓶水”，云南靠“一支烟”，贵州靠“一瓶酒”来带动经济的发展。我们营盘靠什么呢？我认为，应该靠“一颗珠”，或者“一条鱼”，带动经济和其他产业的发展。我们合浦珍珠世界有名，营盘又是南珠的故乡。我当时就建议，在 1992 年的 12 月份举办一个“采珠节”。台下大家马上就议论开了，都认为这个想法很好，很符合营盘的实际情况，纷纷表示支持。

当我们把举办首届合浦营盘采珠节的意见向县委汇报后，当时县委和县政府的领导以及部分人士还比较担心，认为由营盘乡来举办一个重大节日，恐怕存在能力不足的问题。几个月之后，8 月 6 日，县委沈北海书记和吴彩珍县长带领四套班子成员和有关部门负责人前来营盘镇召开现场办公会议，专门讨论如何举办采珠节的问题。我记得那次会议是由县委范辉云副书记主持。他一开始就明确指出采珠节一定要办，会议的主要议题是讨论研究采珠节到底是由营盘举办还是由县里举办。

与会人员都发表了意见和看法，有的人说看到市里成功举办第一届国际珍珠节的盛况，认为县里办的难度比较大，不主张县里办。理由主要有三个：一是时间比较紧，二是恐怕准备不周，三是资金上也有一定的困难。有的人则认为由县里办比营盘乡办好，一是县的知名度较高；二是人才济济；三是经济实力强；四是基础设施较好；五是交通便利。

那次会议大家讨论得很热烈，最后是沈北海书记综合大家的意见，决定由合浦县来举办这个采珠节。会议最后商定：名称：首届中国合浦采珠节；举办时间：12 月 8、9、10 日三天；地点：在合浦县廉州和营盘。沈书记还希望各部门迅速行动起来齐心协力切实做好各项准备工作，以实际行动迎接首届中国合浦采珠节的到来。

8 月 30 日，合浦县委、县政府在合浦县大院召开首届中国合浦采珠节动员大会，拉开了举办首届中国合浦采珠节的序幕。

与会的领导干部，各界人士，群情激昂，纷纷解囊相助。在县四套班子领导的带领下，当天捐资（认捐）216.8 万元，其中营盘镇捐 25.8 万元，公馆镇捐 20.8 万元。大家闻风而动，奔走相告，都为有这样一个采珠节感到高兴。

紧接着，县机关各单位和各乡镇层层召开动员大会，大张旗鼓宣传举办采珠节的好处，积极参与和支持合浦采珠节。与此同时，县委、县政府还到南宁、深圳等地召开同乡会，动员各界人士踊跃捐资。结果不到三个月的时间，就集资520多万，为办好采珠节打下了良好的基础。

还珠故郡，热闹非凡

经过了大半年的努力，我们多日的梦想终于实现了。1992年12月8日，首届中国合浦采珠节隆重而热烈地开幕，合浦百万人民欣喜迎来了自己的节日。

8日上午，合浦县城晴空万里，天高气爽。还珠故郡——县城廉州镇热闹非凡，大街小巷红旗招展，锣鼓喧天。解放路、中山路上人头攒动。

首届中国合浦采珠节开幕式的主会场设在中山路体育场。会场上空飘动着很多彩色气球，挂在上面的标语“热烈欢迎各位嘉宾莅临合浦”“隆重庆祝首届中国合浦采珠节开幕”随风而舞。一辆辆彩车有序地进入，各机关团体、学校及乡镇一队队参加采珠节开幕式的代表队也站到了指定的位置。广场上上百支队伍，成千上万的市民，在起伏的歌声和锣鼓声中等候开幕时刻。

主席台上，高朋满座。除了县四套领导班子和采珠节组委会成员以外，还有应邀前来参加会议的国家、自治区以及北海市有关的各级领导。

观礼台上，商贾云集。应邀前来参加采珠节的国内外嘉宾、友人以及各界人士和珠民代表分坐两边。此外，还有30多家海内外媒体、记者来到会场报道盛况。

9:38，合浦县人民政府县长、采珠节组委会主任吴彩珍宣布“首届中国合浦采珠节开幕”。

18响礼炮鸣响，1000只和平鸽、数千只气球飞向蓝天，顿时，红旗招展、锣鼓喧天、群狮起舞、鞭炮齐鸣。

11:30左右开始大游行。游行队伍首先从县体育场出发，途经中山路、解放路、青云路、还珠大道、定海南路等，然后返回到解放路。

彩车队和舞狮、舞龙队是游行队伍中最引人注目的主角，其中最精彩的是由采珠节组委会制作的“还珠古郡——合浦”和“珍珠古城——白龙”，还有由各乡镇、机关单位、企业制作的“南珠之乡——营盘”“爆竹之乡——廉州公馆”“蚕丝之乡——常乐”“稻蛋基地一党江”等彩车。

其次是文艺表演队，他们在行进中表演了具有珠乡文化传统的“老杨公”“耍花楼”“公馆木鱼”等节目。

游行队伍所到之处沿街沿路两旁，到处人山人海，特别是到了县委、县政府大门前和还珠大道美人鱼广场时，更是热闹非凡。

晚上，大街小巷张灯结彩，爆竹声声，烟花绽放。组委会在还珠大戏院举办了文艺晚会，广东著名粤剧表演艺术家红线女应邀到会演唱《昭君出塞》《荔枝颂》等粤曲，把晚会推向高潮。

采珠现场，精彩纷呈

9日早上7时许，在营盘分会场，与会的领导、嘉宾等1000余人，乘坐近100辆汽车，到营盘采珠现场参观采珠表演。

在营盘乡的道路两旁，人们早早就静候在那里了。嘉宾的车队刚一出现，全体欢声雷动，舞狮队马上起舞，人们手举鲜花、彩旗，一句汉语一句英语地高呼：“欢迎、欢迎、热烈欢迎！”车队徐徐驶过夹道欢迎的队伍，一直驶向营盘青山头海边采珠现场。

青山头，地处营盘东边的海滩上，一大片细沙的长滩，岸边绿树成荫，是天然的采珠场。现场被各机关人员、学生、珠民和仪仗队、司号队组成了欢乐的海洋，“欢迎、欢迎、热烈欢迎”声阵阵起伏。

当嘉宾入座早就安放在沙滩边的椅子上时，工作人员立即把营盘的特产：珍珠、珍珠饰品、珍珠护肤品，还有海产制品、蟹肉丝、珍味鱼脯、鱿鱼丝等呈现

上来。最令人稀奇的是工作人员还呈上来热乎乎的香味四溢的珍珠螺肉粥。

8 点半，合浦县政府副县长、县采珠节组委会副秘书长叶吉询宣布采珠节活动开始。

我代表营盘乡向领导和嘉宾致了欢迎词。之后，采珠表演开始。在海上，采珠船上的珠民，扑通扑通地潜下海底，采集珠贝；在陆上，采珠女以优美娴熟的动作，表演了开贝取珠。当白晃晃光灿灿的大珠、小珠落入银盘时，客人们鼓起了掌。紧接着，是自由采珠。担任这次采珠节组委会主任的沈北海书记陪同应邀前来的领导和嘉宾一起开贝取珠。沈书记叫我为他们挑了 10 个珠贝，开贝结果，他们获得 8 颗珍珠，引来周围一阵阵喝彩。宾客们个个都争着要一试手气，现场立即沸腾了。

香港某公司董事长叶长三，是一位残疾人，慕名前来参加首届中国合浦采珠节，自由采珠开始后，别人都兴高采烈地采珠，但他却静静地坐在那里观看。我见状便主动上前同他打招呼，我说：

“叶先生，是否也选购几个珠贝，碰碰运气。”

叶先生说：“好，好，好！”

我即时给他选了 10 个珠贝，让他自己采，结果他采得了 9 颗珍珠。

他热泪盈眶，赞不绝口：“采珠节既发又玖！”

还有一位来自香港的客人激动地说：“真想不到，一个乡镇能办这么一个大的活动！”

10 点半，采珠活动结束。嘉客又驱车前往举世闻名的白龙珍珠古城参观。著名电影《刘三姐》中的刘三姐扮演者黄婉秋，在白龙城即兴演唱《多谢了》等山歌，博得了大家的阵阵掌声。

12 月 10 日晚上，在县城廉东汽车大修广场举行烟花晚会以及闭幕式。首届中国合浦采珠节由此圆满落下帷幕。

（作者时任合浦县营盘乡党委书记）

第四章

市民心声，记忆里的生活变迁

唐国良　老浦东眼中的浦东开发

浦东开发，得到全党、全国人民的关注与支持

我生在浦东，长在浦东，可以说是一个老浦东。作为一个浦东人，能够有机会参加浦东的开发开放，是一种荣幸，也是一种责任。正是这种光荣感与使命感，激励我们战胜了浦东开发初期的许多困难。

在浦东开发初期，我们的办公条件是相当困难的，一是因为组建的时间很短，二是因为浦东的基础设施很简陋。开发开放前的浦东，没有一所大学，没有一所像样的电影院，没有一个像样的体育场所，也没有一个像样的医院。这些只是浦西有，浦东没有。要过江到浦西还要摆渡，很不方便。

当时我们的办公室设在浦东大道 141 号的小楼里面，我领导的处六七个人就挤在一个面积不到 12 平方米的房间里面。也没有食堂，吃饭就跑到东方医院去吃，连赵启正、黄奇帆等领导同志也同我们一样，都在那里吃饭。

浦东开发初期，我作为浦东新区党工委、管委会办公室副主任，分管宣传等工作，有几件事情给我留下了很深的印象。

给我留下很深印象的一件事，是到北京参加展览。1993 年 3 月，全国“两会”

期间，为了纪念党的十一届三中全会召开 15 周年，全国“两会”搞了一个改革开放展览。全国各省市自治区都到北京通过参加展览来展示改革开放的成果。浦东新区虽然成立的时间不长，有这样一个难得的机会，当然不能放过，我们也去了。浦东展台的正面我们放了一幅邓小平的巨幅画像，还配了邓小平的一段语录：“抓紧浦东开发，不要动摇，一直到建成。”我们还制作了一个反映浦东宏伟蓝图的 30 平方米的大模型。

浦东到北京参加展览，得到了方方面面的关心，我的内心感到热腾腾的。我们的展台被安排在北京展览馆 1 楼大厅，很醒目，场地很大，有 800 平方米的展厅。展览期间，党和国家的领导亲自前来参观，全国“两会”的代表都来了，北京的各界人士也来参观，都在浦东展厅前停留很长时间，每天从早到晚，参观者川流不息。大家要了解浦东开发，关心浦东开发。我们印刷了 3 万份宣传资料，仅用两天时间就发完了。

我受领导的委托，负责展览的各项工作，在现场组织协调、介绍和回答问题等，参与了整个过程。前后展出了 10 天时间。有几个单位还专门请我去讲课做介绍。这使我深切地感受到，全国人民对党中央、国务院做出的开发浦东的跨世纪发展战略非常关心。人们的提问往往集中在为什么要选择浦东，浦东有什么特殊条件这些方面。浦东的开发，就是这样在全党、全国人民的关心支持下进行的。离开这样的支持，浦东的开发不可能这样顺利。

浦东开发，倾注着海内外的华侨华人、港澳台同胞的一片真情

给我留下很深印象的另外一件事，是到香港参加展览。时间是在 1993 年 11 月。这是浦东新区成立以后的第一次参展。

当时的背景是：香港大学建校 80 周年，在校庆的同时，港大邀请内地改革开放搞得比较快的地区前往香港参加展览，我们浦东新区也被邀请了。这个展览在香港的亚洲会展中心举行，共安排了三天时间。我们浦东的展览场地不是很大，

因为香港地方小，寸土如金。不过，我们浦东的展览人气极旺，前来了解浦东开发开放的香港各界人士从早到晚川流不息。香港同胞要打听浦东开发的政策，有什么投资的机遇。我记得有不少来参观的香港人士后来都到浦东来投资了，其中有一位还成了浦东建政后的首批政协港澳委员之一。

这段经历使我深切感受到，浦东的开发，海内外的华侨、华人，包括港澳台的同胞是积极关心、积极参与的。譬如，现在浦东很有名的进才中学，就是由祖籍浦东江镇的爱国台胞叶进才、叶根林先生捐 1.3 亿元巨资兴建赠予上海市人民政府的，是 20 世纪 90 年代上海市第一所现代化高标准寄宿制高中。学校于 1996 年建成。当时，捐这样大数额的款项，在上海还是不多的。

我接待过叶根林先生和他的家属，他们说，浦东开发开放了，要为家乡做点事情，使家乡的孩子能够有更多好好学习的机会，所以，他们办起了这样大的一所学校。

又譬如，一位香港同胞也为浦东捐赠了一所学校，叫侨光中学，在川沙镇。学校创建于 1987 年，它是由香港爱国同胞陶伯育先生捐资兴建的，是改革开放后建成的浦东第一所侨资捐赠学校。正是由于海内外的华侨、华人，包括港澳台同胞的积极关心、积极参与，所以浦东的发展能够这么快。

浦东开发，在对历史文化的传承中经历着翻天覆地的变化

全国人民关心和支持着浦东，海内外的华侨、华人、港澳台同胞积极关心、积极参与着浦东的开发。然而，我在工作中发现，人们关注着浦东，支持着浦东，建设着浦东，却对浦东的历史不甚了解，大家也迫切需要了解这方面的知识。于是，我就决心编写一本通俗的、能够使各界人士了解浦东的书。我为这本书起的名字叫《话说浦东》。

1993 年 6 月，我们浦东新区管委会办公室宣传处的六位同志（当时没有宣传部），收集了大量的资料，用通俗易懂的语言，翔实的素材，来介绍浦东的历史文

化、人文底蕴，浦东的经济社会发展等。

经过半年的努力，完成了《话说浦东》编撰工作。书出来以后，不到一个星期就被一抢而光。后来我们加印了5000本，很快又被卖完了。这是为什么呢？我去做了一番调查，发现原来有许多单位把这本书作为乡土教材了。

浦东这块热土发生了翻天覆地的变化。浦东的很多老地名今天已经不见了。以前浦东使用得比较多的字，是什么什么乡，如六团乡、花木乡、洋泾乡等。但是，今天的浦东已经没有“乡”这个字了，这是城市化进程不断加快、经济社会发展的必然结果。不过，在这同时，浦东也保留了许多老地名，作为浦东的历史，浦东的文化，告诉着人们这里曾经发生的历史巨变。

一个典型的个案是，在小陆家嘴地区，现在金茂大厦南边的路叫“花园石桥路”。这是我们刻意保留的一条老路名。别看花园石桥路很短，从东到西仅长300多米，但它是浦东值得珍惜的文化遗产，已经有250多年的历史了。

清乾隆年间，有位顾姓居民来此定居。定居点西近黄浦江，地势平坦，旁边有条小河自东向西流过，与不远处的防潮护塘沟交汇后流入游龙港，河流交汇处架有一座石拱桥。顾氏居民定居后在护塘沟旁广种花木，久而久之，石拱桥隐于花木丛中，“花园石桥”也成了远近闻名的地名。

20世纪初，小陆家嘴地区随着人口的增长和经济的发展，花园石桥西面的护塘沟逐步发展成一条商业街，用江边赖义渡码头为名，称赖义渡路（后俗称烂泥渡路）。至20世纪30年代，小河和游龙港先后淤塞，石桥也坍塌。1935年，人们在淤塞的河道上填土筑路，路名为花园石桥路与游龙路。一直到浦东开发初期，小陆家嘴地区还有这两条道路，陆家嘴街道办事处也设在花园石桥路24号，不远处还有花园石桥路居委会与游龙路居委会。

今日的花园石桥，既不是浦东历史上第一个藏书家陆深笔下的“望中城郭故依依，乔木千章水合围，风动海门闻鹤唳，鲈鱼正美客南归”的景色，也不是近代密集的棚户简屋，但比历史上任何时候都更加美丽。

自1990年国务院宣布浦东开发后，小陆家嘴发生了翻天覆地的变化。花园

石桥路北侧，建起了中西建筑艺术完美结合的金茂大厦，并成为中外游客游览浦东的首选景点之一。

如今，浦东许多有文史价值的老地名，有文物价值的老房子，被很好地保存了下来。

浦东开发，夙愿变成美好现实的四个“巧合”

浦东，作为一方“风水宝地”，多少年来人们都梦想着要开发她。孙中山先生的《建国方略》就提到浦东开发，要建设东方大港。许多浦东的前辈，当年为了浦东开发，做了大量的事情。辛亥革命爆发、上海光复以后，上海的首任最高行政长官李平书，1909 年就提出在浦东建造一条铁路。这条铁路从黄浦江边上的杨家渡开始，一直贯通浦东、川沙、南汇、奉贤，到达金山。可惜由于多种原因，计划没有能够实施。后来，黄炎培、穆湘瑶等也在浦东修铁路，修了两条铁路，1925 年就通车了，就是上川线和上南线。所以，开发浦东是几代人的夙愿。

这个夙愿今天已经变成了美好现实。开发浦东，是天时地利人和，是水到渠成的事情。党的十一届三中全会以后，我们党确立了以经济建设为中心的基本路线，把浦东开发推到了跨世纪发展战略的重要位置。将历史与现实结合起来看，浦东开发能够在不长的时间里取得这样大的成就，有四个“巧合”。

第一个“巧合”，是经过“千年等一回”，浦东妥善解决了行政区划问题。浦东这块热土，从成陆到现在已经有 1000 多年了。1000 多年的浦东，历史上经历了许多朝代，但是从来也没有出现过一个统一的行政建制。在浦东开发前，浦东新区是由浦东的川沙县，黄浦区、南市区、杨浦区的浦东部分，还有上海县的三林乡，这五个区县组成的。由此往前推的话，浦东一直是由五到六个单位在管理。一直到 1993 年元旦，一个新的地名诞生了——浦东新区，这是一个新的行政机构。用老百姓的话来说：“这是‘千年等一回’等来的。”这句话说得很形象，真是“千年等一回”啊。“千年等一回”，等到了一个统一的行政管理机制，从此浦东进入了一个新的历史发展时期，522 平方公里的浦东新区翻开了历史的新篇章。

第二个“巧合”，是体现了海纳百川的胸怀。浦东开发需要大量的人才。浦东开发的人才来自全国各地。1993 年初浦东举行的人才招聘会，可以说，除了西藏等少数地区外，其他各省都有人才到浦东来。也有浦西有关单位把精兵强将支援浦东的，再加上浦东原有的人才，这样浦东会聚的人才真可谓是海纳百川了。“巧合”的是，浦东人本身就是移民过来的，也体现了海纳百川的精神。最早的移民是在宋朝的时候，大批的移民到海边，以熬盐为生。后来的几批移民，来自全国各地。这次，浦东开发吸引人才，是更大规模的、层次更高的移民。移民的心胸比较开阔，拼搏精神比较强。移民要扎根，就要拼搏，就要合作，这是一个优良的传统，在浦东这块土地上是有悠久的历史的。

第三个“巧合”，是文化的多元交融。浦东是一个多元文化相互交融的地区。历史上浦东出了很多人才。明朝的时候，浦东有一个叫孙元化的，是我国古代很有名的数学家、军事家、爱国将领。他受了西方先进科学文化的影响，编了一本书，叫《几何用法》。这是在好几百年以前呢！之后有黄炎培，他到美国考察职业教育，回国以后，搞起了浦东早期的职业教育。还有一个，是中国现代管理的先驱，叫穆藕初，他到美国学习，考察农业、纺织业，学习企业管理。回国以后，把他的企业管理的思想传播了开来。

对浦东来说，在开发开放中更需要面向世界，更需要广泛地吸纳高科技，吸纳先进文化，使浦东的开发开放起点更高，科技含量更高。从浦东所发生的历史巨变来看，面向世界、文化融合，是浦东开发成功的一个重要原因。你看，张江高科技园区部分路名以著名科学家名字命名，有叫“祖冲之路”“张衡路”“李时珍路”“郭守敬路”的，也有叫“居里路”“牛顿路”“哈雷路”“高斯路”的。这实际上也反映了一种理念，一种情怀，一种追求。

第四个“巧合”，是爱国主义传统的继承与发扬。浦东是一个具有悠久革命历史和光荣革命传统的地方。爱国主义思想深深扎根在浦东这块热土上。早在明朝的时候，川沙就已经成为上海抗倭斗争的军事要地。川沙城就是抗倭的军事基地。

川沙城是在 1557 年建成的，到现在已经有 450 年的历史了。现在，川沙的古城墙是上海目前保存完好的唯一的古城墙，是浦东人民抗击倭寇入侵，捍卫国家主权的生动写照。

在近代，陆家嘴地区也是我们浦东工人阶级的发源地。陆家嘴地区还是中国共产党成立以后第一次有组织地领导工人运动的地方，领导了当时的英美烟厂工人大罢工，并且取得了胜利。我们党早期的领袖陈独秀还亲自到陆家嘴地区来指导和领导工人运动。所以，陆家嘴地区的工人阶级有光荣的革命斗争历史。

今天，新老浦东人正是满怀着爱国主义的热情，创造并正继续创造着浦东开发开放的美好明天！

（作者时任浦东新区党工委、管委会办公室副主任　袁志平 / 整理）

刘永康　从情满旅途到温馨巴士

2014年1月16日，国家交通部等四部委，将全国春运启动仪式这样牵动千家万户的春运大事，特意放在青岛的四方长途汽车站举行，其用意是想借用交运集团创立的“情满路途”的品牌含义，作为2014年春运的主题口号，以统领春运工作。

“情满旅途”透着温馨的情愫，“交的是朋友，运的是真情”。用心、用情将春运期间的八方客人舒心地送达各自的目的地。

交运集团的客运服务是名副其实的窗口，这个窗口见证了青岛的改革，目睹了这座城市的对外开放。在这个窗口，我也从一名普通的职工升任为集团的董事长。其间，将交运集团“情满旅途”的文化品牌推广到全国，将“温馨巴士”服务品牌植根于青岛每个普通市民的心中。

“情满旅途”，“交的是朋友，运的是真情”

1985年8月，交运集团的前身山东省公路运输联合公司青岛分公司成建制下放到青岛后，改称为青岛市公路运输总公司。

1994年，市里决定将包括公路运输总公司在内的企业主管部门，转体组建为

国有资产经营公司或集团公司。这意味着国企也要走进市场，时任公路运输总公司总经理的赵国干，在领导班子会议上提议：企业应转体为集团，名称叫青岛交运集团。

1994 年 12 月 18 日，青岛交运集团成立。它也由此成了全国同行业第一个转体的公路运输企业。但是，由计划经济转体为市场经济，在市场上赢得足够的空间难度是很大的。

1995 年前后，青岛市长途客运业有了竞争，以往独家经营的业态被打破，个体运输业户纷纷进入运输市场，原有的蛋糕被分切，国有专业运输企业陷入重重包围之中。竞争是好事，但无序的竞争，也带来了服务的良莠不齐。经济的发展拉动了迅猛增长的客运需求，同时乘客对长途客运也颇有微词。想坐车，但又怕坐车。为此，当时的交运人意识到必须换位思考，必须把服务做好，让乘客想坐车，还能坐好车。当时的领导班子提出，要给客运服务赋予情感，把情感赠予每个客户，创出公路运输服务的名牌。就这样，有了这样的共识，“情满旅途”就开始灌输到每个交运人的心里。“情满旅途”用“情”服务、用“情”滋润着每一个乘客。

没想到，就因为这样的转变，我们尝到了甜头，得到旅客的认可和好评。服务的转变为交运集团带来的不仅仅是良好的口碑，还为集团带来了良性的经济效益。

“情满旅途”是一个很有人情味的服务品牌，它的立足点是以人为本。它的提出和树立，是交运集团对做好服务业最初的愿望，也是交运集团萌生对做好服务品牌的渴望。1995 年 7 月，交运集团创立了全国交通运输行业第一个服务品牌——“情满旅途”，在青岛长途汽车站发起了“情满旅途联手大行动”。活动一经提出，就在社会上产生了广泛共鸣，“情满旅途”迅速扩展到了全国 50 余家客运站点。1999 年，“情满旅途”正式注册为商标。这个以“情感”文化为内涵的品牌，引发了全国道路运输业的品牌创建，也示范带动了青岛各行各业服务品牌，政务品牌的创建。

屡创第一的“温馨巴士”

2000 年，时任青岛市市长王家瑞提出，经营城市应引入竞争机制，通过适度竞争来提高公交运营服务质量。在同年的全市公交线路招投标中，交运集团竞得了 6 条线路中的 5 条线路的经营权。

长途客运不同于城市客运，长途客运因为路途遥远，可以在运程中以情温暖旅客，城市客运路途短，就要用家的理念感染乘客。家的概念就是温馨的概念，三站两站路，也能让乘客感到像在家一样舒服，就是最好的服务。我当时担任青岛市第一汽车运输公司总经理，深感公司还需要持续深化品牌经营战略。因此必须以“温馨”的理念为这些线路定位，创建“温馨”特色服务体系。

在运营之前，我和同事们一起精心设计了“温馨巴士”品牌经营方案，首先在滨海一线的 31 路公交线上推出，并进行了商标注册。成为中国城市公交业第一个服务品牌和注册商标，此后还在港澳台等地区注册了这一商标。

老百姓的事无小事，只要需要就是大事。在温馨巴士上，增设了 20 多个独具特色的便民服务设施和服务项目，包括温馨巴士便民服务盒、雨伞套袋机等。这些看似不起眼的小摆设，却体现着一颗处处为乘客着想的心。

温馨巴士还注重车内细节设施的人性化，前后车门的门轴上精心包裹了隔离层，以防乘客手握门轴造成夹伤；在前后门的二级踏步台阶上安装了 LED 灯。正是依靠温馨的服务，“温馨巴士”赢得了乘客的认可，也对整个公交行业的发展起到了示范作用。

“情满旅途”和“温馨巴士”并不是终点。品牌是一个公司无形的资产，是持续化运营的必需元素。品牌的创建并不是来自高深的理论，而是来自乘客、来自实践、来自一线。

2010 年，因公交场站建设不足，乘客候车、换乘不便，公交车停放难等成为阻碍服务提升的因素。于是，我们突破传统观念束缚，2011 年把首条城际公

交 617 路线引进汽车东站运营，在站内实现了购票、检票、候车、乘车等一条龙便民服务；2012 年，在即墨市把城乡公交和城际公交引进即墨汽车站；2013 年，在黄岛区（西海岸汽车站）把城际、城乡和城区公交引进西海岸汽车站，由此引发了一场公共交通便民服务的变革。

面对公交线网“市区密集、市郊稀疏、南北不畅”所造成的郊区市民出行难问题，我们通过优化公交线网布局、延长线路、调整站点、新开线路等方式，加大公交覆盖范围，填补崂山、城阳等郊区公交的盲区。

有需求就有市场，市场同样需要发现。这些年我们没有间断对市场的调研，面对民众多元化、多层次、个性化的公交出行需求，又先后开创了高端公交定制服务，在国内首开“定制公交”线路，在省内首开连接火车站、汽车站、飞机场的摆渡公交，改善医疗服务的免费就医公交，串联“百年老街”“百年老楼”“百年老店”特色景点的观光公交，以及学子公交、对接公交、微循环公交和赶集直通车等，推进了通勤班车、超市班车、公务车租赁等的市场占有，让乘客不仅“行有所乘”，而且“乘有所选”。

温馨举措，打动人心

2011 年 7 月，着眼未来，青岛交运集团更名为交运集团，成为全国首家无区域名称的大型综合交通企业。

社会需要交运，交运也理应担当起应有的社会责任。2011 年 9 月 22 日，首批“大鼻子”专业校车正式上路。随后，针对农村学生的上学出行难问题，我们又推进专业校车服务的全域覆盖，构建起了“市区、社区、郊区、新区、山区和农村”六位一体的校车发展格局。两年多时间，交运温馨校车已达到 1500 部，运营线路达 2640 条，服务近 10 万名城乡学子。

当前，交运集团的汽车站基本形成了“三位一体”的商业化发展模式，即“入港、出港、到港”服务客运一体化，“城际、城区、城乡”公交客运一体化，

“长途、旅游、公交”车站客运一体化，长途客运、旅游客运、公交客运、出租客运、物流配送等多种运输形式相互衔接，助推“公交都市”建设，满足了旅（乘）客出行的各种服务需求。

“情感”是服务的本质，品牌是对服务的承诺。打造优秀品牌的进程就是践行服务群众的誓言和承诺。作为“情满旅途”活动的起源地，交运人推出了一系列服务旅客的温馨举措。到工厂门口接农民工回家的“春运直通车”，帮遇困乘客买票的“爱心基金”，在火车站、机场和汽车站间穿梭的摆渡公交，方便老幼病残孕的专属候车室和乘车通道，热情周到的“580 我帮您”志愿者服务队……目前，交运集团已建立了 48 处“爱心驿站”，为单位周边的环卫工人休息、饮水热饭提供方便，其中有 30 处还向环卫工人免费提供早餐。

2013 年交运“爱心驿站”被评为感动青岛十佳人物（群体）。颁奖词里写道：“48 盏明灯闪烁，汇集成岛城爱心地图；更多的大门敞开，是朴素的恻隐激荡起向善的涟漪。这是一个城市的品格，对草根有敬重，对平凡有善待；这是一个城市的温度，向尊重致敬，拥抱每一个生命！”

围绕市场转型升级与跨越发展，我们以变为法、创新驱动，实施了“品牌集群”模式；以长途客运品牌“情满旅途”和公交客运品牌“温馨巴士”为代表，在不同领域分别创建了“交运之情”“温馨校车”“温馨的士”“温馨驿站”“温馨之旅”“温馨市场”“交运地产”“交运物流”“交运汽车医院”“亲情家园”“交运家家送”等知名品牌；以集群发展为模式，形成了企业发展的新优势。目前，交运品牌价值以 71.86 亿元高居行业榜首，并入选亚洲品牌 500 强和中国品牌 500 强。

从“情满旅途”到“温馨巴士”，其中蕴含着无数交运人的智慧和心血。

围绕市场转型升级与跨越发展，我们以变为法、创新驱动，实施了“品牌集群”模式；以长途客运品牌“情满旅途”和公交客运品牌“温馨巴士”为代表，在不同领域分别创建了“交运之情”“温馨校车”“温馨的士”“温馨驿站”“温馨之旅”“温馨市场”“交运地产”“交运物流”“交运汽车医院”“亲情家园”“交

运家家送”等知名品牌；以集群发展为模式，形成了企业发展的新优势。目前，交运品牌价值以71.86亿元高居行业榜首，并入选亚洲品牌500强和中国品牌500强。

从“情满旅途”到“温馨巴士”，其中蕴含着无数交运人的智慧和心血。

（作者时任交运集团青岛公司董事长）

焦宝林　我与扎染的不解之缘

1979 年 10 月，我由海安县商业局转岗至县工业系统的工艺美术品公司筹建扎染厂。这是我人生的一个转折点，与扎染结下不解之缘并找到了自己施展才华的舞台，也亲历了改革开放促使南通扎染枯木逢春，走上复活与振兴的全过程。

历史悠久的扎染业

中国是扎染的发祥地，有着 2000 多年的历史。公元 6 世纪后传入日本，后经日本陆续传入印度、印尼、韩国，以至阿拉伯及欧、美诸国。宋真宗、仁宗年间，由于扎染面料多为华贵之丝绸，且加工制作耗工耗时之多近乎惊人程度，朝廷几经禁绝，技艺几近中断。

然而，民间流传仍未断线，直至民国初年，在江苏南通地区小范围内仍然星点可见。所谓扎染，简单说就是在一块面料上，用棉线按事先设计的图案扎结、染色拆线，形成色底白花的中国传统花纹。

20 世纪 70 年代，日本从韩国大宗进口扎染制品后，因为韩国经济的发展，国内劳动力价格上扬而中断。随着中日关系解冻，遂将扎染制品的进口渠道移向了扎染源头的中国。

1976—1977年间，日本吉村纺织株式会社社长吉村看中南通丰富的人力资源和民间手工纺织编织技术发达等条件，愿意提供日本扎染技术的影片资料和代培技术人员，中国丝绸进出口总公司也积极予以支持，希望从加工“扎染和服”开始逐渐推出产品打入日本市场。

南通扎染枯木逢春

但开初的情况是有些戏剧性的。当时吉村找到时任外交部顾问廖承志，准备落户上海。而上海居于中国工业龙头老大的位置，有关方面并不十分看好这个“外转内”的活儿，悄悄把“球”踢给南通。廖承志是出生于日本、后又留学早稻田大学的老革命家，对中日两国的历史和文化都很了解。他说：放在南通可做得更大。

当时，日商（或者说是进货商）提供了四个条件：一是提供扎染生产技艺的参照依据；二是提供扎染产品设计的指令纹样；三是提供扎染产品营销的外向渠道；四是提供扎染产业开发的备用资金。

南通地市工艺美术公司抓住契机，果断接住这个“皮球”并进行了认真分析，决定把项目放在条件最好的海安，理由是海安的劳动力资源丰富，手工劳动有广泛的群众基础，主要是勾衣、网业、柳编、草编等。当时海安民间有句流行语，叫“不用油来不用电，一双手来一根线，坐着说笑两三天，就能赚到外国钱（外汇）”。

当时，江苏省丝绸进出口公司提供了“关东绞”纹样，要求相关厂家试扎，看谁做得好，再定点。不过关，就拿不到订单。所谓“关东绞”是日本名古屋以东至东京地区，即关东地区扎染的基本技法。我到县工艺美术品公司工作的第一个任务就是研制“关东绞”样品，争取成为定点生产单位，拿订单。当时公司决定，由我带着三个女工负责攻关。我认真研究了省丝绸进出口公司提供的一块

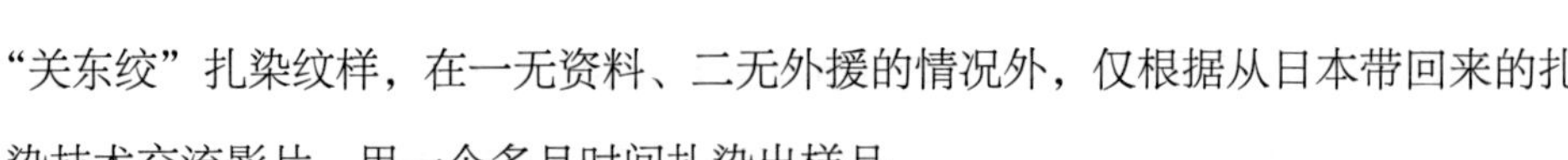

“关东绞”扎染纹样，在一无资料、二无外援的情况外，仅根据从日本带回来的扎染技术交流影片，用一个多月时间扎染出样品。

1979 年 12 月 6 日，江苏省有六家企业到扬州参加由省工贸主持的定点竞标会议。记得当天带样品赶往扬州借了辆小车，但需付车费 8.4 元，而当时我的工资是 34.5 元。有人议论：“还不知道成功不成功，就坐什么小汽车？！”李慧芬经理顶着压力，对我说：“要做成一件事，总要忍气吞声，受点委屈的。”这个费用后来是李慧芬自己付的。

省公司的专家看到海安送的样品，惊呆了，样品竟与日本客户提供的样本完全一致，遂当即拍板，由海安定点生产。最后南通、海安两家中标，在全省六家单位同赴扬州争取定点生产的角逐中胜出。我们迅速创建了海安县扎染厂，并着手培训设计人员和前后道工序的技术骨干，很快形成生产能力……我记得 1980 年 3 月，由东京西田通商株式会社下的 100 条“关东绞”销售订单给海安，整个中国只海安一家，这一拍板就是几十年，使南通扎染枯木逢春，走上产业化之路。

打入日本市场

当时海安县扎染厂负责研发生产的有 20 多人，下面的网点有 1000 多人，当年就完成销售 200 多万元。1981 年完成销售 300 多万元，1983 年产值千万元，利润 159 万元，在全县工业系统名列前茅。在这一过程中，我们逐步健全完善了前道工序，配齐技术人员，借鉴日企的先进管理经验，在南通地区工艺美术工业公司的主管下，依托县工艺美术工业公司，创造性地开创了一个“企业 + 工艺师 + 农村剩余劳力”的新兴产业化运营模式，并在随后的企业制度改革中，催生了一批民营企业、工贸合作企业和中外合资企业。这种模式通过走进乡镇村组，开办扎染技艺培训班社的形式，把一批农家妇女培育成了农忙务农、农闲从工，离土不离乡、从工不离土的能工巧姐，其数量从初期的 1 万余人，发展到 6 万人

之众。

仅用十多年的时间，南通七家扎染企业从上海口岸出口到日本和其他国家及地区的各类扎染制品就达 1000 多万件，占领了韩国花 50 年功夫进入的日本市场，产值 5.5 亿元，创汇 1.5 亿美元，并多次获得全国创汇大奖。在鼎盛时期，南通扎染企业有 120 余家，并迅速将外加工渠道延伸到安徽、山东、河南、江西、陕西、山西、湖北等地的广大农村，在那里开班培训，传授技艺，在更广大的地域范围内，形成一个扎染产业城乡统筹发展的局面。

1993 年 4 月，为谋求更大发展，我跳槽到央企中国工艺品进出口总公司，成立南京进出口公司海安服饰厂。三个月后，日方中荣株式会社和近喜株式会社首批投资 400 万元，成立了中日合资的锦华服饰公司。南通的扎染产业化开发，用了五年的时间，完成了韩国以往 30 年间走过的开发历程。这是改革开放最直接的结果。合资后，锦华服饰公司每年以 20%—30% 速度递增，完成了 10 倍于前一年的产销绩效，年销售达 3000 万元，1999 年达 8000 万元。

主政锦华后，我做了四件事：一是将 TQC 全面质量管理体系，引入扎染企业，从生产入口到产品终端，实行全程质量控制。请有关专家对企业中层以上管理人员常年进行 TQC 全面质量管理体系运行知识培训，丰富他们质管方面的知识，提高了他们的职业能力，并聘请日本专家西岗浩二担任副总经理。

进军欧美市场

1996 年后，日本经济进入衰退期，和服需求量减少，为打开欧美市场，我发明了“转移印花工艺”“染水溶线工艺”（均获国家发明专利），由此生产的波罗衫畅销欧美市场，市场向多元化方向发展。目前，南通扎染具备满足国际国内市场的所有工艺程序。锦华“妍妃”牌扎染制品已在全国 24 个省市布点。仅在合肥就有五个商场设立经销点。产品的类型也从日用品、服装饰品延伸到室内纺织品及艺术品。坚持内销外销两条腿走路，以出口为主，内外销分别占20%和80%。每年光出口日本的扎染制品就多达150万条（件）。品种涵盖日本市场所需扎染和服及所有制品，销量占日本扎染市场的90%。

二是在扎染产业化经营过程中，创新扎染技艺，并培育出一拨扎染工艺的传承人、保护人。我不断从传统艺术中汲取营养，从姊妹艺术中寻求新意，在保护和传承民族文化内涵的同时，在工作实践中创新思维，从市场需求中发现新路，不断延伸扎染的领域，丰富发展扎染的艺术表现力。开辟了“新龙绞”“新缝绞”“新绉褶”“新防印”等手法，被业界称为“焦氏扎法”。将其应用在服装上，其内在工艺结构和外观造型都发生了特殊变化，一经投放市场就受到人们的喜爱和青睐，风靡国内外市场。

三是用优厚的待遇吸引人才，以宽松的环境留住人才。引进各类高校工艺美术人才，与企业定向委托培养和鼓励在实践中自学成才相结合，形成了南通扎染的人才梯队。南通近百家各类扎染产业的企业家中，绝大多数同时又是扎染工艺的工艺师。时至今日，南通扎染行业已有两人获得江苏省工艺美术大师称号，两人获得江苏省工艺美术名人称号，其中一人具有研究员级高级工艺师职称。2012年，我被国家工业和信息化部、文化部、人力资源和社会保障部授予“中国工艺美术大师”称号。中央美院、南京艺术学院、南通纺织学院、南通大学艺术学院均开设了扎染专业课程，我先后被南通航运学院、中央美术学院聘为客座教授。

四是提升南通扎染的艺术品格，增加其时尚美誉度和影响力。20多年来，我对扎染这门技艺进行深入研究和创新，通过在扎结方法上的松紧变化，扎结手势上的灵活适度，扎结过程中的器物包裹，拓宽了印染方法上的多次层染，泼染加上点染、浇染以及辅以手绘手法的运用，形成别致的款式，璀璨的色彩，典雅的艺术风格。

1990年，南通扎染服饰与蓝印花布赴香港表演，轰动香港，震惊东南亚。2003年7月，由江苏省工艺美术行业协会主办，海安锦华服饰有限公司协办的一

台“2004 年春夏扎染时装流行趋势发布会”，展示了我创作设计的四大主题 108 套现代扎染时装。工艺包括扎染及其延伸领域的最新设计，有水溶线收缩、转移印花、绉褶及混合技法等，鲜明的艺术风格和时代特色把传统扎染推向崭新的阶段，给 300 多位中外嘉宾、专家学者、新闻记者以耳目一新的感觉。综合运用 10 多种扎染技术创作的一系列的扎染艺术壁画，多次获国家、省工艺美术品大奖；创作的不少作品被博物馆或私人收藏。

（作者时任海安锦华服饰有限公司董事长）

朱景强　**我发现了水晶石里的“哈雷彗星”**

我是“水晶之乡”东海人，从 1985 年开始做水晶生意，几年后开了一家水晶宫，自任总经理，主要是制作、经营水晶项链、手链，小打小敲。后来开始做水晶外贸生意，完全是一个偶然，因为我发现了水晶石头里的“哈雷彗星”。

那是在 1991 年夏季的一天，我跟往常一样，到东海水晶街逛逛，看看产品、问问价。在沿街店铺里，我看到了各种各样的水晶原石和几样简单的水晶制品：项链、胸坠、耳坠、手链、眼镜等。对水晶原石，当时大多数人是不会问津的，只有少数文化人士、收藏家偶尔会看看；但对水晶制品，不论是当地人还是外地人，特别是女士们都会对水晶项链和手链等很感兴趣。然而，对于我这个土生土长的东海人来说，都已司空见惯了，平淡的如同看惯了满街的 T 恤衫、火腿肠和奶油冰棍。

我正逛着，有个人走过来，问我要不要水晶原石。因为我对水晶原石没有兴趣，就没理他。他拽着我衣袖，硬要我看看。我想，看看就看看吧，反正不要钱。这块水晶很小，重 200 多克。我一手拿起水晶对着太阳光，一手打个眼罩，通过水晶在采掘时被碰掉一小块皮的地方向里望去，我竟然看到里边有一束呈放射状排列整齐的金色毛发（后来才知道这种水晶叫“发晶”）！当时我还不知道“发晶”

这个矿物学名词，但我总觉得很奇，奇得让我爱不释手。我就问他多少钱，他说12块。12块就12块，我没还价就买了下来。

回家后我越看越觉得这块水晶有点奇。我一直在想：如果就这样原封不动，它充其量也不过是一块小玩石，而且大部分被一层“皮”包裹着，难以全窥它的天生丽质和内部奥妙；如果去掉这层“皮”，还它庐山真面目，岂不更好些？但是将它做成什么呢？我又很费了一番脑子。是打成刻面，还是雕成某件东西？想来想去，我决定利用它扁球状的原形，打磨成类似飞碟状的东西。

在打磨过程中，我意外发现：位于发丝的端部，还有一块四毫米左右的白色晶体，地矿学上叫作晶内晶，属二次结晶体。我觉得这块晶内晶使本来稀奇的小水晶更稀奇了。不光如此，它还与呈放射状排列整齐、闪闪发光的金发晶构成了一种东西。是什么呢，是某种画面？抑或是某种意境？我一时还说不清楚。突然，我想起1990年曾在全球出现过的彗星热。“为伊消得人憔悴，衣带渐宽终不悔。蓦然回首，那人却在灯火阑珊处。”对了，是彗星，哈雷彗星！我兴奋地高喊起来。至此，水晶奇石“哈雷彗星”在水晶之乡东海县正式问世。我成了十月怀胎，一朝分娩的“产翁”。不过那时，我还不知道它的真正价值。换句话说，对自己的这个“产儿”，人们将会怎么看它呢？不过有一点我是坚信不疑的，那就是：奇。物以稀为贵，奇就是宝。是宝还是草，我必须拿出去试试！

于是，我把“哈雷彗星”带到了东南亚，标价300元，没人要，旅行十几天后，又被我带回来了。回来后，我没感到扫兴，相反却有一种完璧归赵的庆幸感。我认识东海珠宝行家吴彩霞，她是江苏省东海水晶管理站的高级工程师。于是，我赶紧把“哈雷彗星”拿去给她看。吴彩霞慧眼识宝，她叫我去卖给外商，一定会卖个高价。

在郑州珠宝交易会上，我将“哈雷彗星”标价1万元，有个外商被这块小小的晶体所吸引，流连忘返，但他只出价6000元，我不卖；在北京珠宝交易会上，又有一位韩国珠宝收藏家看中了，出价1万美元！我仍没舍得卖。

花12块钱买来、打磨后不足200克的一块小水晶，竟有外商出到1万美元的高价我还没舍得卖，这在当时的东海顿时成了一个天字第一号的爆炸性新闻。一些新闻单位的记者纷纷来东海找我采访、拍照，《人民日报》《新华日报》《地质矿产报》等相继进行了报道。我出名了。我发现并创造了奇迹，也为水晶之乡争得了荣誉。

在此之前，东海水晶除了工业用途外，市场上大量出现的水晶制品是眼镜和项链等，自从我的“哈雷彗星”出现之后，水晶观赏石——被我们东海人叫作“水晶景石”便在市场上陆续出现了，并且越来越多，质量也越来越好，各种奇景异相，蔚为壮观，逐渐形成了颇具东海特色的水晶景石市场。就像到南京的人总爱买几块雨花石一样，来东海的国内外客商和游人也总爱买几块东海的水晶景石带回家去以资纪念和观赏。

水晶里面有文化，收藏景石奇石能观赏、能增值，这消息宛如一石激起千层浪，使众多的东海人开始把前辈们不曾有的审美目光和文化内涵投向了水晶。大家从象形文化着眼，为大小不一、形态各异、包罗万象的水晶石起上一个个吉祥、美丽或颇具韵味的名字，或唐诗宋词，或历史典故，或诙谐，或庄重，或相像。我的一个朋友有一块景石，取名“故乡”，被买主以 20 元购得后一转手就卖到了 200 元，三转手后被一位台湾商人以 9 万元买走。

自“哈雷彗星”之后，我又陆续发现制作了很多水晶奇石：生日快乐、高山流水、跳水王子、北京巴狗、太极两仪球、金鱼公主、鱼戏蝌蚪……大都被外商、华侨和港澳台客商买走。每一次的发现都让我很激动，而每一次的卖出又使我很难受、难舍。

1994 年初，东海县成立水晶精品研究会，我荣幸地出任首任会长。后来，当我跟几位朋友聚会，谈起当年没舍得卖“哈雷彗星”这件事时，他们感慨地说，幸亏你没把它卖掉，要不然的话，你哪会出名啊，哪还会有现在的东海水晶景石市场！

现在，和我一样从事水晶景石制作和经营的东海人不下几百人，我们的文化程度和审美能力有高有低，但却都懂得如何选取和制作景石，懂得什么是“意

境”，什么叫“画面”。一块只值几十元或百余元的水晶原石，经过我们加工后能卖到几百元、上千元甚至上万元。所以，东海水晶市场的规模在不断扩大，先后建成了水晶城、水晶博物馆，经营水晶的人也越来越多。东海县已成为世界水晶的集散地。

吴彩霞曾经跟我说过，东海县的水晶储量超过 30 万吨，开采和利用水晶至少也有 300 年的历史。现在，全县拥有水晶加工和销售的企业 2000 余家，从事水晶开采、加工和购销人员逾 20 万人。每年从巴西、南非、俄罗斯等国家进口的水晶原料近千吨，然后我们把它加工成各种水晶制品再远销欧洲以及美、日、韩和中国台湾、中国香港等 30 多个国家和地区。

我从有关资料上看到，自 1992 年以来，东海县水晶制品交易额累计超过 60 亿元，特别是 2004 年高达 8 亿元，其中进出口交易额 2.4 亿元，上交各种税费 1200 多万元。东海县已经由“水晶之乡”一跃成为闻名中外的“中国水晶之都”。

东海水晶之所以能走出东海、走出国门的根本是党和国家实行了对外开放的好政策。而东海水晶能引起人们重视并被珍藏的由头是“哈雷彗星”，其领路人则是我。

（作者时任东海水晶宫总经理）

董淑亮　**村民吃上了“旅游饭”**

桃花涧风景区，位于江苏省连云港市境内，是著名的云台山国家森林保护区的重要组成部分。提起桃花涧，爱唱歌的人最容易想起的，往往是蒋大为那首耳熟能详的《在那桃花盛开的地方》，喜欢古诗词的或许会想起唐朝崔护的“人面桃花相映红”，而在我的脑海里是关于连云港作为全国第一批 14 个沿海开放城市与桃花涧旅游开发的叠加。没有 1984 年 5 月国务院的首批沿海开放，也就没有今天连云港的旅游，更不要说桃花涧风景区的旅游。沐浴着改革开放的春风，“在那桃花盛开的地方”承载着我太多的难忘的印记。

记忆之一：人们不知道什么叫旅游

连云港的历史称得上“悠久”，旅游景点也早就存在，这里古迹众多，素有“东海第一胜境”之称，“将军崖岩画”被国家文物局鉴定为“中国最早的一部天书”，东汉艺术珍品“孔望山摩崖造像”是我国较早的佛教摩崖造像。这些名胜古迹早在改革开放之前就已经名闻遐迩，不仅江苏省内，就是国外也有许多学者慕名而来。只不过没有人当作旅游资源来看待，而是作为一种古老文化出现在我们的视野里，许多老专家是带着学生来这里考察和现场教学的。当年，史树青教授

就曾这样做过。

伴着改革开放的脚步，2001 年，连云港市海州区旅游局挂牌成立，我从区委宣传部被调到旅游局任副局长。于是，我和同事们着手调查区内的旅游资源，陪着张传藻、刘洪石（这两位是本市著名的地理、文化方面的专家，都已经过世）到桃花涧那条长长的山沟里实地考察，希望能给那些奇形怪状的象形石，取出好听的名字，编印一本旅游宣传手册。

“搞旅游？就是把这条山沟圈起来，不让村里的人随便进出？”围观的一位村民很不友好地说。

“什么旅游？不就是放条长凳子，来收钱吗？”一个抱着孩子的村妇气呼呼地说。

“谁来这破山沟旅游？刚刚吃饱肚子就瞎折腾！”一名抽着旱烟的长者，满脸不屑一顾的表情。

是啊，把一条十几里长的开着桃花的山涧沟开辟成景区，让世世代代住在山里的农民搬走，谈何容易？横着几条长凳子，就把大伙儿司空见惯的地方当成景点？农民的脑子想都不用想就跟你对着干了。

可是现在，当年名不见经传的桃花涧，现在有了像模像样的景区大门、设施齐全的游客服务中心、各种各样规范的旅游服务牌，每天都有从全国各地来这里的游客，汇成穿红着绿的人流。

当年不知道旅游是什么的村民，真正是“靠山吃山、靠海吃海”。吃起了“旅游饭”，坐在家门前卖吃的、玩的，每年还有旅游分红的收入，与游客也能兴致勃勃地念些“旅游经”了。

记忆之二：人们不晓得旅游也要叫卖

早在 20 世纪 80 年代后期、90 年代初期，当地有头脑的人也在关注旅游开发这个问题。因为那些到过云南、海南、承德的领导们，回来就向大家讲那旅游兴旺的省市是怎么样坐在家门前收钱的。特别是一些到过国外的领导，开始关注旅游开发这个问题，经常把“无烟工厂”挂在嘴边。可是，真正来研究和发展旅游，特别是搞旅游促销，还是旅游局成立以后的事情。

记得旅游局成立第二年的2002年春天，我组织区内的孔望山、石棚山和桃花涧景区负责人到周边的城市搞旅游促销活动，在一间很小的办公室里，大家都不感兴趣，都对旅游还需要叫卖有点想不通。

“出去叫唤什么？那多丢人。”

“景区搞好，自然有人来。”

“没钱，请他们来也不来。出去干什么，找罪受。”

大家你一言我一语地议论起来。后来，还是以行政命令的方式，让每家拿几百元钱，集体行动，印刷了一批宣传画册，把区政府的依维柯借过来用一用，找喷绘公司在车身上喷了海州古城以及三个景区的资料照片。简单收拾一番，我们一行六人就乘坐这辆车子出发，先后到徐州、合肥、南京等地，叫卖了一个星期的旅游。住的是普普通通的标准间，或者三人间，吃饭、住宿都不讲究，依靠当地旅游部门的帮助，我们终于与几十个旅行社签订了合作协议。第二年春天，我们去过搞促销活动的沿线城市，果然都有散客或者团队相继来旅游，这让大家一下子尝到了甜头。

有了第一次，就有第二次、第三次。正是这一次外出旅游促销活动，使景区负责人眼界大开，也开始大方地主动出击，相继参加了全国性的一些旅游节庆活动，包括由刘永忠（当时任连云港市市长）带队到北京举行大型的旅游推介会。

现在，连云港的旅游促销大战，不仅是桃花涧，就是著名的花果山、连岛度假区、温泉度假区等景区，也在不断叫卖，有的还叫到了中央电视台，甚至国外的一些媒体。旅游，已经到了越闹腾越红火的时代。

记忆之三：人们终于理解旅游成了产业

“文化搭台，经贸唱戏”，“旅游是朝阳产业”，这些语句在当下早已被大家所认同。可是，在改革开放之初，人们哪里会相信旅游也能在当地形成产业呢？为了做好旅游产业，把它做大做强，记忆中有几个难忘的片段。

2002 年，第二届中国“连云港之春”桃花节，在新亚欧大陆桥东方桥头堡连云港市的海州区隆重开幕，开幕式大型文艺演出《在那桃花盛开的地方》，通过连云港电视台影视综艺频道向全市观众实现了现场直播；2004 年，我陪区领导专程赴北京，到文化部拜望有关专家，4 月 3 日，由国家文化部民族民间文艺发展中心和连云港共同主办的“中国（连云港）民族鼓乐精英赛”暨连云港之春，在海州区朐阳门广场拉开了序幕，全国著名的安徽花鼓灯、甘肃兰州太平鼓、山东鼓子秧歌、河南开封盘鼓、山西绛州鼓乐、新疆维吾尔鼓乐、北京太平鼓、江苏赣榆威风锣鼓以及海州大鼓等都参赛并表演，风格迥异、特色鲜明的鼓乐，精彩纷呈，撼人心魄，让我和许许多多旅游人激动不已：旅游，原来可以搞得这么热闹，可以这么来凝聚人心，产生轰动效应，吸引各地游客的眼球。

也是在这片古老的土地上，结合旅游宣传促销，先后进行了“申吉”百米长卷万人签名、悬赏百万破译“东方天书”将军崖岩画研讨会等活动；于是，腾格尔、眉佳、董文化、高胜美、关健、斯琴高丽、顾峰、沙宝亮等明星大腕，先后现身桃花涧。

伴着连云港改革开放步伐的加快，旅游业得到了迅速发展，打造了桃花涧、花果山、渔湾、苏马湾、海州湾、高公岛等景区，而桃花涧风景区的故事无疑是全市旅游的一个缩影，更是改革开放的一个窗口：“在那桃花盛开的地方，春天更美丽”……

（作者时任连云港市海州区旅游局局长）

陈建功　琐忆与感怀

2010年11月9日，国务院就广西壮族自治区人民政府的请示报告予以批复，同意将北海市列为国家历史文化名城。批复确认“北海市历史悠久，文化底蕴丰厚，历史遗存丰富，近代城市建设特色突出”，要求自治区及北海市人民政府根据批复精神，按照《历史文化名城名镇名村保护条例》的要求，做好相关工作。

作为一个“少小离家”的北海人，看到自己的家乡在改革开放新的历史时期里，成了国家规定的14个沿海开放城市之一，以有口皆碑的生态环境、舒缓从容的生活节奏和潜力活力充盈的经济前景声名远播，现又经由国家文物局和建设部专家论证和国务院的确认，以悠久而凝重的历史文化积淀，在祖国西南海滨焕发熠熠之光。其自豪之情，是不言而喻的。

我离开北海时，还不到8岁。记得当时是在读二年级。1957年夏，已在中国人民大学任教的父亲回到北海，把祖母及我和姐姐接到北京去。8岁的孩童，对故乡很难说有什么深刻的印象。到了北京，和人家说起家乡是北海，似乎也鲜为人知。于是在我心中，故乡偏远而籍籍无名。但我牢牢地记得，母亲说过，我出生于英国教会创办的“普仁医院”，也记得童年时到过“双孖楼”，到过“老街”和电影院……

及长，略读些书，更知道了《后汉书·孟尝传》里“合浦珠还”的典故。然

而，家乡仍显得遥远而凄清。正如当北海得获批复为“历史文化名城”后，《北海日报》一则时评所回顾的，由于经济社会发展相对滞后，远离中原文化中心的北海，其历史文化价值长期没有得到公正的评价，它如一块璞玉，尘封土埋，光芒黯淡。

由于缺乏认知，“小渔村”成为不少人对北海历史的成见。虽然也有人用史料、遗存和历史名人等竭力为之声辩，但由于未能对历史文化进行系统的整理和深入研究，未能“跳出北海看北海”，放在历史长河和不同地域文化比较中对其潜在价值进行评估，更没有找到合适的提升文化价值的抓手，这种“弱弱地”发出的声音，一直难以消除对北海历史的误读。

根据我的记忆，“小渔村”之说源自北海房地产“泡沫”时期的新闻报道。报道者出于“宣传效果”的功利目的，用“今是而昨非”的方式简单地否定了北海的历史，由此才酿成了这个“历史的笑话”。

记得20世纪80年代初的一次返乡，得以结识北海最负盛名的书法篆刻家，史学、民俗学者黄家蕃先生，除了从他那里得到很多关于我家族的资料之外，更听他纵论北海的历史文化、民俗风情，可谓妙趣横生。

又十年，北海突成“炒地皮”的热点，“小渔村”之说也开始在内地传播开来。我再次回乡时，向另一位同样热心于北海历史研究的张九皋先生请教，他为此而痛心疾首，说：“北海怎么是‘小渔村’？1876年，中英《烟台条约》签订后，西方列强纷至沓来，先后有英国、德国、法国等八个国家来这设领事馆，盖教堂，办医院，至今还有15座洋楼组成了近代西式建筑群，是国务院第五批重点文物保护单位呢……”从那时起，我也才知道，北海绝非靠“卖地”而暴发的“小渔村”，其厚重的历史与文化，有待于挖掘与展示。我也知道，这里一直活跃着一支热爱北海历史文化，努力挖掘、薪传其丰富资源和深刻内涵的队伍。

2005年10月黄家蕃先生去世后，这支队伍愈发激发了开掘北海历史文化宝藏的锐气，且其构成不仅只限于史学、方志学和民俗学方面的专家，还包括了许多领导干部和文史爱好者。比如出版于2009年的《寻根——北海普仁百年医史》

和2012年出版的《拾遗——北海普仁百年济世情怀》，就堪称北海历史文化研究与普及的力作。作者在广泛搜寻中外医学史料，研究中西方交流史的基础上，对北海普仁医院的历史进行了全方位的挖掘。以严谨的学术精神和翔实的史料占有而引起国内外学术界的关注。这两本书，就出自北海市人民医院党委书记刘喜松的手笔。

当然我所更为熟悉的，是许多生活在这里的作家们——不管是本土的，还是外来的——纷纷把关注的目光投到北海的历史文化题材。应该说，这得力于开放时代北海人文化视野的拓展，也展示了北海文化界对本地域的历史文化定位，有了更自觉的追求。

我以为，这种文化气氛的形成，和历任北海市委市政府的领导重视文化建设有着直接的关系。自20世纪80年代以来，在多次返乡过程中，我和当时的主要领导特别是主管文化工作的领导有不少接触。我发现，不管他们是不是本地成长起来的干部，共同的特点是，无不对北海的历史有深入的了解，对本地的文化建设，特别是引进新的文化视点和理念，有极大的热情。

党政提倡和率先垂范的结果，营造了北海开放活跃的文化氛围。仅就我的记忆所及，通过我这个渠道，来过北海讲学的作家、学者有邓友梅、李国文、叶楠、蒋子龙、舒乙、李陀、苏炜、陈祖芬、赵丽宏以及香港作家曾敏之、彦火、王一桃等。当然，通过其他渠道往来于北海的各界人士，就不胜枚举了。

我特别要提到的是一届一届的北海市领导，对旅居在外的科技、文化界人士，也不断传递出家乡的呼唤。这对北海与外界的文化交流，可以说是居功至伟之举。

最早回来的一批，如文学界的老前辈、原中宣部文艺局局长李英敏同志，在思想解放运动兴起之初，就经常回北海，宣传十一届三中全会精神，宣讲“实事求是，解放思想”的思想路线。

1981年，我的一篇小说获得全国优秀短篇小说奖，在人民大会堂给我颁奖的，就是李英敏同志。我与这位老前辈在颁奖会上相识，又因同是“北海人”而交谈甚欢。

1995年以后，我调到中国作协工作，每有出差到南宁的机会，都会去拜望他。他逝世的前一年，见到他时还谆谆叮嘱“常回来吧，北海要听听外面的声音啊”……

2008年，在北海市委市政府的领导下，北海文促会和北海电视台联合启动了《北海儿女》拍摄工程。画家辛莽、黄铸夫、张绍城，雕塑家魏小明，作曲家伍雍谊伍家骥父子、傅磬，作家白原、林骥，火箭专家陈寿椿……北海各界杰出人士荣列其上，我也有幸获此殊荣。

是年9月11日，在香格里拉饭店举行了隆重的首发仪式，位列其中的我辈，越发深感在家乡的文化建设中应尽的责任。我想，同获这一荣誉的各界人士，也都会有此种感受吧?

应该说，到了2009年5月，市委书记王小东在市委常委会上提出北海要申报“国家历史文化名城”的设想，是北海发展战略的一次升华。王小东是这年2月到北海履新的。王小东到任后，真抓实干，在北海市民中口碑甚佳。我在当年5至6月间回北海度假时见到了他。令我吃惊的是，这位才调来3个多月的市委书记对北海的历史文化如数家珍，诚如以后他到处宣传并期待广大市民的，对北海，他也称得上“因知而爱，因爱而行，因行而果”。

那次会见，他告诉我，他刚刚陪同全国人大环境与资源保护委员会主任、原建设部部长汪光焘考察过北海老街等历史文化街区，汇报过程中产生了“申报国家历史文化名城”的想法，得到了指导和首肯。他已在市委常委会上提出并得到了支持。

王小东小我十几岁，虽是初见，他的胆气和活力，给我印象深刻。特别是他关于北海的历史文化定位对于北海精神的激励、北海软实力的提升、北海发展的长远意义等方面的思考，使我也很激动。当时就感到，这是具有战略意义的举措。办成了，在北海发展历史上，将成为重要的里程碑。我感到，在这位市委书记的带领下，北海市委市政府一定能有所作为。

果然，申报之后仅过了一年多的时间，就得到了国务院关于确认北海市为

“国家历史文化名城”的批复。

一位北海的网友在得知“国务院批复”后，这样表达他的激动心情——

“某某市用了 12 年才成功申报国家历史文化名城；某某市用了 8 年时间才申报成功。国家对历史文化名城的标准十分严格，2000 年以来只批准了 10 个。北海，仅用了一年多时间就拿到了这一荣誉，说明什么？‘走后门’‘跑关系’能获得这一荣誉吗？不，这说明北海有料！北海有沉甸甸的历史文化，有经得起专家考证的历史文化！……”

我感同身受这位网友的欣喜，认同他关于“走后门”“跑关系”无法获得“历史文化名城”称号的论断。他那“北海有料”的自豪，内涵实在是太丰富了。

北海，倘若没有英、德、法领事馆以及北海关、普仁医院、大清邮政北海分局、女修道院、森宝洋行旧址等至今仍保护良好的近现代西式建筑群，倘若没有中西合璧、品相完整的老城街区、廉州古城街区以及其他历史文化遗产的存在，何以赢得今日的自豪？但这“有料”，也包括了一座城市的领导者所具有的科学发展的战略眼光和严谨务实的工作精神。

当然，还离不开一座城市长期的文化建设的积累，包括一座城市对先进的文化理念的孜孜以求。

一个具有说服力的故事是：

2010 年 3 月下旬，时任国家文物局局长的单霁翔专程前来，调研、考察北海申报国家历史文化名城的工作。适值我在北海写作，遂陪同于后，算是半个主人。实地考察原英国领事馆建筑时，陪同的北海市领导说，1999 年 10 月初，这座原建于 1885 年的建筑面临市政建设的难题，为保留这座古建筑，将其向东北方向平移了有 55.8 米，始至现址即北海一中的校园内。

单霁翔闻之不禁肃然，发自内心地感叹道：“当时拿这主意的是谁呀！书记市长是哪个？拿这主意的，真是北海的功臣呀！”

可见，“仅用了一年多时间就拿到了这一荣誉”值得自豪，而历经三十多年的沧桑巨变，居然还可以“拿到这一荣誉”，更值得我们骄傲。

这是和“历史文化名城”同样弥足珍贵的城市文化精神。

秉持这种精神，历史文化名城才有可能永远在中华文化的历史长河中熠熠生辉。

（作者为中国现代文学馆馆长、中国作家协会副主席）

陈　瑜　**东街口天桥二十五年**

根据榕城地铁1号线的工程进度安排，全线工程最复杂、工期最长的控制性站点——东街口站和南门站在2011年国庆节前开建。为了给地铁1号线让路，拆除使用26年的东街口人行天桥，改建成地铁站地下人行通道。一座天桥，陪伴着福州见证了25年风雨，对许多久居福州的人来说，它不仅仅是一座天桥，而是一串串幸福的回忆。

天桥的素描

对久居福州的人来说，东街口天桥并不仅仅是一座桥，它或许并不美丽，甚至早已颤颤巍巍，但是在人们心中，它承载着我们数不清的故事和回忆。

前往福州东街口，老远就看见镶嵌在天桥横梁正中的三色指示灯在不知疲倦地工作着。米黄色的天桥，更给人一种和谐淡雅的美感。踏上两边有橘黄色扶手的阶梯，一种柔和的愉悦感油然而生，台阶是红缸砖砌成的，两边各有一道绿色的长带连贯上下，使之浑然一体。

阶梯中是不很宽的短平台。到了拐弯处，若不再向上走，则可折向邻近的另一阶梯。倘是继续登上数十级台阶，即可到达顶廊。细心的人们会发现：侧墙上

有一款用网遮起来的挖空长条，内有成排的彩灯插座。我们似乎看到了节日之夜的天桥：五彩缤纷，彩灯闪烁，展露着迷人的姿容……

站在天桥上，视野骤然开阔了。桥离地面约两层楼高，可以饱览东街口繁忙的“真面目”：整个天桥围绕着十字交叉口，成圆弧状的正方形。南北方向是宽阔的八一七北路，西面是杨桥路，东面是东街、百货大楼、邮电大楼、新华书店等。马路旁行人井然有序，街心的指挥亭在桥下正中，闪烁的红绿灯，犹如城市的眼睛，又如同大桥——这朵奇葩的花蕊。

这么庞大的悬空钢架主体怎么没见到根根立柱呢？顺着桥的钢架看下去，谜解开了。原来，每条道路那紧邻的两个挡架之间都有一个仿佛展翅的海燕般的“V”形支架，支架两旁各有一根直径约半米的柱子，在每个支架后，还有一根圆形粗钢管。这些支柱都立在那不引人注目的地方，悄悄地伸向了地面。设计者大约是为了达到不碍视野、减少过桥人压抑感的吧。设计者们还在各个阶梯口和天桥顶廊口安上华美的三桅灯。红色灯柱映衬着乳白色灯组，给人以无限欢悦。在阶梯之间的通道上，更有一盏与众不同的四桅灯——这些灯交相辉映，彼此呼应，宛如簇簇飘溢香气的玉兰花。园艺师也在天桥上显示了才华，他们在每组支柱旁边，砌起了花圃，摆上鲜花和装饰树，让天桥成为引人注目的花坛。所以许多来到东街口的人都要走上天桥，领略一下东街口的繁荣景象和那来往于桥下的车流。

天桥的成长

虽然这座天桥历史不过 20 多年，却是福建省第一座也是福州唯一一座屹立于十字路口的环形天桥。

“79 天修好天桥”——成为东街口天桥一段人人传颂的“神话”。这座造价 200 万元的工程取经自上海。于 1985 年 10 月 9 日动工，12 月 28 日举行竣工典礼，仅仅 79 天的时间。它的建成改变了许多人的交通习惯。

20 世纪 90 年代，东街口又起了变化，那座东街口天桥的一端伸出了两个

“触角”，一边通入东街口百货大楼，人们可以通过天桥直接从百货公司进出；而桥的另一边，则直接接入天桥旁的楼房内。天桥成为连接东街口的通道。

但凡去东街口逛街的人，都要从它肩上踩过，看一看，但是很少有人注意到这是一座钢结构的天桥。天桥上部为空腹“T”形环式连续钢梁，下部由4根“V”形主柱支承，四周环围着4个平台。东街口天桥主体采用钢结构，施工时为了尽量不影响交通，钢梁在工厂加工焊接后，运到现场吊装。前后只用两个多月就安装完毕。

1985年12月底天桥建成后，对缓解东街口的交通拥挤发挥了很大作用。天桥的承建单位——马尾造船厂党群工作部部长林樱尧回忆起当年的建设，“20多年过去了，每每带客人到东街口游玩，我都忍不住介绍，东街口天桥是我们承建的。它的平衡度至今为行家所称道。”

因为担心拥挤会给天桥带来安全隐患，2006年春节前夕，福州市市政工程管理处曾专门对东街口天桥进行了“体检”，结果表明，东街口立交桥虽然外观有些陈旧了，却十分安全、稳固。

东街口人行天桥用钢量达300多吨，工程质量和工期要求非常严格。福州市建委提出，从设计图纸下达之日起，必须在两个月内完成任务。1985年9月底，设计单位拿出了图纸，厂里立刻忙碌起来，还专门成立了一个天桥工程指挥部，马尾造船厂把当时造船的最新技术都运用到天桥的建设上。

分段钢构件制作好了，就要安装了。庞大的钢构件分段徐徐吊起，用激光测量对准，行业术语叫“看中”。多亏了激光看中技术，东街口天桥从东到西，从南到北，高低误差不过几毫米。所以建成后的桥体与桥面的平行度，至今仍为行家所称道。

对于这座连接东街口商圈四个主要路口的天桥，有人给出了一个不完全统计的数据，最挤时，桥上能挤下1000多人。当初桥梁设计是按照每平方米能承受3个成年人的标准建造，但建成后的天桥经过测试，受力远远超出设计的标准，每平方米可承受400公斤左右的压力。

东街口天桥自建成以来承载了东街商圈大量的人流。家住鼓楼前的王女士回忆，前些年，福州还没有开发万宝商圈、万达广场这些商业地块的时候，每到节假日，福州东街口商圈便人山人海，让逛街市民挤得喘不过气，东街口人行天桥更是“不堪重负”。

“挤上天桥后，想回头就身不由己了，被后面人推着往前走，孩子都被吓哭了！”

每天晚上 7 时，要想挤上天桥入口已十分困难。走上天桥后，更是人挤人、人挨人。人流高峰主要集中在上午 10 时、下午 3 时和晚上 8 时左右。

天桥的记忆

东街口天桥，对于很多在福州生活过的人来说，无疑是相当熟悉的，东街口的拥挤是有目共睹的，虽然大家总是抱怨，但是要拆了总觉得不舍。如果仅仅是一座普通的天桥，大伙儿对东街口天桥不会那么不舍。这可是一座和普通百姓生活、学习、休闲、爱情有关的桥。

你或许曾经在上面邂逅了一段美丽的爱情，或许曾经在那里流下了伤心的泪水，或许在桥上度过夏夜的一段惬意时光……这座天桥承载了很多“福州人”的回忆。

80 后的小杨说：“说起这座天桥，对于我们这代人来说印象特别深刻。它是伴随着我们成长的一个建筑。它承载了我们童年美好的回忆——小时候住在乡下，第一次来福州，当年外婆牵着我的小手特意坐公交车到东街口来看天桥。那时的我第一次踏上这座桥，第一次看到车流可以在脚下呼呼而过，兴奋心情仍然记忆犹新。”

“还记得小时候在外婆家长大，东街口天桥就已存在了。从小就喜欢和表哥穿过津泰路跑到这边来玩。因为表哥喜欢看汽车，所以我们总是会爬在天桥上看车来车往。”

60年代，东街十字路口曾实行“定时换灯、灵活机动”的指挥方法，以保持道路畅通。1985年，东街口天桥建成，它是福州历史上首座立体天桥。我也曾经抱怨过走天桥很累，要爬楼梯；抱怨过走天桥要很小心，因为那里小偷出没；抱怨过天桥裂痕不断，不够安全……现在终于要拆了，还真是舍不得。从那以后孩子们的东街口将再也没有“口”。

“老地方见！”很多时候，福州市民都把这个“老地方”定在东街口商圈的标志性建筑——东街口天桥。老福州人走天桥是回忆过往，而男女青年到天桥是许下“执子之手，与子偕老”的承诺。福州的大学里流传着“情侣到东街口天桥牵手走一遭，就能牵手一生”的说法。情侣们到天桥或牵手，或背着抱着走一遭，寻找着发生在天桥上浪漫、感人、有趣的爱情故事，上演着“鹊桥相会”的情景。

长大了，工作了，恋爱了，有了孩子，似乎生活中总是没有离开口字天桥的影子。上学要从桥上经过；工作的地点难免要经过东街口，等红灯的时候抬头就是天桥，望着熙熙攘攘的人群打发着红灯时间；恋爱了，两个人总是牵着手一起逛着口字桥，游东街口……听着流浪歌手的演唱，看着身边的男男女女，会觉得这是一种浪漫。要拆了，突然发现自己竟然没有什么可以作为纪念的，哪怕是一张和她的合影。

天桥的退役

有网友曾评价这座天桥：“平日，交通拥堵，是行人方便的通道；节日，五彩缤纷，是欣赏繁华的去处；夏天，凉风习习，是乘凉的好地方；傍晚，人声鼎沸，是买卖的小市场；入夜，居高临下，是情侣的散步区；黎明，万物复苏，是粘贴涂鸦的广告牌。”

2011年2月20日，是东街口天桥以完整的姿态最后一天呈现在福州市民的眼前。当天的福州寒意浓浓，但丝毫没有阻挡市民向东街口天桥告别的脚步。跟往日相比，天桥上少了行色匆匆的行人，多了驻足停留、拍照留念的市民，他们

有的说着笑着，有的拍全家福，以各自的方式记下有关天桥的回忆。

由于东街口天桥处人流量巨大，天桥拆除时间选在人流相对较少的晚上10:00至次日早上6:00。拆除时，附近进行交通管制。为尽量减少对市民出行的干扰，天桥拆除时，警方只封闭被拆除的一边，另外三个方向仍可通行。参与这项工程的工作人员告诉我们，“拆除东街口天桥将采取切割、肢解方法，分四段拆除，一个晚上拆一个方向的天桥，然后用吊车吊起并运走，用了4个晚上拆完。”4个桥墩随后也被拆除。

东街口天桥拆了，许多人仍万般不舍，但想着东街口天桥的退场将迎来一个崭新的地铁时代，大家心中又满怀着期待。福州地铁总工程师，东街口天桥的设计者之一叶晨立表示，东街口天桥已完成了它的历史使命，即将代替大家回忆的就是地铁的开通。也许在建筑即将逝去的时刻，我们才会更想去珍惜它。但是随着城市的发展，地铁的建设是势在必行的。曾经的那些东西现在只能用手中的相机将它永远留在记忆中了。

（作者时为福建师范大学社会历史学院教师）

陈孔标　敢拼会赢：了不起的“福清哥”

从“福清蚵”到“福清哥”，从“亲情招商”到“激情创业”，从“地瓜大县”到“南翼强市”，福清这个开放较早的沿海城市，在改革开放数十年间开拓出充满生机而又独具特色的经济发展区域，让福清人富起来的梦想成为现实。福清创业模式已被载入福州改革开放发展史册。作为土生土长的福清人，借此仅以切身的经历，谈谈改革开放以来一个小老百姓对这些变化的一些感受。

从“三大件”到“大哥大”

我第一次接触电子产品在1978年，是一个亲戚从香港带回来的简易电子计算机，用亲戚的话说，这类东西在香港很多，而且不怎么值钱。当时一拿到手，我们就一起摆弄起来，觉得非常神奇且羡慕不已，惊叹外国的先进，非但物价不贵，赚钱又比我们内地的多，自怨“生不逢地”。不久，在福清这个地方也逐渐开放起来，一些物品通过海运走私进来，在龙田进行交易，这时期一部分人通过走私掘了第一桶金。当年的石狮镇正是通过走私发展成为一个开放前沿城市，却被作为“资本主义复辟”典型，被拍成电影纪录片《铁证如山》，说它是“资本主义的一块臭肉”，可想而知那时的经济与社会风气是如何一番景象。

记得当时走私进来的物品主要是手表、三用机（收录放音响设备）、电子表、衣物等生活用品，比较受到人们欢迎。三用机等娱乐设备的出现，给人们单调的生活注入了新鲜元素。随着三用机的登堂入室，邓丽君的名字从此被我们熟悉，音乐成了内心、性别、感情的符号。当时流行的还有“三大件”（即手表、自行车、缝纫机）。我在 1975 年结婚的时候，即使央托多人走后门，也只买到一只手表，花了 120 元，相当于当时我一年的农业劳动工分值，而其他两件即使有钱也买不到，只好遗憾地过好多年后才买齐。而到现在，这三大件几乎没有人在乎了。

1992 年，单位里购置了第一台 286 型电脑，硬盘只有 64 兆，主要能够用来当打印机，虽然功能比起四通打字机来要强得多，但是价钱却便宜了不少，从此“dos”命令、“电脑病毒”等词汇进入日常用语中，人们告别了加班用手工抄写及计算的年代，工作效率得以大大提高。也因为电脑价格昂贵，一台需“耗资”25000 元，相当一个职工十多年的工资，故而我们把电脑当婴儿一样呵护，建立专门的电脑室，配了地毯、吸尘器，设施齐全，就怕它出毛病。这台机器我们一直用了七年，其间通过芯片对机器不断升级，从“286”向“386”“486”“586”“奔腾”一路升级，与此同时，电脑价钱也越来越便宜，不再是高不可攀，以至于现在单位里已是人手一台电脑。电脑已全面走入我们每个人的工作、生活之中。

1993 年，身边开始有人用手机，人称“大哥大”。用的人少，价钱也相当贵，大约三万元。想想那时一般工资只有一百多元，拥有这种设备相当牛气，可谓身份的象征，虽然重得像一块砖头，虽然有时通话不甚流畅，虽然费用很高，却让用者骄傲、看者羡慕。

经过沧桑巨变，那些物品和事件都早已被历史的烟尘淹没，但那些情景带给我们的惊喜，至今仍为人津津乐道。

足迹遍布世界

福清是一个侨乡，早先为了谋生，许多人都不约而同地下南洋去。用福清话来说，过去下南洋是“三死六来一回头”，就是说十人中，有三个在下南洋的过程中惨死了，有六个人由于没有余钱回不了故乡，只有一个能够赚到钱回乡起厝（盖房）炫耀，让人称赞某人有本事。到了20世纪70年代后期，身边也开始有人到香港定居，但赚钱也仅比在国内多一些而已，且那时有固定工作的人也没想到要出去，总觉得在家千日好，出门万般难。

直到20世纪80年代后期，随着部分海外乡亲已立住脚跟，越来越多的福清人通过求学、劳务、婚配、投资、经商等渠道，跨出国门，足迹遍布日本、印尼、阿根廷、澳大利亚等70多个国家，而其中前往日本的最多。福清人敢拼敢闯、无所畏惧的精神在这批人身上得到充分的展示，他们努力为自己及后辈开创崭新的生活空间，去谋求更大的发展，牵手繁花似锦的未来。也因出国人数众多，便有了大家熟知的那句话：有华人的地方，就有福清人。

争当风云变幻时代的突围者

当下南洋人身上的“福清情结”，与家乡亲人的开拓进取精神契合起来时，整个福清便活起来了。1984年，旅居印尼的福清华侨林绍良、林文镜捐款改建融城至宏路公路，1986年竣工，命名为“元洪路”。接着不断有华侨捐资改扩建公路，这种新举措，促进了福清的各项基本建设。

此后，在元洪路两侧又建起了带“冠”字的三资企业，加上国家对外资企业在土地、税收等方面的优惠政策，许多三资企业在福清落户，许多农民放下锄头，走进工人队伍来了，虽然给的工资不很高，也总算从此改变了他们依靠农田谋生尚且无法得到温饱的生活方式。由于三资企业的带动，福清当地的能人纷纷集资

创办自己的企业，争当风云变幻时代的突围者。他们紧跟潮流，上紧发条，激情创业，追逐富裕。他们发现，家乡福清可以比外面的世界更精彩、更绚丽，甚至是一块可以实现更大梦想的土地。

近日的福清，真正成了敢拼会赢的福清人的福清，在改革开放中实现华丽转身的福清，正以更高的思想境界，更大的创业气度，更自信的发展胸怀，更积极的进取态度，走在海西建设的大道上。

（作者时任福州市公路局福清分局工会副主席）

陈红天　追忆20世纪80年代的深圳

和许多早期到深圳创业的人一样，我真是无限地怀念20世纪80年代的深圳。1990年以前，深圳只有45万人口，我曾经很多次和80年代来到深圳的人讨论深圳，几乎100%的人都对80年代的深圳留下了美好的回忆。也有人说到1994年以前，深圳的民风、官风、创业氛围都非常好。

不管是哪一个时间点截止计算，80年代到90年代初的深圳，实在给我们这批老深圳留下了无限的思念。那时，深圳刚刚改革开放不久，被公认是民风最好的客家人，只管创业不搅事的潮汕人，想干一番事业而又在内地自觉怀才不遇的内地人，有抱负、有理想的年轻人，不约而同地来到了中国改革开放的最前沿——深圳经济特区。

我是1984年8月8日来到深圳上班，通过专业考试的激烈竞争，通过人事部门的文化程度综合考试，于1985年1月1日正式成为深圳人。那时深圳人对改革开放、过上好生活、创业的强烈渴求，深深感染着我和每一个初到这片热土的热血青年。

我看过美国建国之初及西部开发时的情况描述，深深地感受到，80年代来到深圳的人，正是当年美国建国和西部开发时的情境再现。人们满怀热情地来到这块热土，他们都怀有一个信念：就是要创业、要干事业、要改变自己、要过上好

生活。也因为大家都来自五湖四海，都有着共同的理想，都是一群优秀的、要求进步的、不甘平庸的青年人，他们之间有着许许多多优秀青年的特征，他们有很强的事业心，正气、互助、互爱、与人为善……

一直没有忘记，当时我的户口和组织关系刚刚调入深圳那种莫名的兴奋和喜悦，不知环绕了我多长时间。那种感觉远远超过了我 1991 年移民到香港的心情。

1986 年，我住在下步庙南区，每天坐 31 路公共汽车上下班，在公共汽车认识了一位到现在都说不上名字的深圳人民医院皮肤研究所的医生。由于同住一个社区，几次见面我们就无话不谈了。就是他，一位我记不住名字的好人，把我当年久治不愈的皮肤顽疾给治好了。

1985 年，我太太怀上大儿子，常到人民路的妇儿医院去检查。一次，由于我出差，我太太一个人在医院排队，一位好人陈医生过来为素未谋面的我太太挂号、取药，还叫我太太以后去检查可以找她。我们只是一个工厂的技术员，无权无势更无钱，那只是一种非常淳朴的互助和互爱的精神，一点不夸张，一点不造作。

陈医生的先生是民政局的车队长，我太太去医院生孩子，孩子出院都是他们夫妇开车接送的。我儿子出生第二天，由于我要到上海公干，事业心极强而又年少无知的我执意离开太太和才出生两天的儿子，体贴的太太尽管难过却一句话不说，还是陈医生严肃地责怪我太不懂事了……

1985 年，我刚到深圳，在深纺制衣厂的同事，邻居们不是亲人却胜似亲人，至今让我不能忘怀，历历在目。黄彪师傅夫妇、何日胜夫妇与我们只相识没几天，既是同事，又是邻居，而且更像我们的近亲，他们常常煲汤、送水给我们，并且无时无刻不给予我们长辈对晚辈的照顾与提醒。在我太太怀第一胎时，黄师傅的太太常常教我太太如何做，注意什么。儿子出生那天，还是黄师傅太太告诉我太太当天就会生，因为比预产期提早了两天，我们也将信将疑，一到医院果真……

深纺制衣厂的出纳宋姨，常常借港币为我的儿子买奶粉，那种真诚和信任一直让我无法忘怀。我太太产后的第一份“工”，还是宋姨帮忙找的。

刚到深纺制衣厂的时候，偶遇了两位远房亲戚姐弟，名字叫强仔和仕眉，他们现在都旅居美国了。当年也是常常给我煲汤、送热水、加菜，让我感动不已。

我来深圳是深大成人教育部廖主任介绍推荐的，他是我父亲的旧同事，一个典型的好人，他在非常繁忙的工作之余，可以为我的调动到处找人，贴钱送礼。

说不完道不尽的感人经历……

太多太多难忘的往事，太多太多的好人好事，都是在20世纪80年代的深圳发生的。他们正是政府号召人们学习雷锋精神内涵的最佳诠释。相信他们也没都想过学雷锋，他们只是在一个良好，不对，是非常好的社会氛围下做一个好人该做的事，他们也都是一些普通人，可是他们都不比书本上介绍的雷锋差。文中提到的仅仅是我遇到的，80年代在深圳碰到的、发生的千千万万好人好事中的沧海一粟。

受这一段经历的影响，我一直到现在都养成了乐于帮人的习惯，我帮过几十人把户口调到深圳，我也帮过数以千计的人解决读书问题、贫困问题。

请深圳，请深圳的人记住他们：80年代为深圳的辉煌立下过不朽功勋的领导人，为深圳的发展奠定了良好基础的拓荒牛，当时开发蛇口的香港招商局局长袁庚、曾使深大成为全国大学录取分数线最高的深大校长罗征启……

（作者时任深圳祥祺集团有限公司董事长）

邵　彤　我因成为新宁波人而自豪

十多年前，我第一次踏上宁波的土地。现在，这里已经成为我的第二故乡，自己也成为一名真正的新宁波人。回顾过去，往事一幕幕浮现眼前，令我感慨万千。

初识北仑

2003年2月的一天，宁波武田纺织公司通知我到北仑来面试，时间是在春节前的第四天上午。当时我对于宁波北仑的了解几乎是零，除了知道北仑是个开发区之外，其他一无所知。记得那年的冬天非常寒冷。头一天，我从上海乘长途客车到达宁波南站已是下午四五点钟了，然后坐上353(现在改为753)路公交车前往北仑。353路是绕道梅墟、小港才到北仑的，路又远，路况又差，有些路段很狭窄且尘土飞扬。

车到新碶，天已完全黑下来了。在风阳二路站下了车，我准备找家旅馆休息。可周围的马路上连个行人也见不到，除了路灯之外，周围漆黑一片。我只好沿着马路向前走去。庆幸，前面一个加油站帮了我的忙。在加油站员工的指引下，我总算找到一家小旅店。

第二天面试结束后，我就匆匆赶回上海，返回东北老家过春节。春节过后，还没到正月十五，武田公司就通知我来公司报到。这样，我又一次来到北仑。

当时的北仑建区才八年，新碶街道作为北仑中心城区，正处在进一步提升发展的准备阶段。城区最主要的干道只有明州路一条。多数住宅都是比较老旧的五六层楼房，最高建筑要算十二层的“海琴园”了。

黄山路以南，庐山路附近到处都是大片等待开发的地块。在开发区大港工业城里，钱塘江路以西几乎没有工厂建筑，到处是荒草和小水塘。有些路段更是连路灯都没有，夜晚漆黑一片。

那时的北仑，居民的休闲娱乐条件也很不完善，没有一家大型的超市和商场，公园也仅仅有中河边的几个小公园和小山公园。春晓洋沙山很多人都没听说过。周末想逛逛大超市，最近也只能去宁波市区的江东家乐福了。

企业的成长

武田公司在日本算不上知名企业，但在服装辅料花边这一领域，在国际市场还是占有一席之地。多年来，武田花边在国际花边行业里一直以来享有知名度。

在我刚刚入职的那段日子里，我和同事们每天都在学校培训，工厂那边还没有去过，连路怎么走都不知道。一天，总经理通知说今天工厂的施工现场开始打第一根桩，要带大家去参观一下。于是，我和十几名同事怀着好奇、期待的心情来到位于莫干山路的公司施工工地，看一看自己未来工作的地方。

站在刚刚打桩的工地上，放眼四望，周边是大片的空地，附近仅有志达纺织和另外一家不大的企业，门前的路也没修好。看到这一切，想到未来的工作，大家都遗憾公司位置的偏僻和交通的不便。（参观过施工现场后没多久，我们就被派到日本总公司去学习。）

半年后，当我们回到北仑，公司高大、宽阔的新厂房已经落成了。办公场所还没有，我们就先在建筑公司留下的工棚里休息。午餐则联系了一家小快餐店，

每天送盒饭过来。

由于公司员工多数是外地人，住宿也是一个大问题。从日本回来之前，公司就在高塘的大同村为员工租好了民房作为宿舍。回到北仑的当天，我和同事们没来得及从旅馆把行李取出就匆匆住进了新宿舍。当时大同新村正处在建设之中，好多民房还没有造好。一天晚上，我摸黑在村里骑车，一条黑狗竟然不声不响地追着我的自行车跑，嘴都贴到了我的腿上，吓得我差点摔倒。

2004 年，对宁波武田公司来说是关键的一年。从 4 月份开始，设备源源不断从日本运来，安装、调试、试运转、正式投产。年底，公司已经形成了一定生产规模，产品开始陆续发往世界各地。

十年过去了，公司发生了翻天覆地的变化。一期的厂房不够用，二期的新厂房已经建成，现在正准备筹建三期厂房。进口设备不够，又新增了一批国产设备。员工人数由最初的十几个人，发展到现在的 300 人。员工的私家车也已达到十多辆。不少外地员工都在北仑买了房。

现在公司所在的高塘也早已不是原来的样子。申洲等大公司早已把工业区的地盘彻底瓜分，建起一排排高大的厂房和宿舍楼。这里已成为北仑开发区最热闹、人员最密集的中心地带。

我的家园

2004 年，妻子也从家乡来到北仑。全家住在宿舍很不方便，于是我急急忙忙在北仑大碶购买了一套位于一楼的只有 70 平方米的二手房。房子采光不好，装修也简单，我不是很喜欢，但是也没办法，当时拿出全部的积蓄也只能买这样的房子。一年后，孩子快出世了，小房子的面积明显不够，于是我又开始跑中介，想换更大一些的房子。找来找去，就是没有很满意的。后来勉强看上了一套 105 平方米的，却是在六楼。在新碶城区，没有什么新房子，老房子的房型都不太好，相比之下这套的户型还不错，有三室两厅两卫。事不宜迟，我决定马上行动。准知买房容易，卖房难，原来的房子出手又成了问题。房子在中介登了两个多月都无人问津，这让我有些着急，于是跟妻子商量一下就把价格降5000。这一降还真见效，没过两天就有一对山东小两口儿过来看房，而且当场就定了下来。

新买的房子位于新碶中心，地段不错，购物、出行都很方便。唯一不理想的就是楼层太高。孩子出生后，需要老人过来照顾。六层的楼梯让本来就有风湿关节病的母亲吃了不少的苦头，至今想起来，心里还很愧疚。

2011年，随着我的收入不断增加，终于有条件买到了目前是北仑位置最佳的小区——黄山豪庭的134平方米的房子，从此彻底告别了爬楼梯的历史。

黄山豪庭在北仑是比较新的楼盘，虽然档次不是最高，但地段是首屈一指的，距离建设中的轻轨车站也不远，未来的升值潜力还是蛮大的。我看中的就是这一点。

今日北仑

同十一年前相比，如今北仑的变化让人惊叹。我站在黄山豪庭十七楼的阳台上放眼四望，宽阔的黄山路、泰和路及两旁的绿化景观成为北仑一道美丽的风景线。世贸世界湾、华润凯旋门、蓝山、东方港城等大片三十层以上的住宅楼拔地而起，标志着城区现代化的发展进程。北仑体艺中心、女排训练基地、游泳馆、羽毛球馆为广大居民健身提供了良好的条件。大润发、家乐福等大超市、富邦商业广场以及在建的银泰城都极大地满足了居民消费需求，还有远近闻名的凤凰山海港乐园、九峰山旅游度假区、洋沙山海滨景区在满足人们旅游、度假、休闲的同时也大大地提升了北仑的形象。新近落成的造型别致高雅又气派的图书馆更是极大提升了城市的文化品位。今日的北仑，随着春晓滨海经济区、梅山保税港区开发进程的加快，正迎来了更新的发展机遇。

时光如水，岁月如梭。十一年间，我在宁波这块热土上扎根、生长并拥有了一片属于自己的天空。这些年来，我深切地感受到宁波这座美丽城市的勃勃生机、勇往直前的开发脚步和蒸蒸日上的发展。我为自己能够成为一名新宁波人而感到无比自豪。

（作者时为宁波武田纺织有限公司员工）

鸣　谢

在《大潮》丛书出版之际，谨向下列省市政协在文稿编选方面给予的大力支持表示谢意！

天津市政协文史资料委员会、上海市政协文史资料委员会、浙江省政协文史资料委员会、重庆市政协学习及文史委员会、海南省政协文史资料委员会、贵州省政协文史与学习委员会、石家庄市政协学习和文史资料委员会、秦皇岛市政协文史资料委员会、沈阳市政协学习宣传文史委员会、大连市政协文史和学习委员会、南通市政协教文卫体和文史委员会、连云港市政协学习文史资料委员会、宁波市政协文史委员会、温州市政协文史委员会、福州市政协文史资料和学习宣传委员会、厦门市政协文史和学习宣传委员会、青岛市政协文史资料委员会、烟台市政协科教文卫体和文史资料委员会、广州市政协学习和文史资料委员会、深圳市政协文化文史和学习委员会、珠海市政协文史资料委员会、汕头市政协文化和文史资料委员会、湛江市政协学习和文史资料委员会、北海市政协文史资料委员会等。